宋遼金元明史札錄

吕思勉 著

上海古籍出版社

圖書在版編目(CIP)數據

宋遼金元明史札録 / 吕思勉著. —上海：上海古籍出版社，2020.8
ISBN 978-7-5325-9702-4

Ⅰ. ①宋… Ⅱ. ①吕… Ⅲ. ①中國歷史—研究—遼宋金元時代②中國歷史—研究—明代 Ⅳ. ①K240.7

中國版本圖書館 CIP 數據核字(2020)第 134022 號

宋遼金元明史札録

吕思勉 著

上海古籍出版社出版發行

（上海瑞金二路 272 號　郵政編碼 200020）

（1）網址：www.guji.com.cn

（2）E-mail：guji1@guji.com.cn

（3）易文網網址：www.ewen.co

金壇市古籍印刷廠印刷

開本 890×1240　1/32　印張 11.5　插頁 5

2020 年 8 月第 1 版　2020 年 8 月第 1 次印刷

ISBN 978-7-5325-9702-4

K・2879　定價：68.00 元

前言

衆所周知，吕思勉先生著有《先秦史》《秦漢史》《兩晋南北朝史》和《隋唐五代史》四部規模宏大的斷代史，計劃中的《宋遼金元史》和《明清史》雖未完稿，但資料的準備工作早已進行。在吕先生留存的各種遺稿中，有題爲「宋遼金元明」的札録一包，就是先生爲撰寫《宋遼金元史》和《明清史》而做的資料準備。此次將札録手稿影印出版，取名《宋遼金元明史札録》。

「宋遼金元明」札録的一包内有五小本，用毛邊紙抄成，長約20釐米、寬約12.5釐米。每本用銅釘訂成，前有一頁封面，分别寫有「宋史」「遼史」「金史」「元史」「明史」。五本之外，還有内容有關纂修元明史史料的與未作歸類的二叠手稿。札録手稿並非是《宋史》《遼史》等史書文字的直接抄録，而是史書頁碼的札録。吕先生經常使用的「二十四史」是上海集成圖書公司扁鉛字有光紙印綫裝版，札録上的頁碼，就是資料所在史書的頁碼。以「宋史」札録爲例：如有一條「安石上書：五七，5，上」，其「五七」表示《宋史》卷五七，「5」表示第五頁，「上」表示該頁的正面，即「王安石上書」一事，見於《宋史》卷五七第五頁的正面。又如「雍熙伐遼：十三，1上—6下，8上」一條，即「雍熙伐遼」一事，見於《宋史》卷一三第一頁正面至第六頁反面，及第八頁正面。再如「順昌山=桃花源：四百五十八，6上」一條，即《宋史》卷四五八第六頁有關於「順昌山」情形的記載，與陶淵明《桃花源記》所敍類似。「高昌國，國中無貧民，絶食者共振之：四百九十，4下」一條，即《宋史》卷四九〇第四頁反面，有關於高昌國「國中無貧民，絶食者共振之」的記載。札録所記，分兩個大類：一類是政治史，如「太祖傳太宗事及趙普」「緩攻北漢及遂伐遼」「真宗時遼寇」「仁宗時之遼」「遼夏之釁」「真宗劉后」「郭后之廢」等，這應該是撰寫斷代史上册的札録。另一類是專題史，都有進一步的專題分類，如「宋史」札録部分有：宫室器用、宗族、風俗、封建政體、宗教、移民、醫、階級、財政、倫理、錢幣、交通、兵、刑、經籍、禮樂名諱喪報、水利、史、紀年、美術、選舉、地理、户口、婦女、度量衡、賦税（總、田）、賦税（總、屋、契）、賦税（山澤）、賦税（卝、礬）、賦税（役）、賦税（鹽）、賦税（茶）、賦税（酒、醋、榷貨務）、賦税（商）、賦税（坊場）、賦税（雜）、社會、外交、葬埋、實業（農、漁、牧、礦）、實業（工）、實業（商）、食、食（倉儲、漕運）、食（入邊入中、糴糶）、食（倉儲、漕運、市糴）、服、曆法、學術、職官、區劃、四夷，以及「宋史幣價考」等，應該是寫斷代史下册的資料。每一類下列出的札録頁碼，少則幾條、幾十條，多則上百條。「宋史」札録等五本，都附有「幣價考」，如「宋史幣價考」，共有七頁，摘録

《宋史》上的資料，自卷一開始，直到最後卷四九六，所記有關「幣制」「幣價」的史料六百九十餘條(每一個頁碼，即一條史料)，摘録《續資治通鑒》的資料五十四條。

《宋遼金元史》的札録工作，大約在前幾部斷代史的撰寫過程中已經著手進行。撰於四十年代末、五十年代初的《隋唐五代史》，有二處在論述史事時，説及將在《宋遼金元史》中詳述。一九五二年一月二十一日，吕先生致王伯祥先生信，説《隋唐五代史》尚未完稿，但斷代史的寫作「截至五代爲止」。但《宋遼金元史》的札録工作似乎没有停止。「宋史」札録中有幾頁，就是寫在《中國史籍讀法》(一九五四年春秋之際撰寫)的草稿背面，「明史」札録中也有一頁寫在五十年代初單位印發的學習資料(《高教聯學習資料》)的背面。

據吕先生的札録手稿來推論，吕先生撰寫斷代史的第一步工作，大約就是做史料彙編、分類式的札録：即一邊讀史書(史料)，一邊按照自己設計的史著結構，將史料分門别類地記録、歸類。所做的札録，大部分都是頁碼札録，這自然是爲了省時與便捷。嚴耕望先生在《治史答問》中論述過吕著斷代史的特色，他説：吕先生的斷代史，「每部書前半綜述這一時代的政治發展概況，後半部就社會、經濟、政制、學術、宗教各方面分别論述。前半有如舊體紀事本末，尚較易爲功；後半雖類似正史諸志，而實不同。除政制外，多無所憑藉，無所因襲，所列章節條目雖尚不無漏略，但大體已很周匝賅備，皆采正史，拆解其材料，依照自己的組織系統加以凝聚組合，成爲一部嶄新的歷史著作，也可説是一種新的撰史體裁」。嚴先生又説吕先生的斷代史「每節就如一篇札記，是考史體裁」，「全作有系統的札記看亦無不可」（嚴耕望：《治史答問》，臺灣商務印書館1985年版，第94、96頁）。這些札録，就是嚴先生所説「采正史，拆解其材料，依照自己的組織系統加以凝聚組合」，成「一種新的撰史體裁」最直觀的反映。

此次《宋遼金元明史札録》的出版，「宋史」「遼史」「金史」「元史」「明史」五小本札録均按原稿的樣式、順序影印；有關纂修元明史史料的和未能歸類的二叠札録手稿，也有九十二頁，但都是零星抄録的資料，尚未經吕先生的歸類整理，故此次影印時未加收録。

張耕華

二〇二〇年四月

目録

宋史

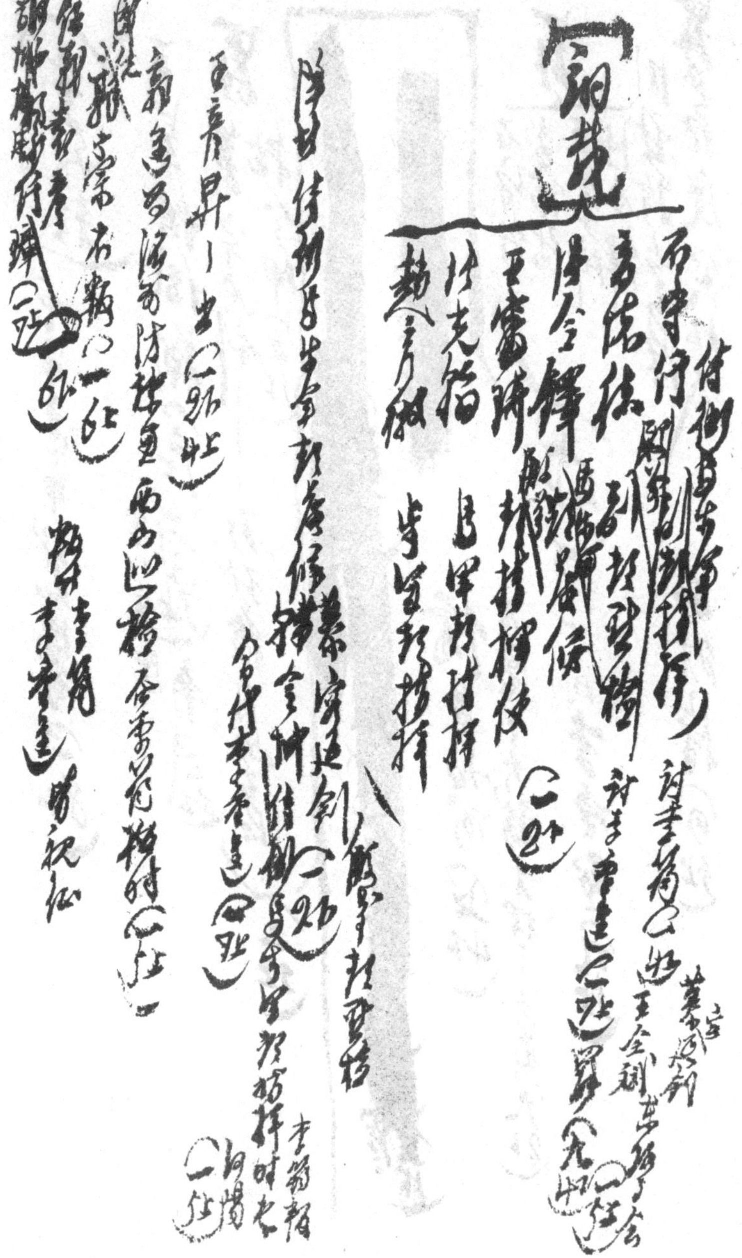

（李穀傳） 李重進平，以知揚州（二紀）

王景傳 鳳翔（三下）（同上） 辛以高防 辛（三紀）

蘇逢吉傳 [illegible] 史弘肇 [illegible] 劉銖 [illegible]（二紀）

儒 [illegible]（五紀）

[illegible]（九紀）

蘇 [illegible]（四紀）（同上） 周 [illegible]（九紀）

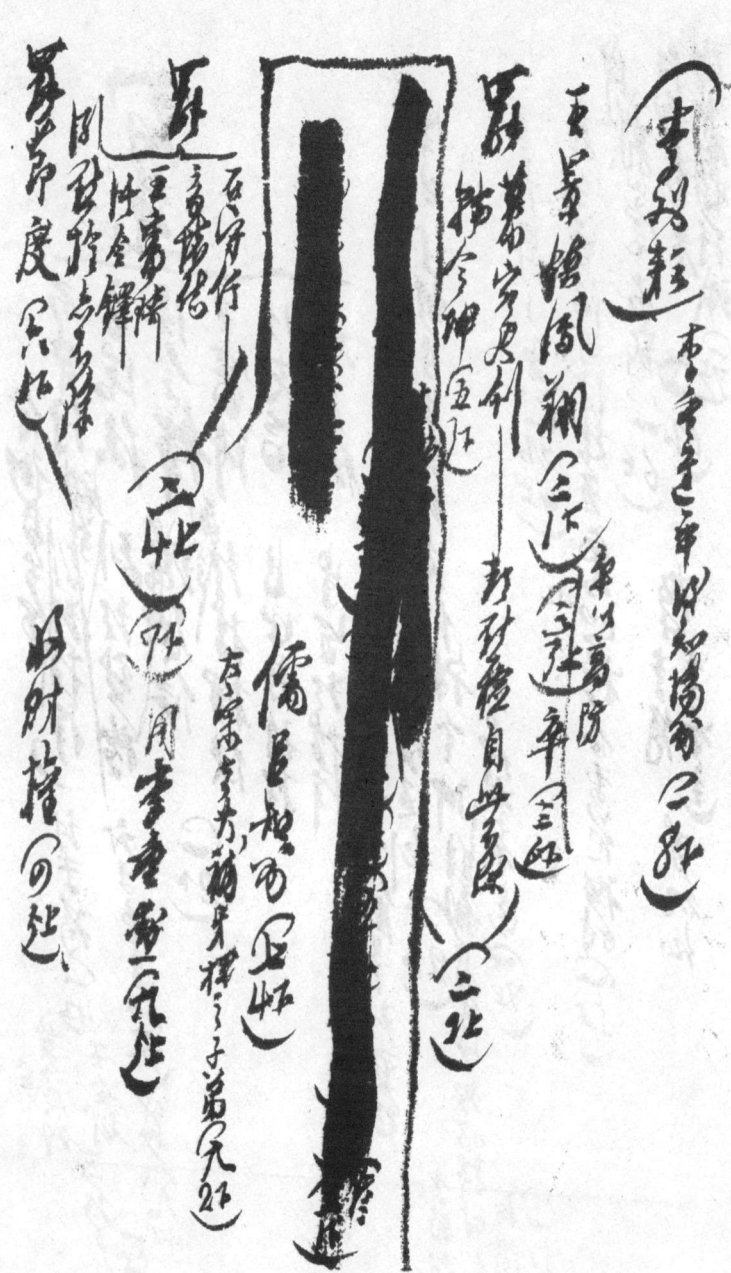

蘇 [illegible] 度（六紀） [illegible]（四紀）

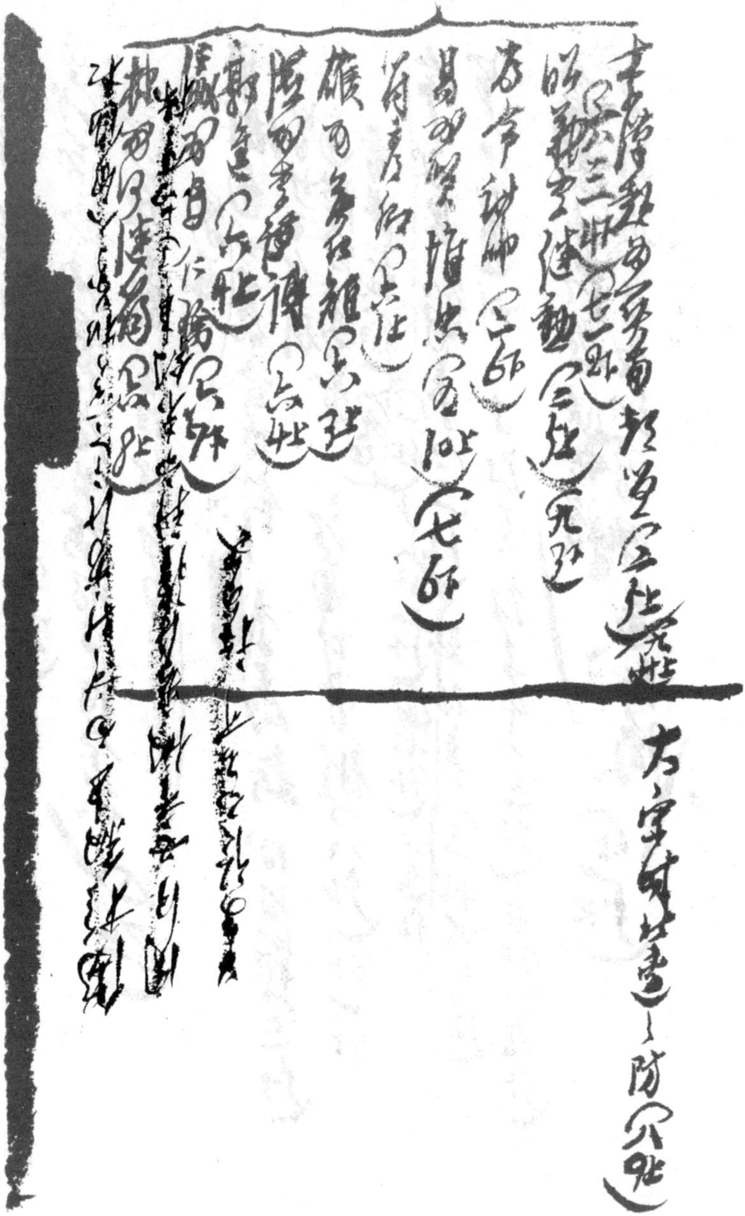

江淮戰艦隆將兵甲（廿二上）
金伐宋令使所新造戰將與舟人戰（八上）
宋丞宣尉　統將僧部內
劉南
平州南北兼宣史劄 [redacted] 袁安遂　因日羅（三上）
宮廿五金諸
南陽劉書南美
黄□翰（八上）（九上）
江南諸書　劄（八上）（六上）（七上）
命文知府事（一上）（三上）（廿二上）（廿七上）（卅九上）
新翰事（三上）（廿六上）
留守劄判　史部直　都事部（三上）（四上）（廿九上）
發難第執器僕□處
史料撰者局執捐襟馬行端（三上）

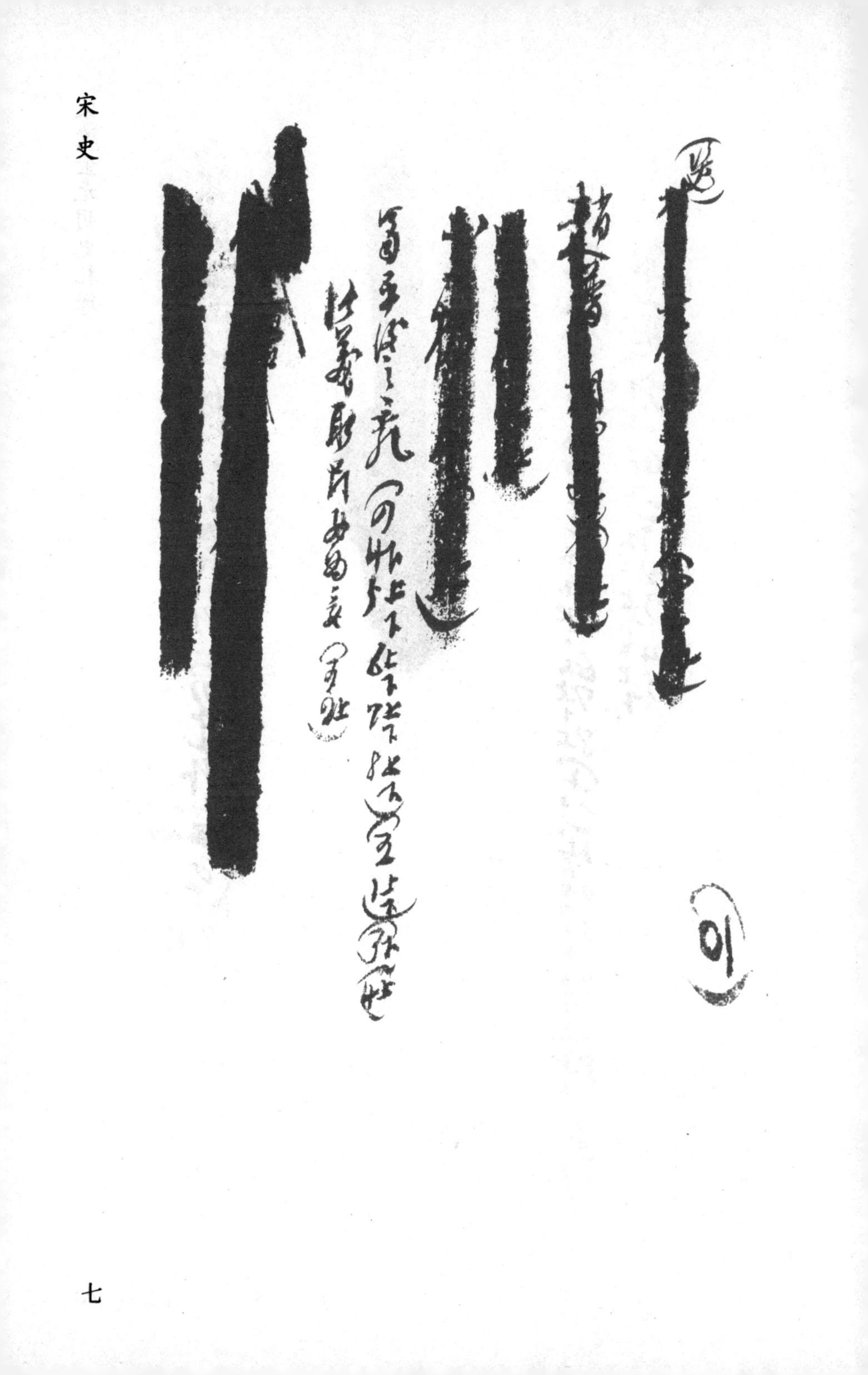

[redacted]

篇手深之義（句从上下作陛从下至送孫此）

此義取其每篇之義（再此）

[redacted]

[illegible]（大理）[illegible] 〔十八〕[illegible] 〔6下〕 〔7下〕 [illegible] 7下 〔四十五〕 8上

[redacted]

王山陵 〔十六〕6下 〔十七〕2下 3下 4上下 6下 7上下 8上 〔十八〕1上下 2上下 3上下 4上下 7上 8上下 〔十九〕6上

〔廿一〕4上下 5下 〔廿二〕1下 2下 3上下 4上下 5上下

（兩浙）

兩浙常平轉運 付以錢買茶（四十上）

王彥昇仕吳爲募卒（六上）

唐會稽內翰（七上） 樂會寺 韋首讒（九下）

[redacted] 歷會仰山新（九上） 崔贊（十一上）

間蕃帝（十）外

[redacted]

[redacted]

唐鄧潼民 引秉覺會（十八上）

兩淮府（十九上）淮北

東西會一 難（十九下）（夷上）（廿一）北 三 又（廿三）上

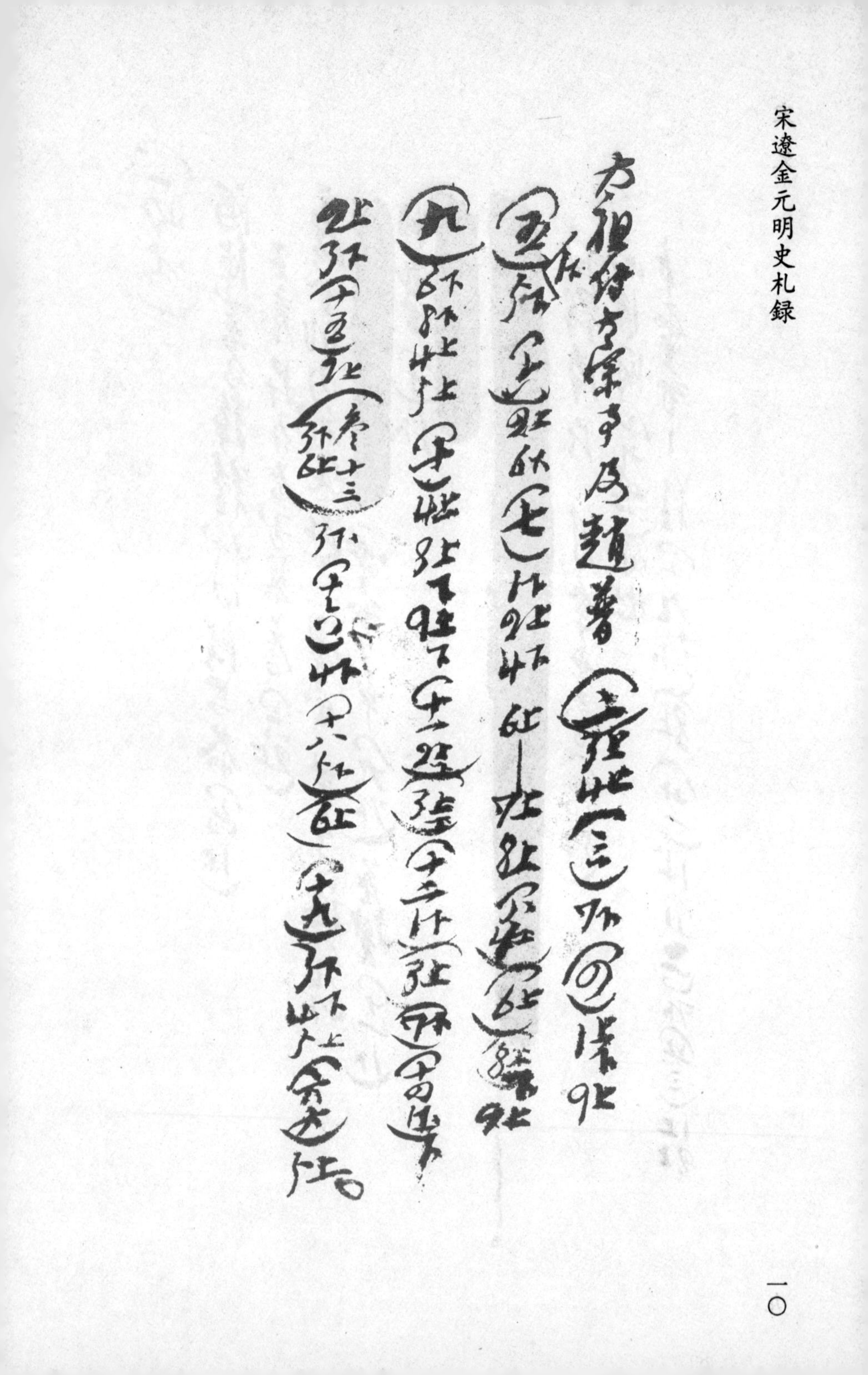

太祖得天下及趙普 [illegible]

[illegible]

綏討北伐及差遣代遷

(五)15上—10上(六)9下 3上 5上(七)8上(八)8下

(九)15上 17上 8上下(五八)6上 8上(廿三)7上

守邊備禦(七)8下(八)2上 6下 9下(九)1上 2下

3上 4下 6下 7下 [redacted]

(十)1上—3上 6上 8下

雇迎伐遼(十八)2上 4上 5上 7上

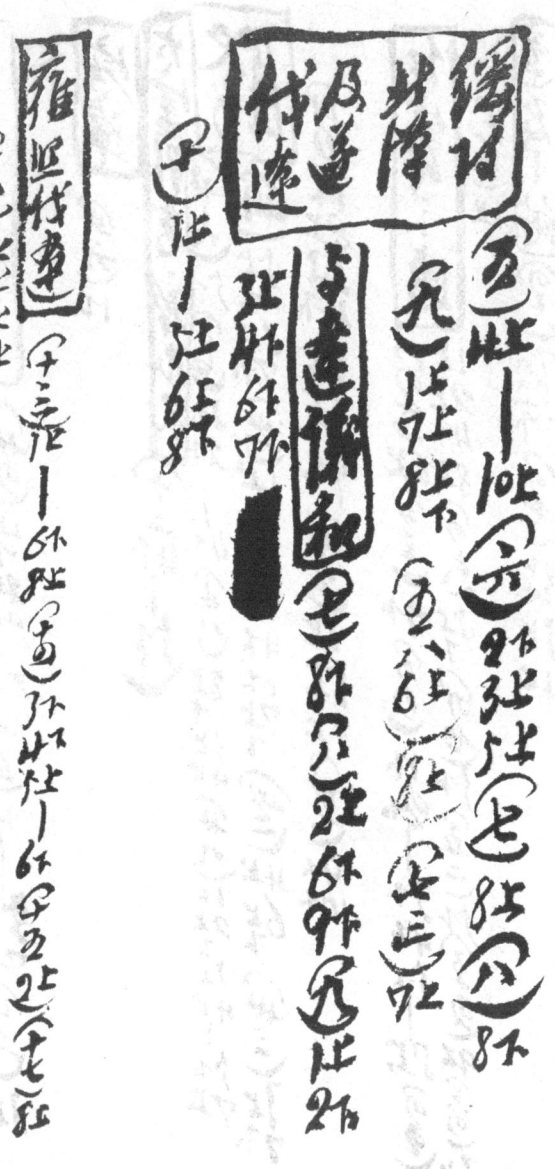

(十二)2上—6下 8上(十五)3下 4下 5上—6下(十五)2上(十七)8上

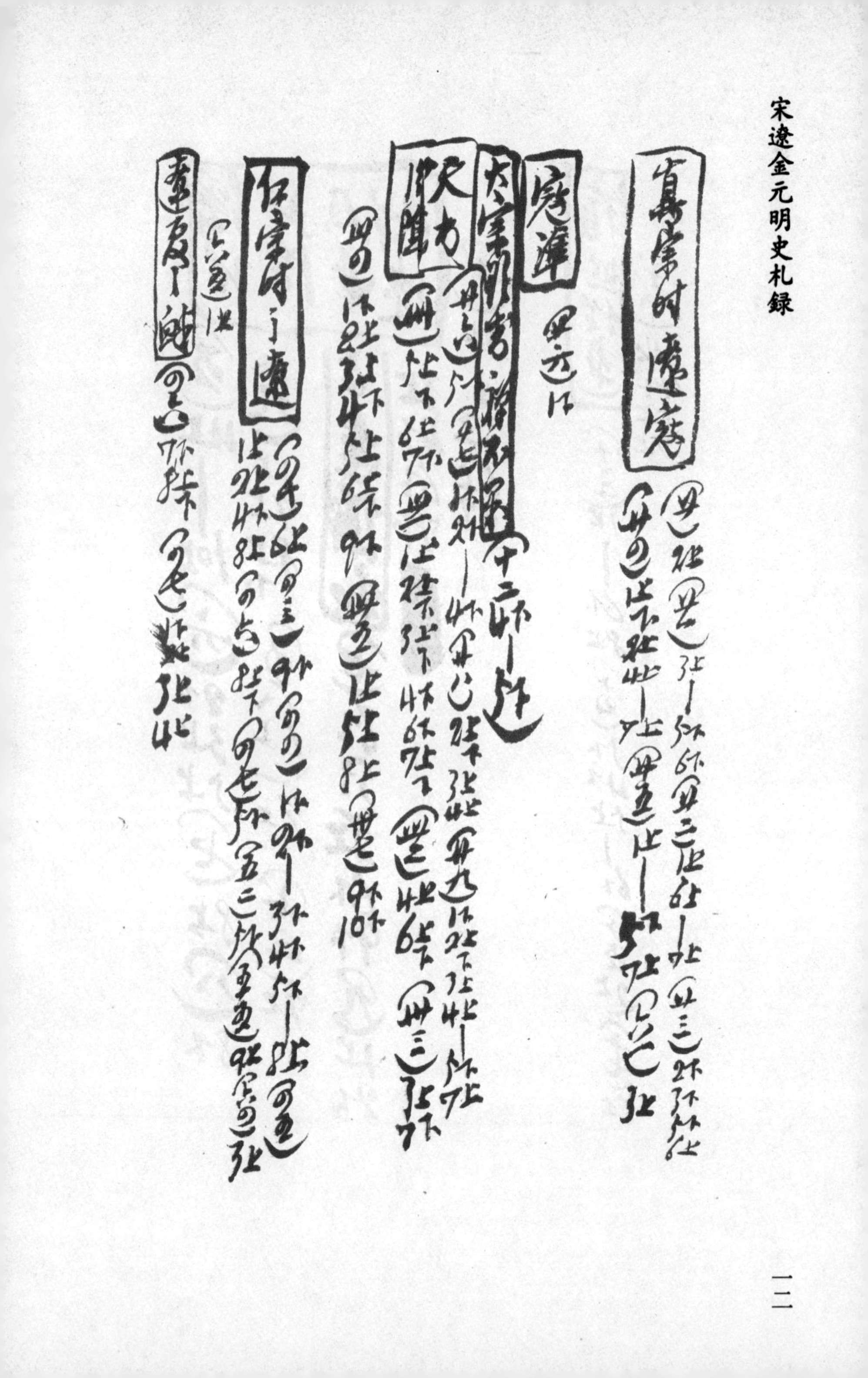

眞宗时遼寇

寇準

太宗外寄·孫私宴

天力 御階

仁宗时之遼

遼反丁尚

真宗劉后 （卅五）2下（卅八）6下（卅）6上（卅）1下（卅五）8下 9上下 周懷政

（卅五）1上下 2上下 3上下 4下 5上 6下 7上下 8上下（卅六）3下 4上下 7下（卅）[illegible] 6上 8上下 9上 久上 4上

10上下（卅八）2上下 5上 6上 8上（卅九）1上下 2上下 3上下 4上下 5上（四〇）8下

曹… （卅…）上

郭后之廢 （卅九）2上 5下 7下 9上 10上 11上下（四十）2上 4下 5上（四十）6下（四七）8下

（五十）2下 3上 4上下 5上（五二）2上下 3上下 4上 5上 6下 7上（五二）2上（五四）2下 3上下

4上 5上（五五）1上下（五八）2上下 3上下 6下 7上（五九）1上 8下（六〇）2上 8下（六二）4上

仁宗時撥[redacted](四十)6下 8上(四七)1下 3下 4下 5上 7上(四七)1下 2上(四八)1下 2下

(四九)3上 3下 4上下 6上下 7上(五三)5下 6上

從智高[redacted]叛 前曾稱帝諱 孫而至 8上

孫然上

西材之見(五一)2上(四三)7上(四十)10上(五七)3上(五九)4上(五五)7下

(四四)7上

仁宗朝明黨(四十)1下 8下(五二)1下 5上 7上(四二)2上 3上 6上(四三)1上

范仲淹

(四四)4下 8下(四五)1上 1下 1上 6上 7上(四六)1下 3上 6下 7上 8下(四七)

1上 4下 5下 2下 1上 1下 6上 7上 8下 9上 11下(四八)1上 2上 4下 3上 4上 5上 7下(四九)

1上 2上 4上 2下 7下(五十)1上 2上 3上 4下(五二)4上 5上 6上 7上(五三)2上 3上下

(五四)1上 4下 6上 7上(五五)1上 2上 4下 6上 7下(五五)1上 2上 4上 6上

(五七)2上 3上 7下(五六)1上 2上(五九)1上 3上 4上(六十)4上(六一)5上

4下 神宗時(六二)2上 1上 4上 7上 8下(六三)6下(六四)7下

參見上書（卷七注）

蕃帝之主（卷四）注（卷九）之下

哲宗之立（七八）2上—3下 10下（七九）11上（八十）4上（八二）3上（八五）7下
（八七）4下

鄒浩諫立后被謫（八七）9下

蔡確之黨（九二）2上 4下

欽宗朝之事（九四）3上

孝宗時內侍中傳注底原（照外）

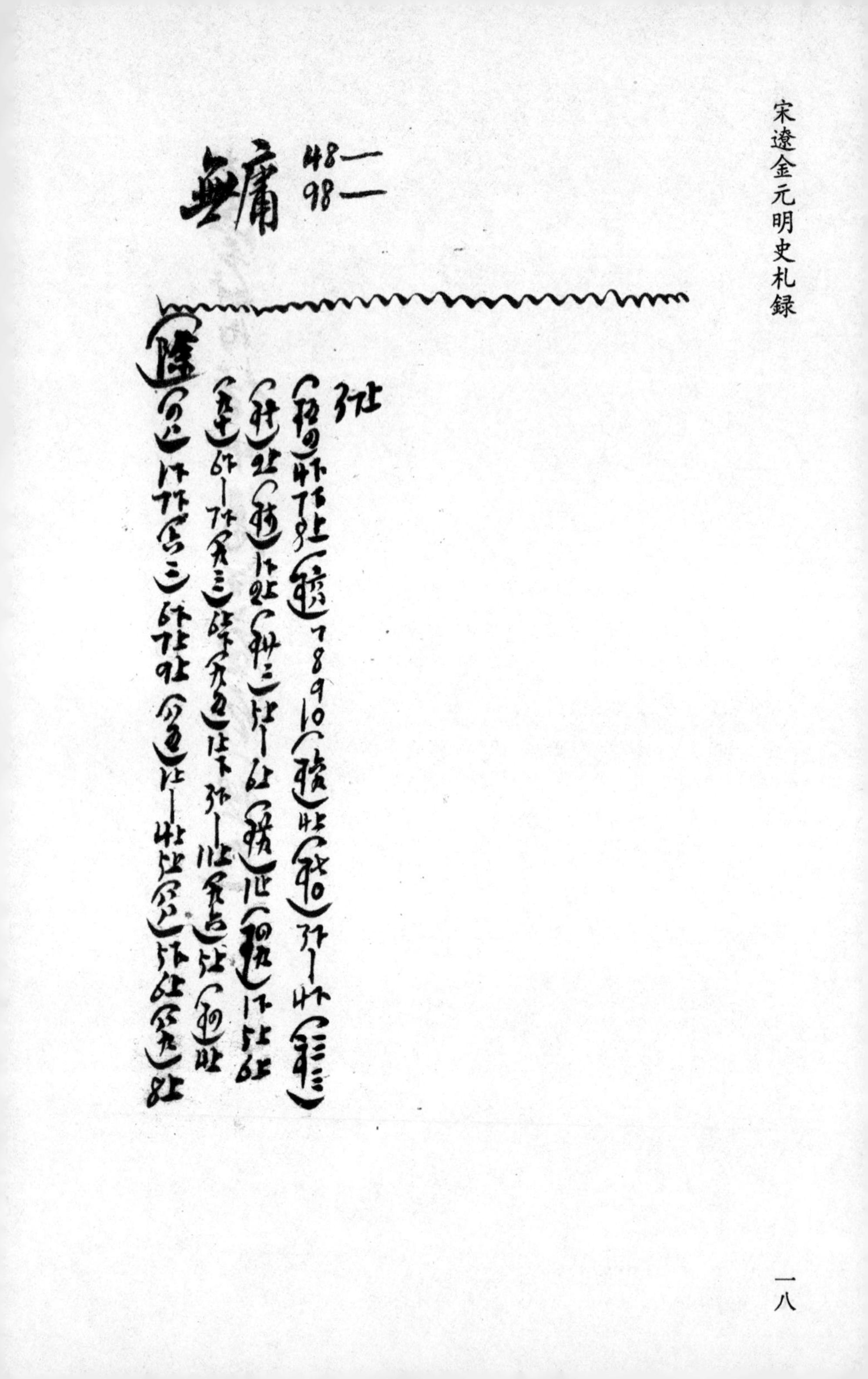

48—二
98—一

[illegible] 7 8 9 10 [illegible]

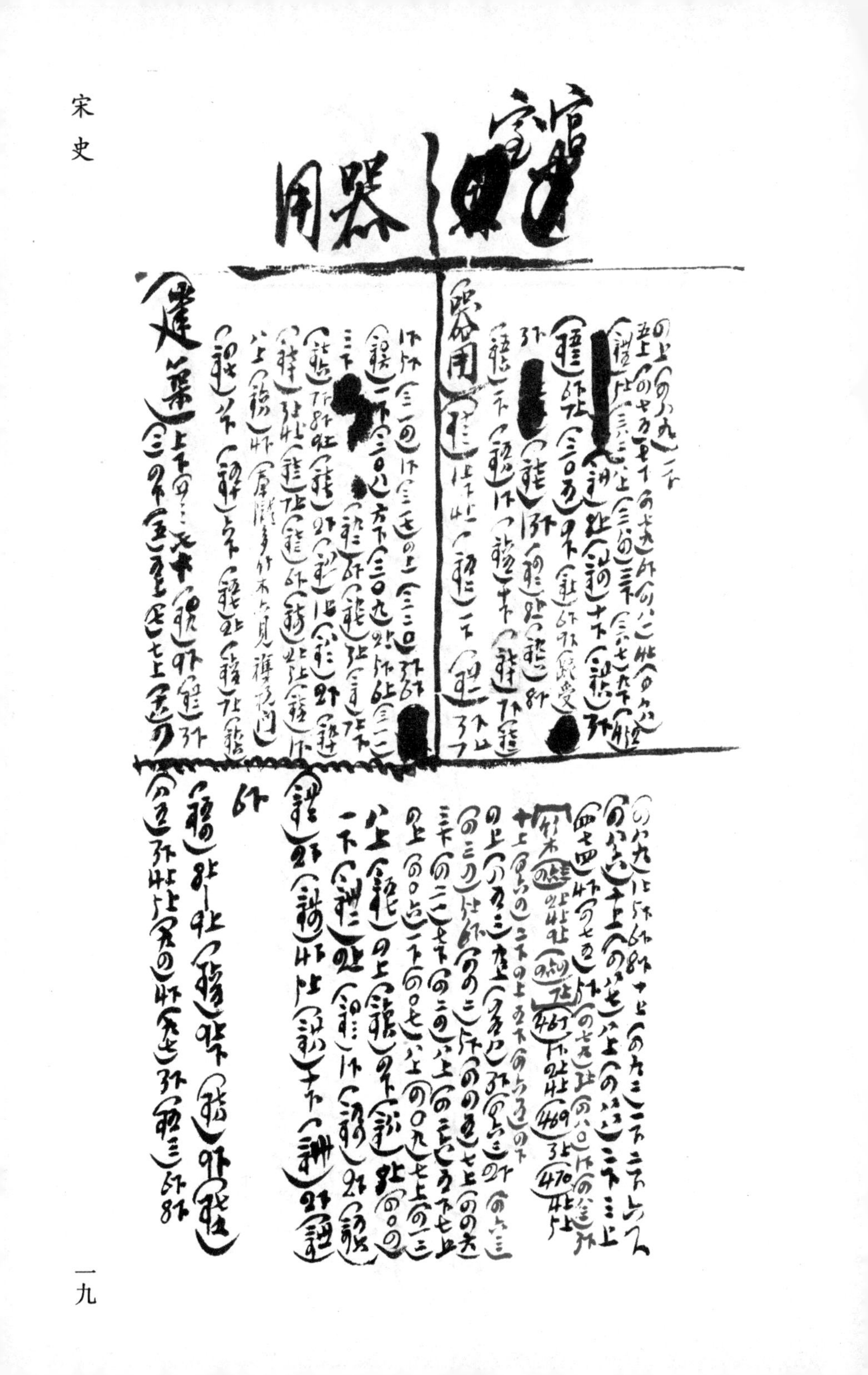

官窯　器用

[illegible]

（建窯）[illegible]

宮室器用

建築 器用

續通鑑(三)6下—7下(五)1下(六)6下(七)6上(十)6下(十三)6下(十五)5下(廿二)3上(廿三)1下4下(廿八)8下3上6下(廿九)9下(卅二)7上(卅四)5下(卌五)2下(卌八)2下(卌九)8上4下(五六)7上(五八)6下(七七)8上(八八)4上(九二)1上(九三)6下(遼四)7上(遼七)9下(遼十四)8下(遼十六)1下8下(遼廿六)7下(遼一)2上(遼二)9上(遼三)1上(遼六)7上(遼八)4下6下(遼十一)8上(遼十三)4下(遼)2下(遼十)7下1上(遼十)6上(遼二)7下(遼六)7下(遼廿五)7上

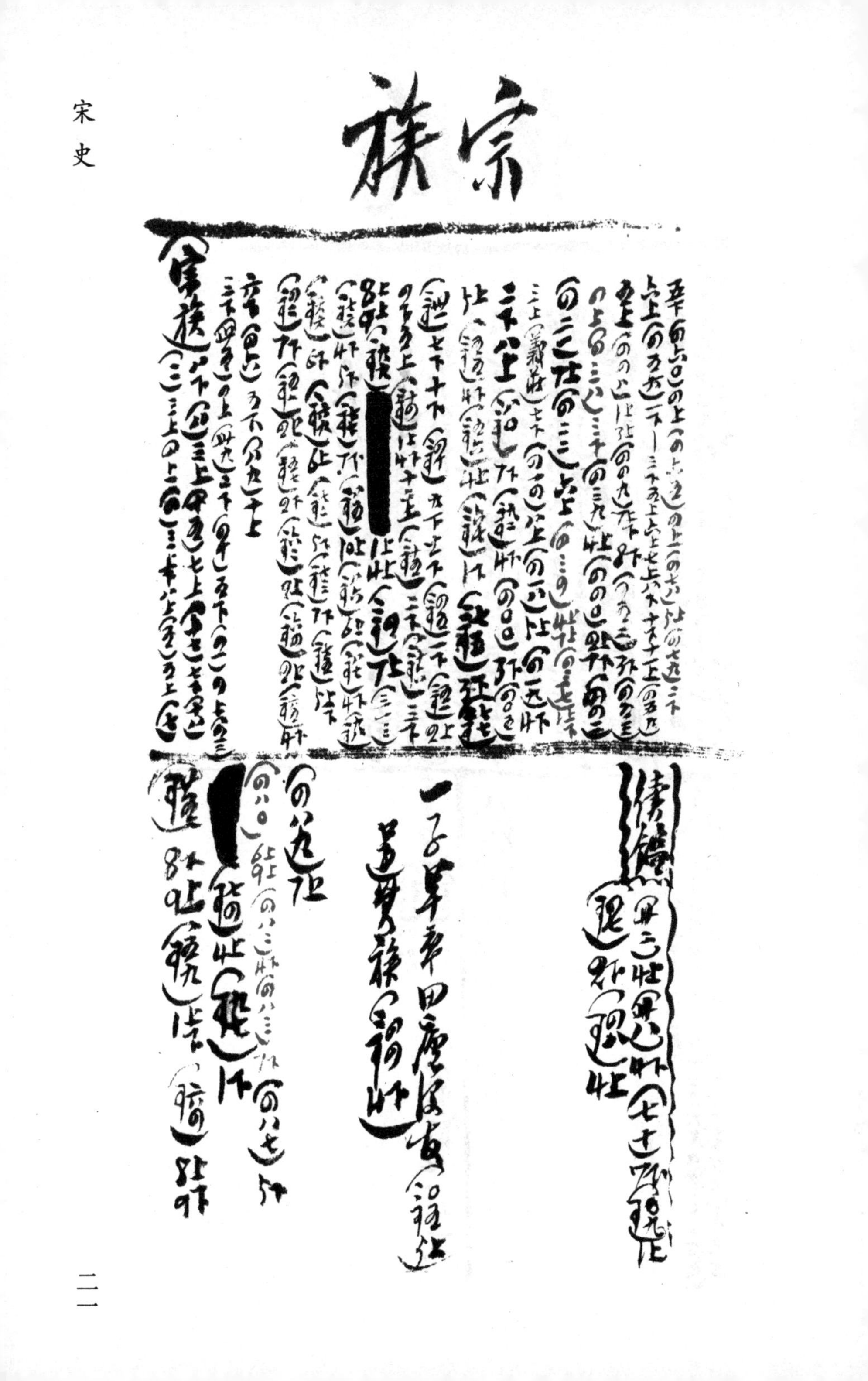

宗族

[illegible]

[redacted]

[illegible]

[redacted]

[illegible]

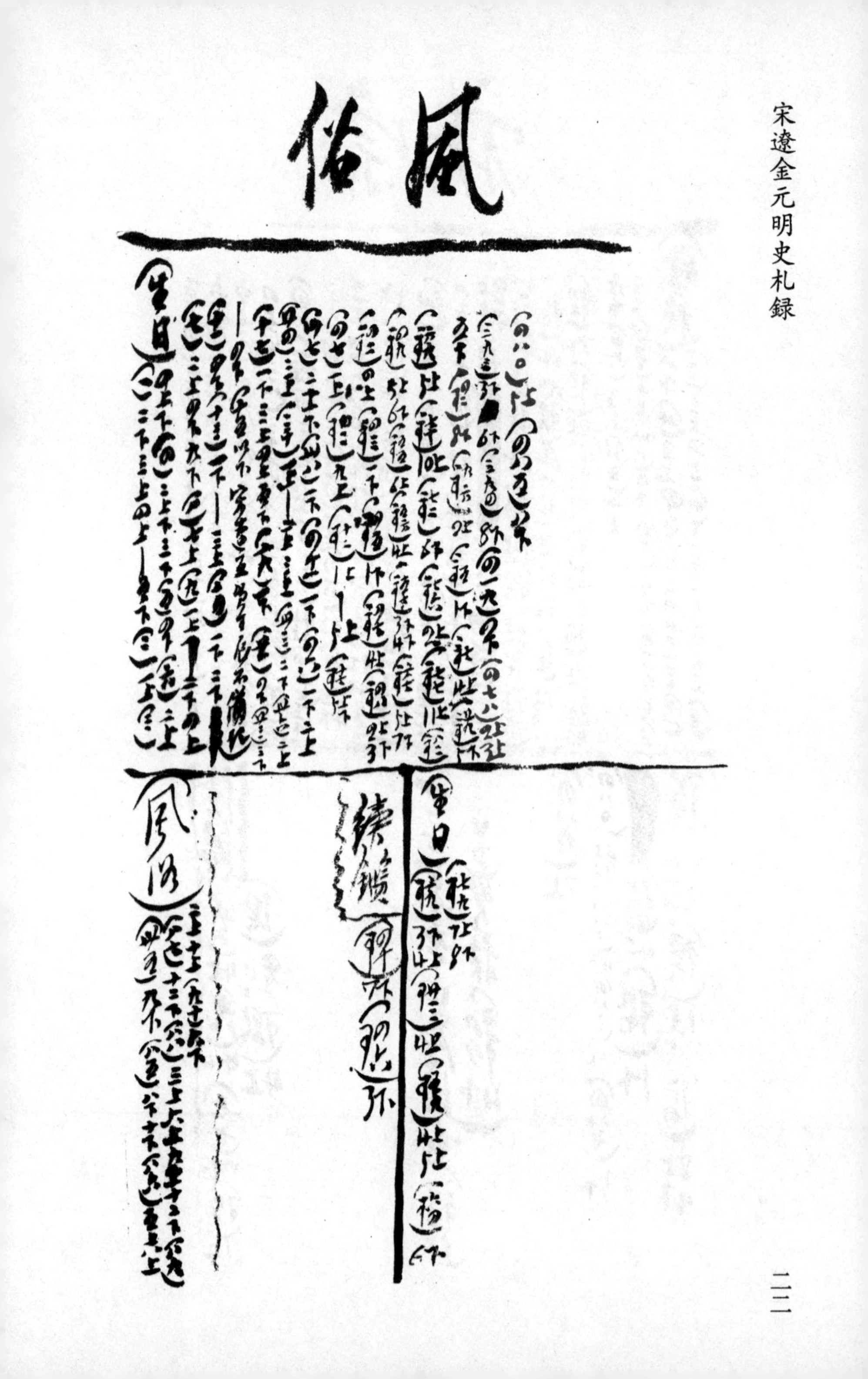

風俗

(四八〇)上 (四八五)[illegible]

[illegible]

[illegible]

[illegible]

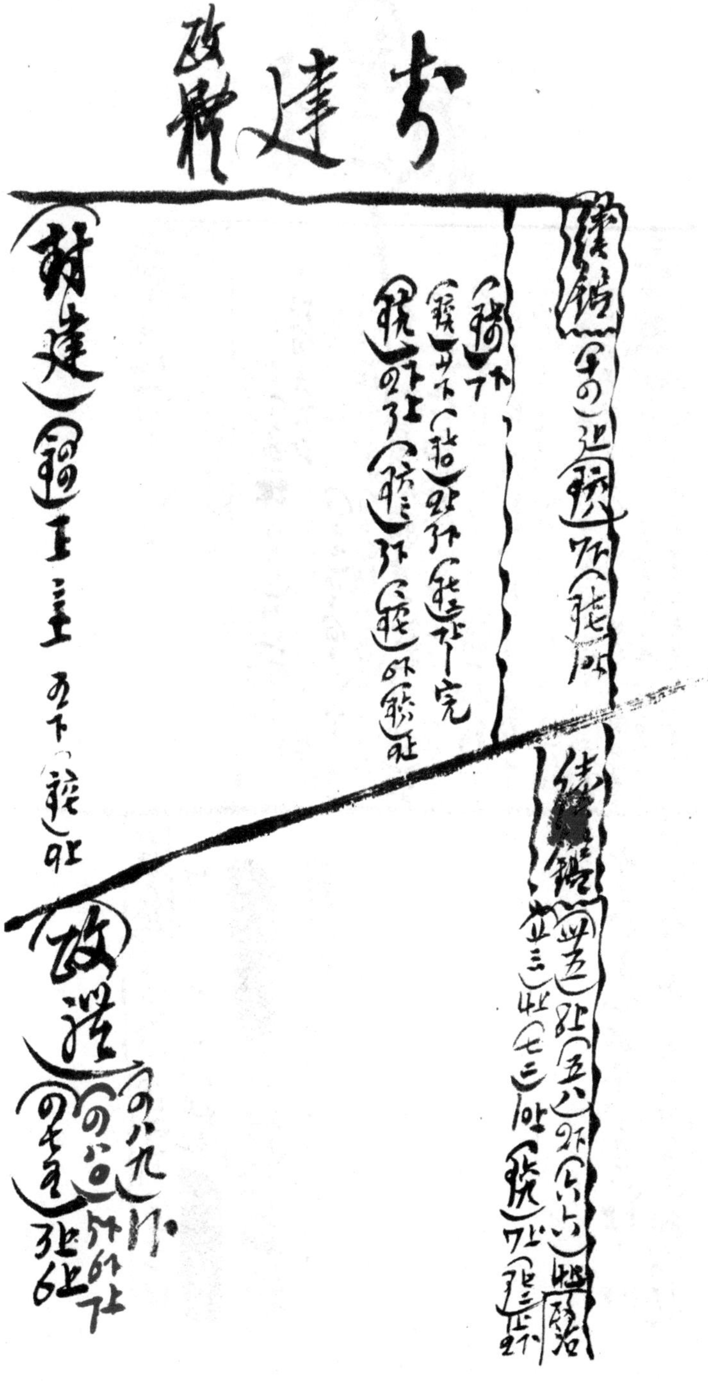

宗教（禮志 21上）

摩尼（四九〇）四下
（祆）（禮志 72上 84下）（四九〇）二上
（四七三）四下（四八六）十上（四八七）四上 四下
二上 三上（四六四）21下（四六六）7下 8上（四六八）8上
8上（四三八）7下 8上（四四三）4下（四四六）十上（四六二）
6下（四二二）三下（八二七）9下（四三一）6上（四三三）
（志 禮）11上（九四 志）11下（四二二）11上（四一五）七上（四一八）
五上（禮志）四下 道（禮志）21上（禮志）21上
（禮志）76下（禮志）71上（三一〇）五下（三一〇）21上（三二五）
（禮志）41上（九四 禮志）61上 81上（禮志）81下（禮志）71下
（禮志）61上（禮志）41上（禮志）71上（禮志）宗（禮志）十上
（禮志）31上 41下 71上（禮志）11下（禮志）十 41下（禮志）61下 81上
（七十）41下（八三）九上（一〇三）一下 一 二下
（四二）四上（四二）三上（四二）七上（四七）九上（四四）四上
（八七）七下（九）二下（十二）三下（四）四下 九下

宗教（三）一下（四）千二下 四上（二）宗下（三）一下

儒道（十二）25下（四十六）4下（五七）8上
（六十）8上（九七）4下 8上 7上
[redacted]
（禮志）21上（禮志）21上
[redacted]
（禮志）1下（禮志）1上

（八七）1下（八八）1下（九九）8上 10上（九七）8下（禮志）
十上（禮志）六下（二〇六）8上 1上

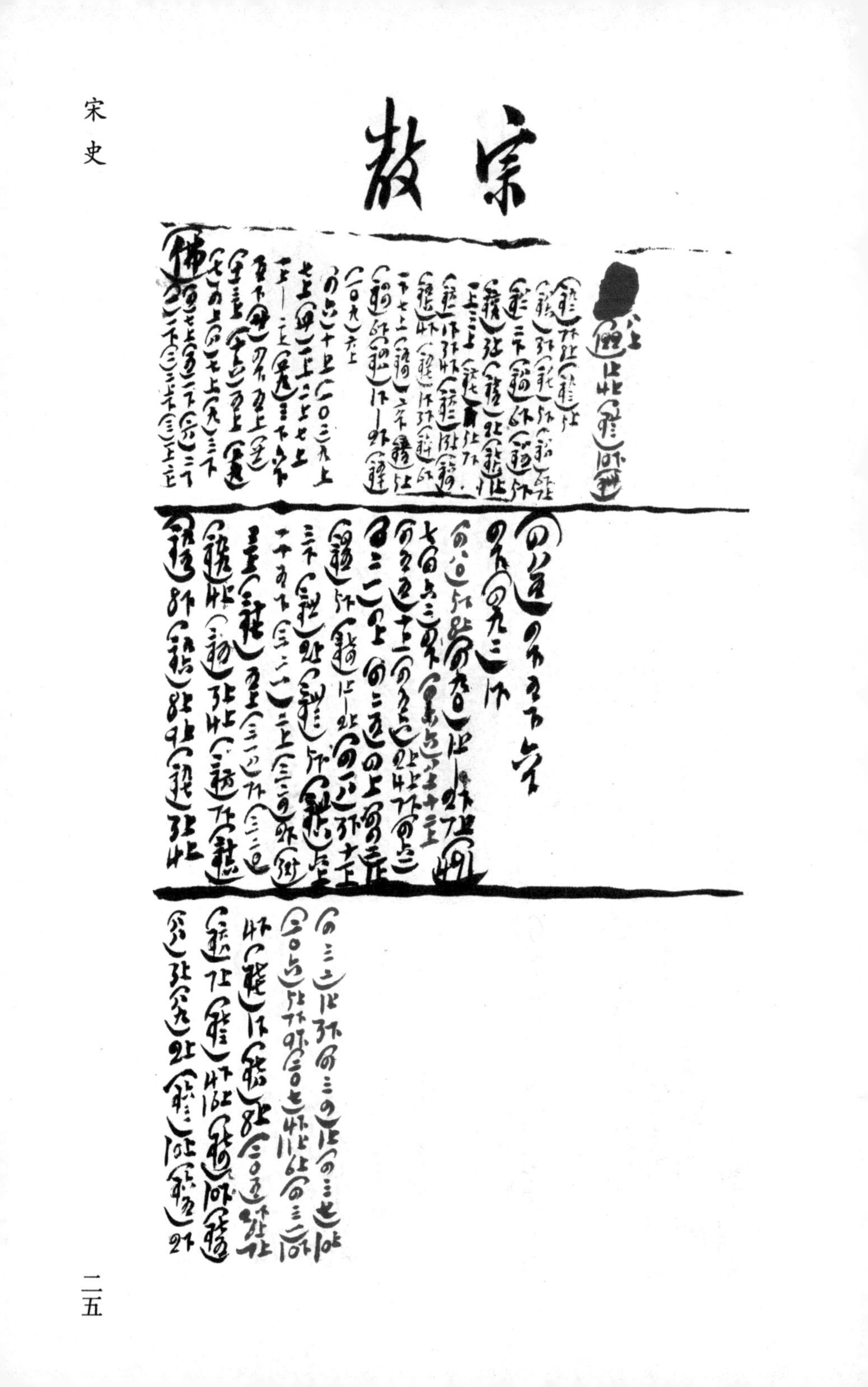

宗教

佛

[illegible]

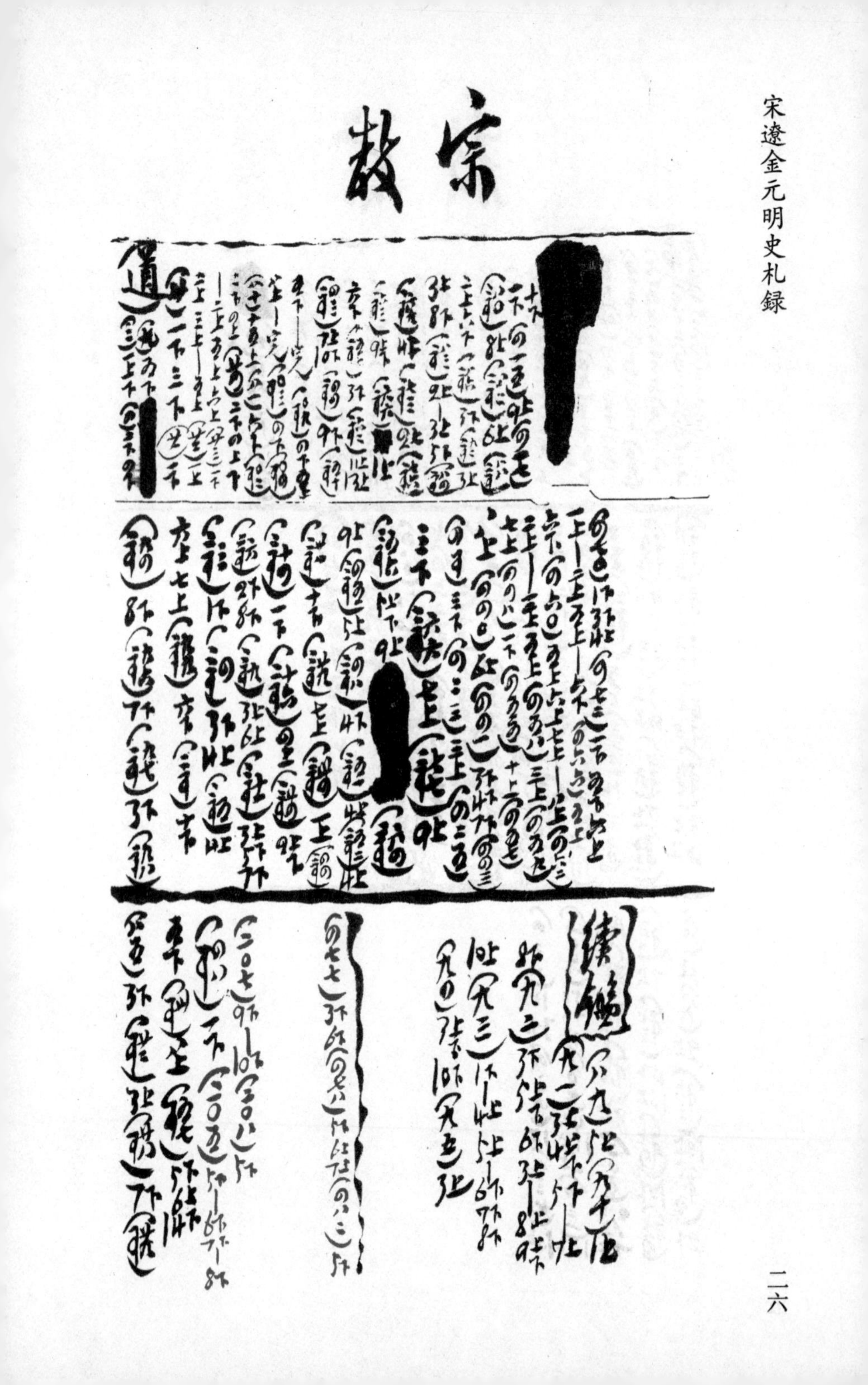

宗教

[illegible]

道

[illegible]

續編

[illegible]

移民

〔徙邊〕（五二）九上（税）下

〔遷〕九上（六三）（八二）下

（四八一）七下（四〇九）四上（四八二）ー下（三〇二）三下（三九四）下（四〇七）八上（四〇一）七上（三一三）三上（記）一下（記）四下（記）九上ー下（秩）ー下（辞）九上（記）ー下（詞）九上（三一〇）下

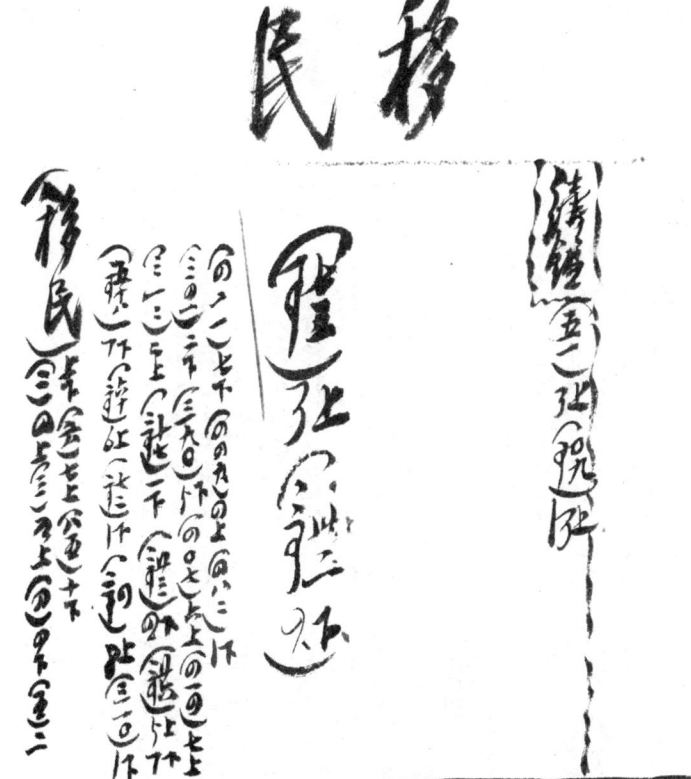

〔移民〕（三）四上（三）三上（五）四下（三）二　十下（六）七上（八五）十下

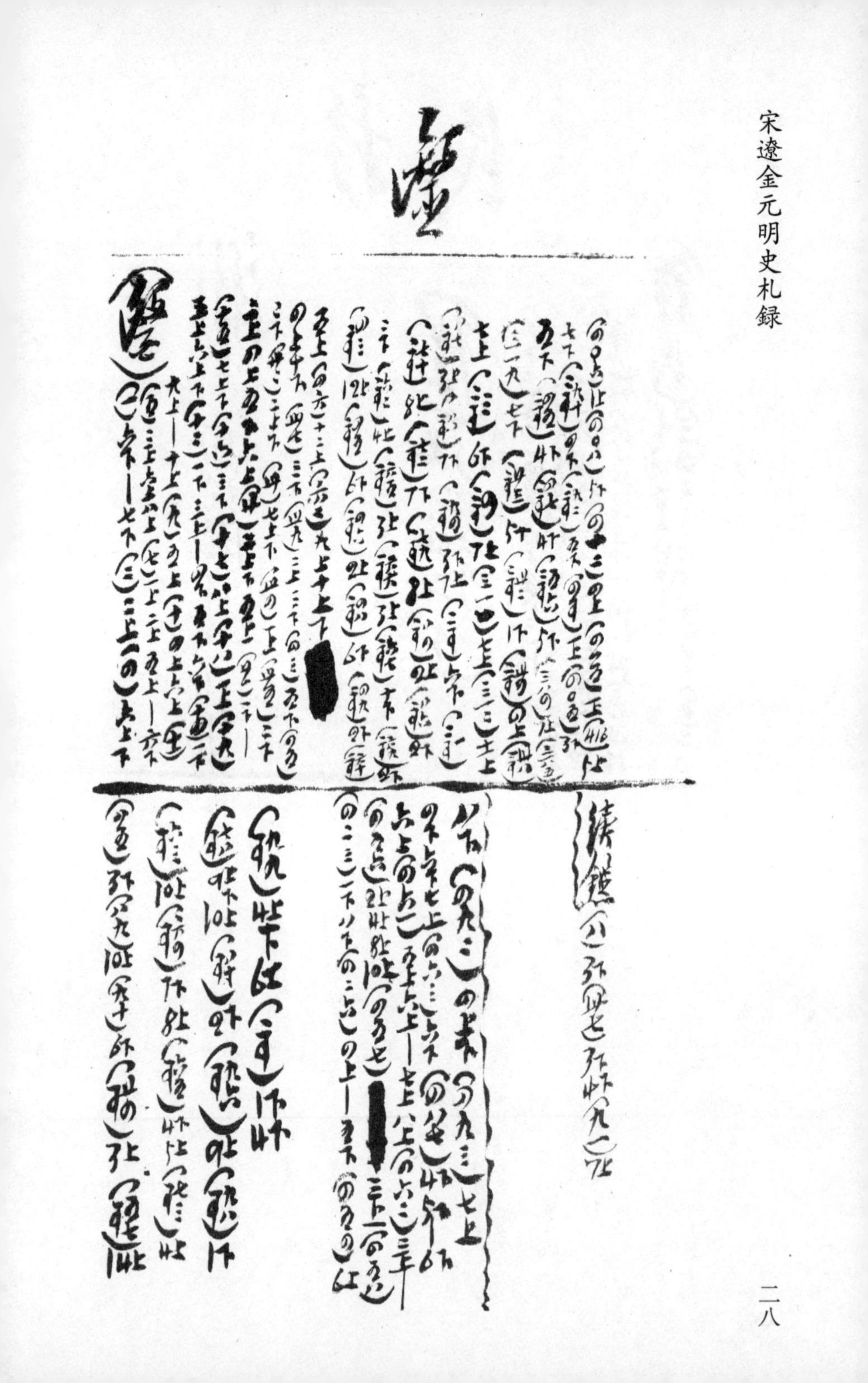

遼

[illegible]

[redacted]

[illegible]

續鑑

[illegible]

[redacted]

[illegible]

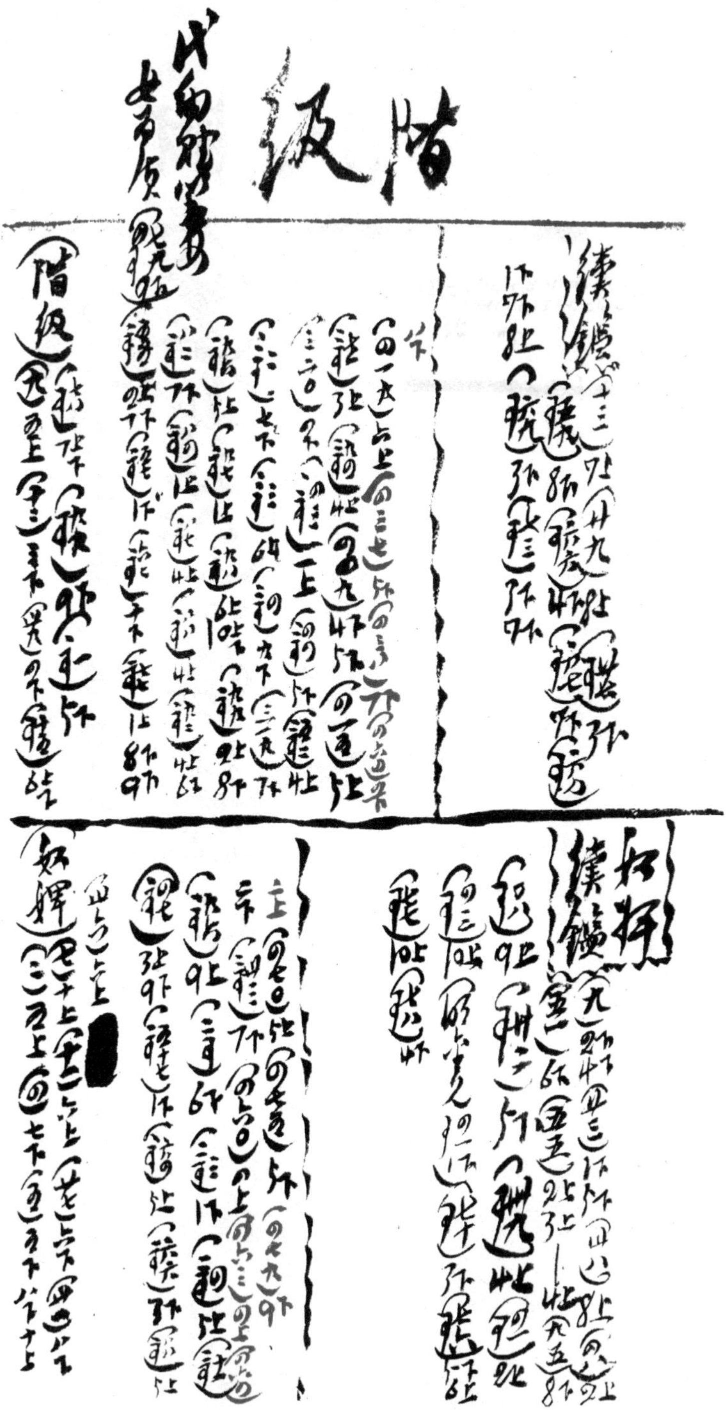
階級

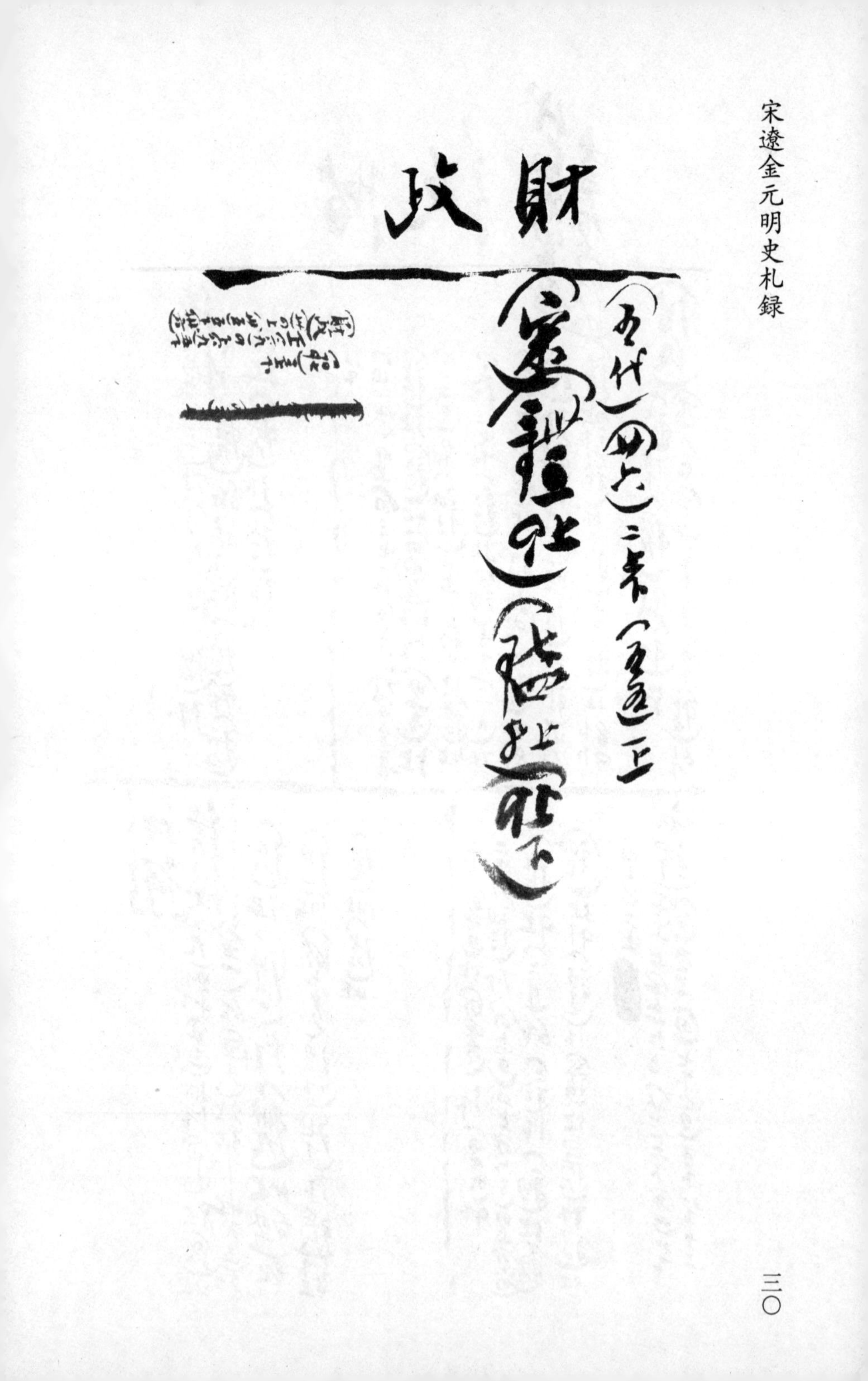

財政

（五代）（四上）二卷（五遼）一上

（宋食貨四上）（隋食貨上）（明食貨下）

[illegible]

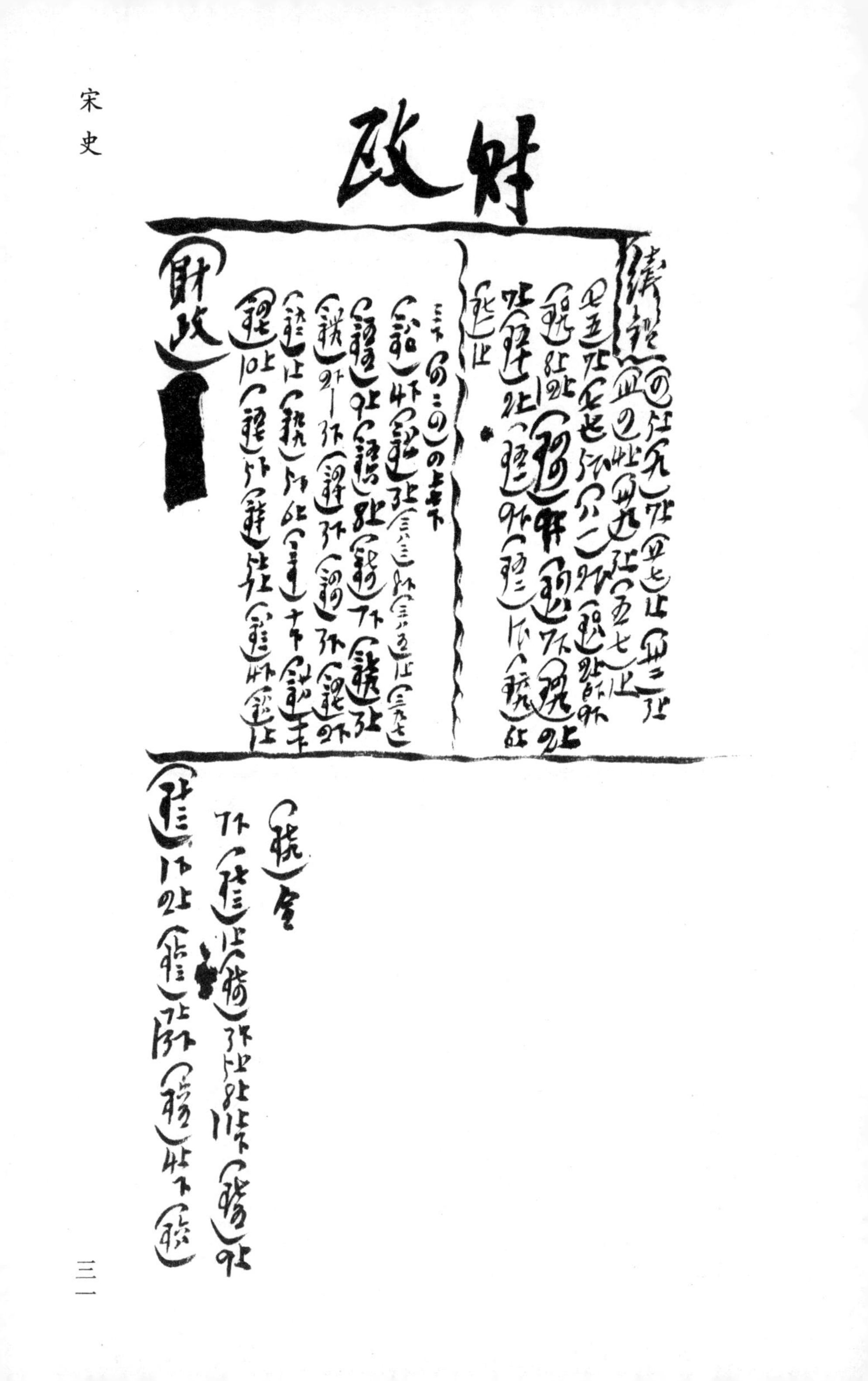

財政

續通鑑 [illegible]

[illegible]

(一〇)の上 [illegible] の下

[illegible]

財政

[redacted]

[illegible]

倫理

(道德)

(倫理)(遼四〇)3上(遼九三)8上

(君臣)(遼七)5下(遼九)下一下(遼二)3下(遼二)5下(遼三)

(讀經)(遼二)3下(遼七九)6下(遼八〇)5下(遼七)5上

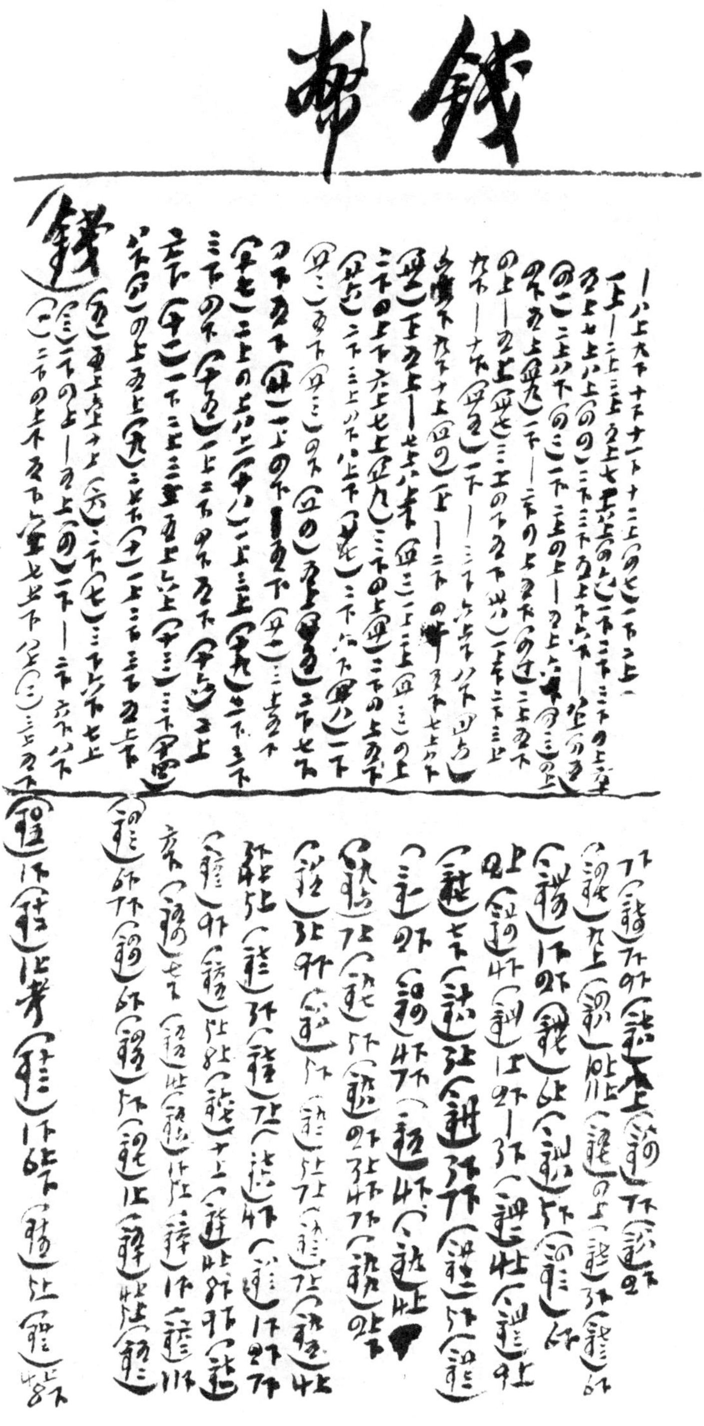

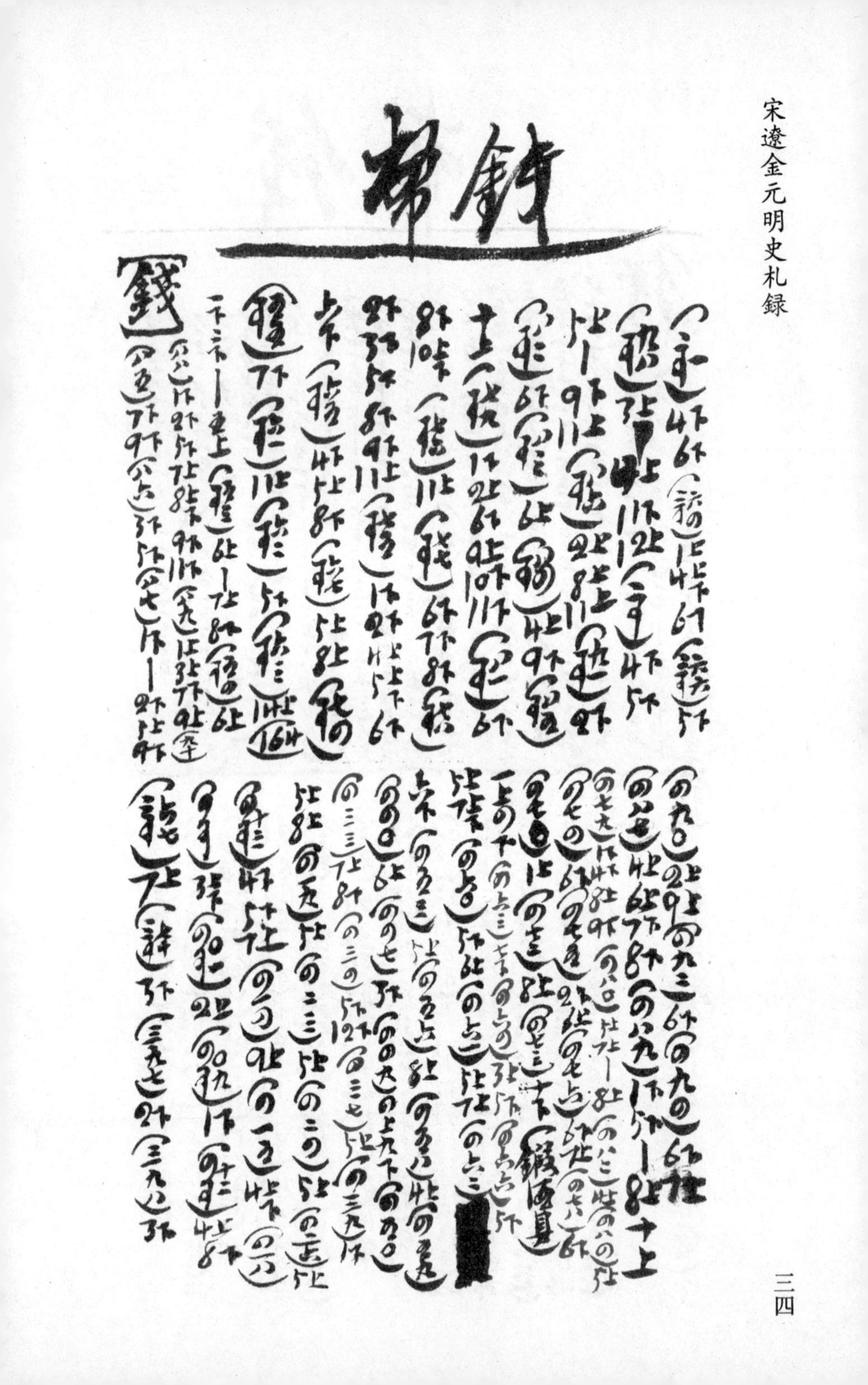

鈔幣

[illegible]

【錢】

[illegible]

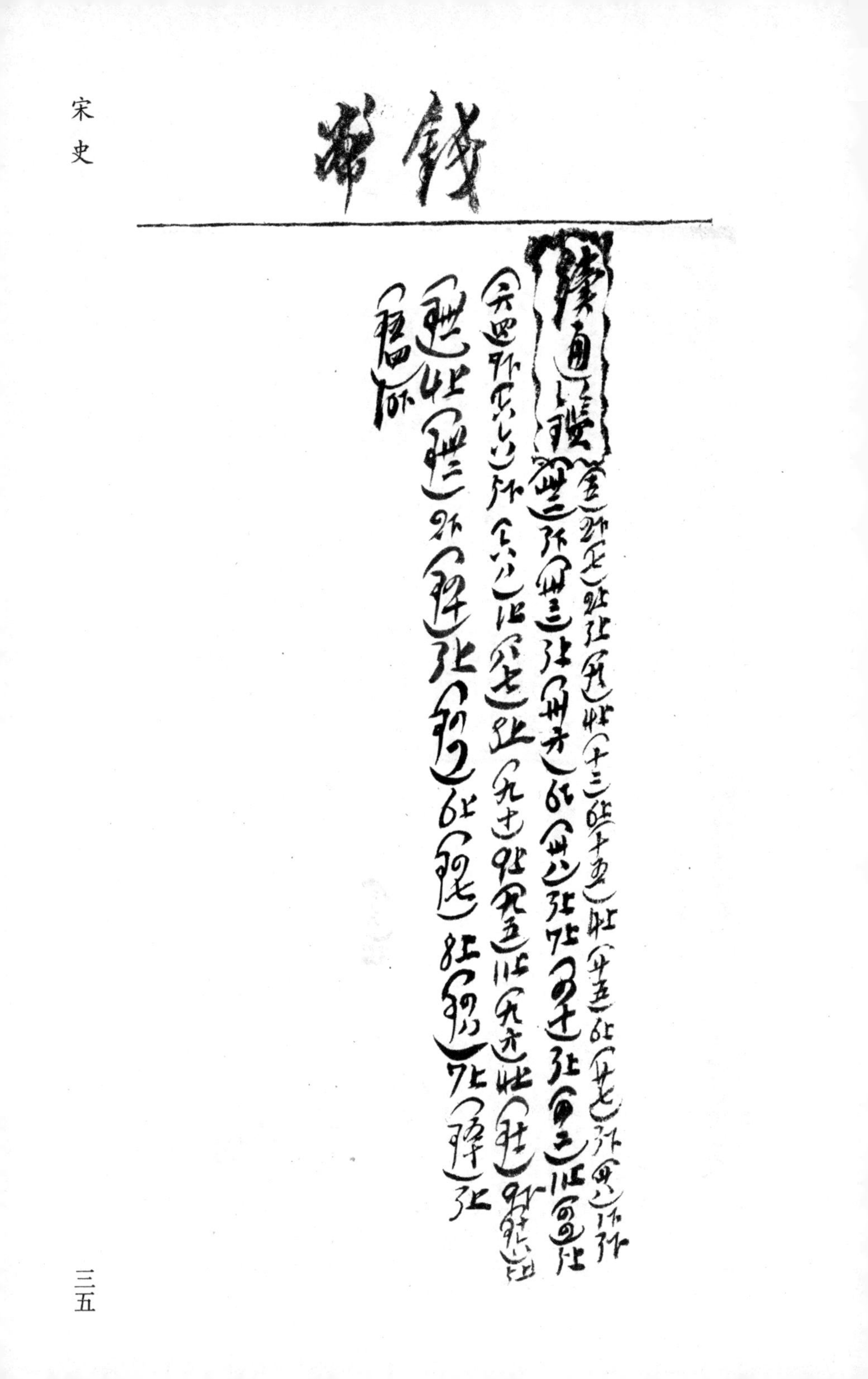

錢幣

食貨下二錢

[illegible]

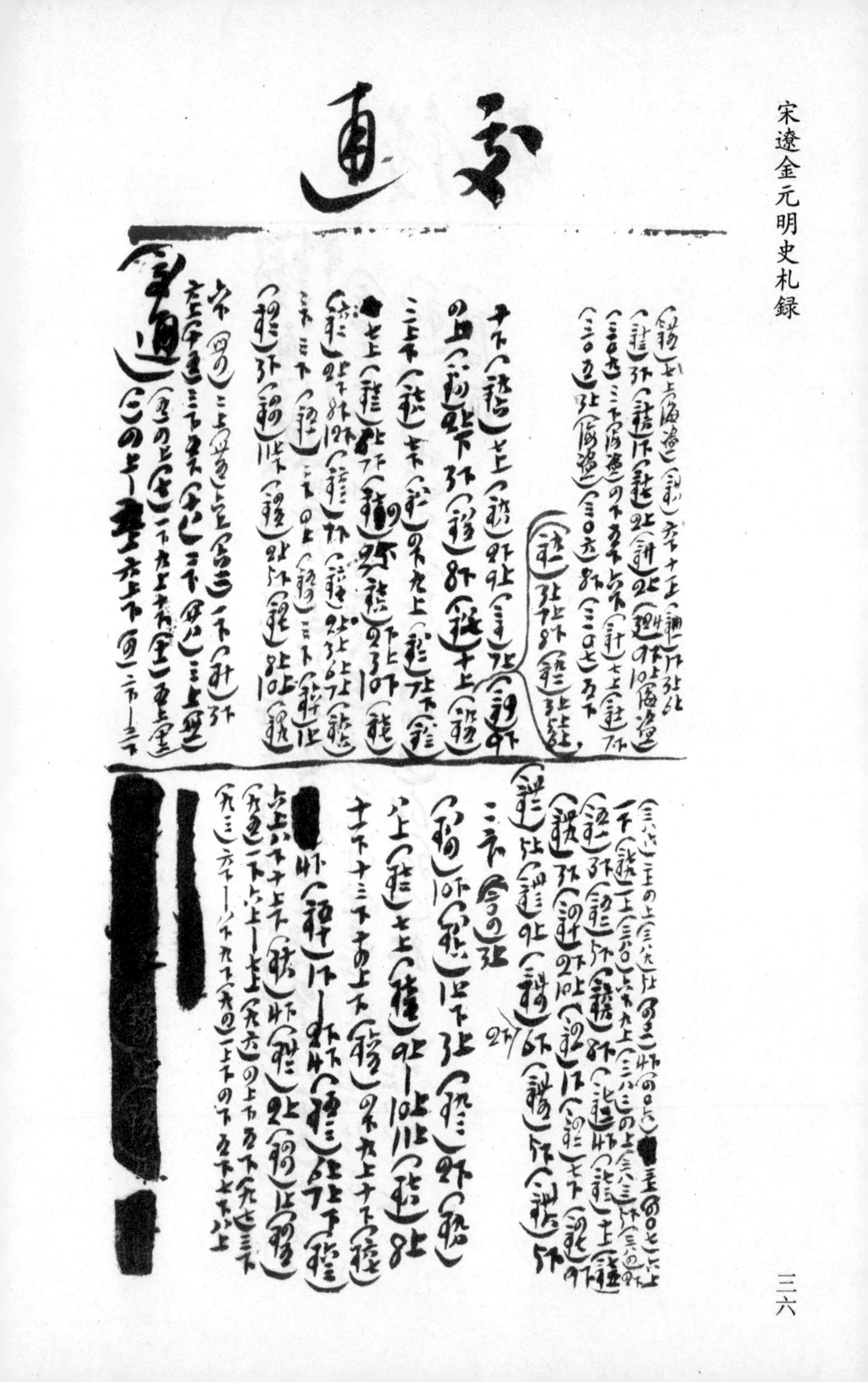

交通

[illegible]

[redacted]

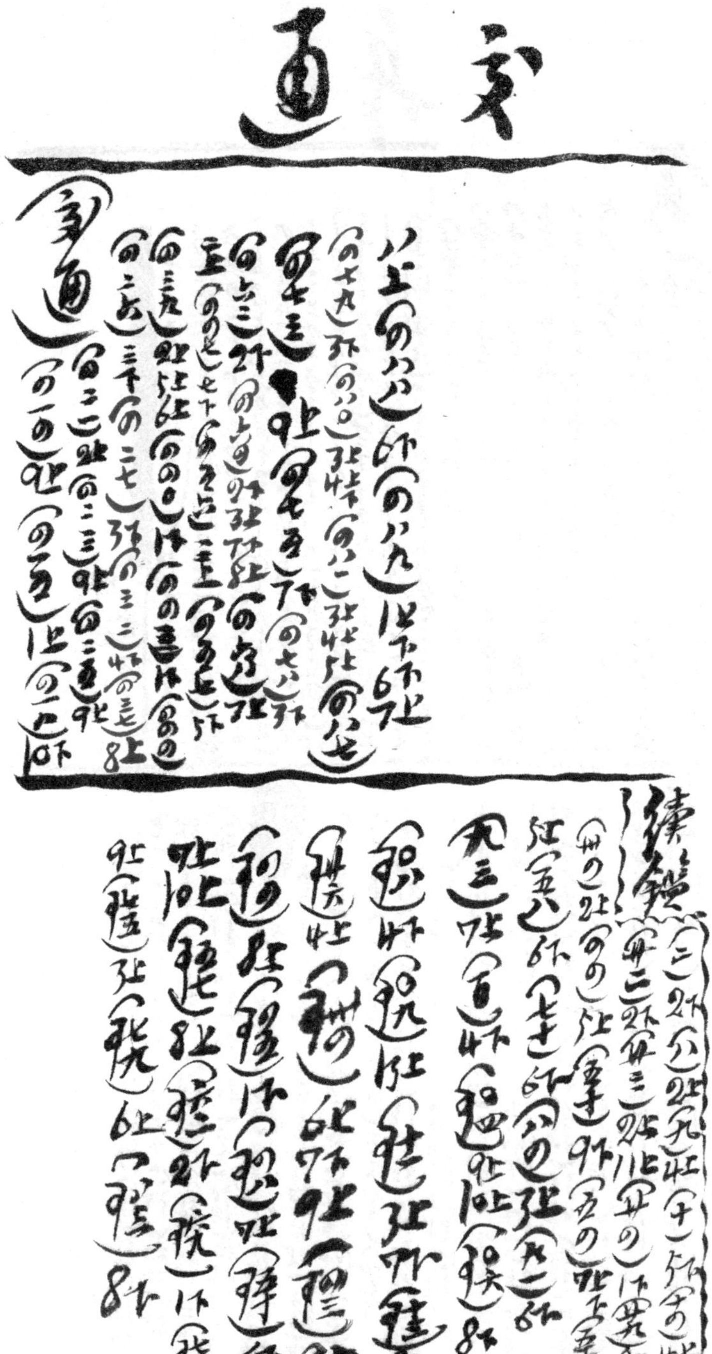

兵

二上の下五上(延三)の下六上(延四)の下五上八下 (八延)五上
の六(延)二上三上十上(延三)六上(延十)八下四上下八下八下(延)
九上(の二)二下四上六下七下(の三)一下二下七上下
三上四上一上(の十)一上一の下五下六上(延)
の上(四)一上三十一の下五下七上(四九)二上
二上二上の二五下一七下(五六)三下五上(四七)三上
一二上三上の上一六上八下九下十下(四五)一上一
三下五上六上(四三)四三下五下六上七上十上(四六)一上
一七下(四二)一下二下五下一八下(四二)一下一六
(通用)(四九)一上の上七上(四)二上下五下
(兵志)一下六上下八上 [illegible] 第十八卷
(延)一下五上(四三)五下六下七上(四五)二下
(十七)二上四上下六上(十八)五下(十九)二下
五下一六下八下九上下十上(十六)一下一二下の下
七上(十三)三上下(十四)三上(十五)一下三上一四上
九上(十)八上(十一)三下(十二)四下五上(十三)三下の上
(兵)(五)五下六上下十上(六)三上六下(七)一上二上
五下(三)二下三上五上下(四)二下三下の上
(兵)(一)一上の上五上一六上七下(二)一下二下四下

(延)比上八下(延)九下(延)九上(延)九下上(延)の下九上
七下十上(延)三下の上六下(延)九下九上
九上十上十一上(延)八下(延)九上九上(延)二下
(延)四上下(延)九上(延)四下(延)九上下
六上十下(三)三上五上(延)八上八下(延)九下
(三四)五上(三〇)九上(三一)九上八下十下(三二)九上
二下五下六下(三〇)五下(三八)九下
(延)九下(三)九上(延)八下(延)八下九下(延)
(延)九上五上下(延)八下(延)九上(延)九上
(延)六下一九下(延)九上の(延)九上の
九上六下十上(延)九下(延)八下(延)八下(延)
九下十下(延)八下(延)九上九上(延)九上(延)
七上八上(延)十二上(延)の上(延)八下九上(延)
七上十上(延)九上八下(延)八下九上(延)
(延)九下十下(延)九下六下八上九下十上(延)八下(延)九下

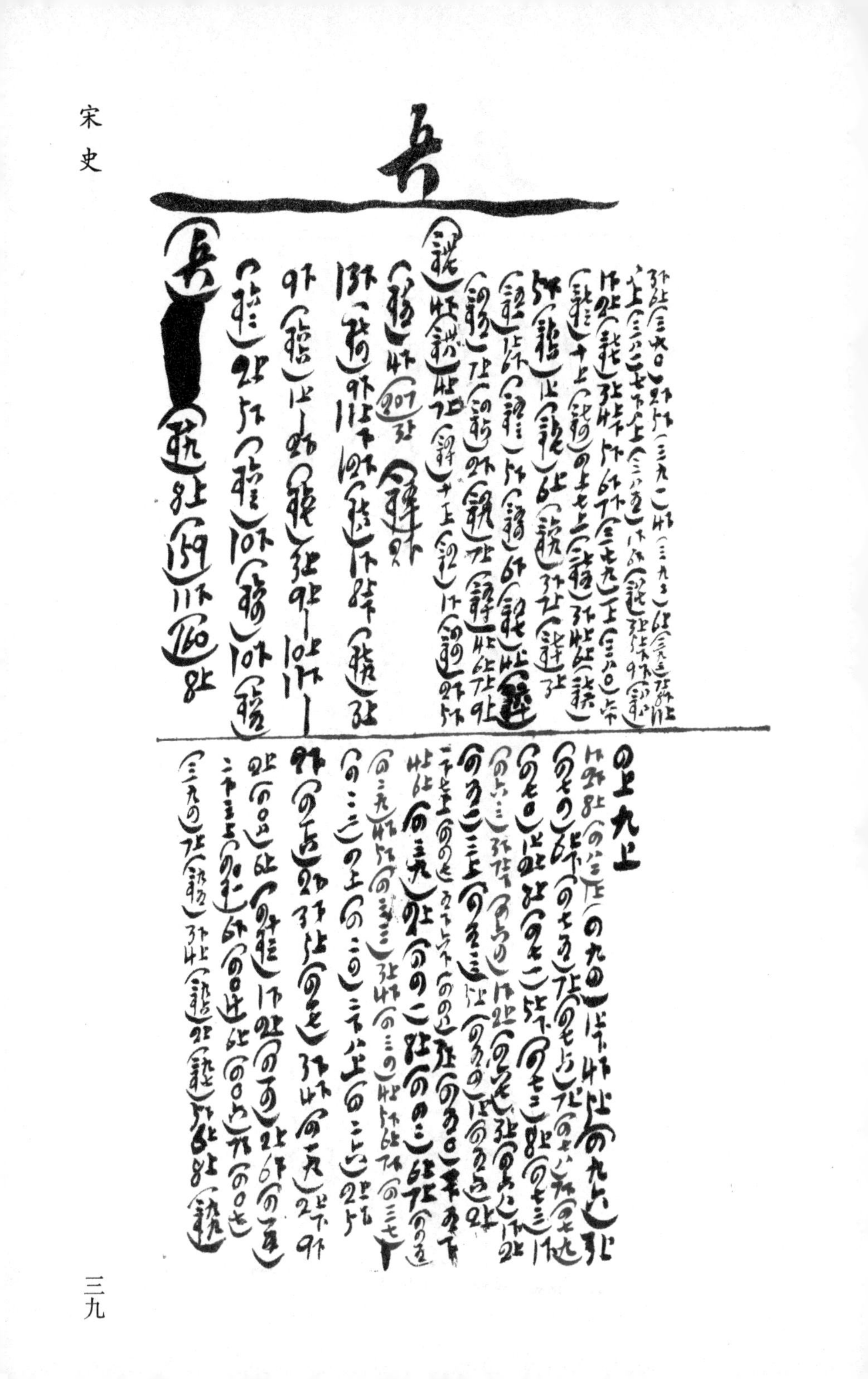

兵

[illegible]

兵

續通鑑(卅)1下(卅二)4上(卅七)6下(卅九)8上(四五)1上(四八)4上(四九)7下8上(五十)9下10上(五七)1下(六二)8上(七五)6上(九八)2上10下11上下(百二)4上(百四)6下(百七)1下(百九)1下9下11下(百十)7上下([illegible])8上(百十二)10上(百十三)2上(百十四)8上(百十五)4上([illegible])3下([illegible])2下([illegible])7下([illegible])4上([illegible])6上(百卅三)6上([illegible])3上([illegible])9上([illegible])1上1上1上([illegible])1下([illegible])6下([illegible])1下([illegible])4上

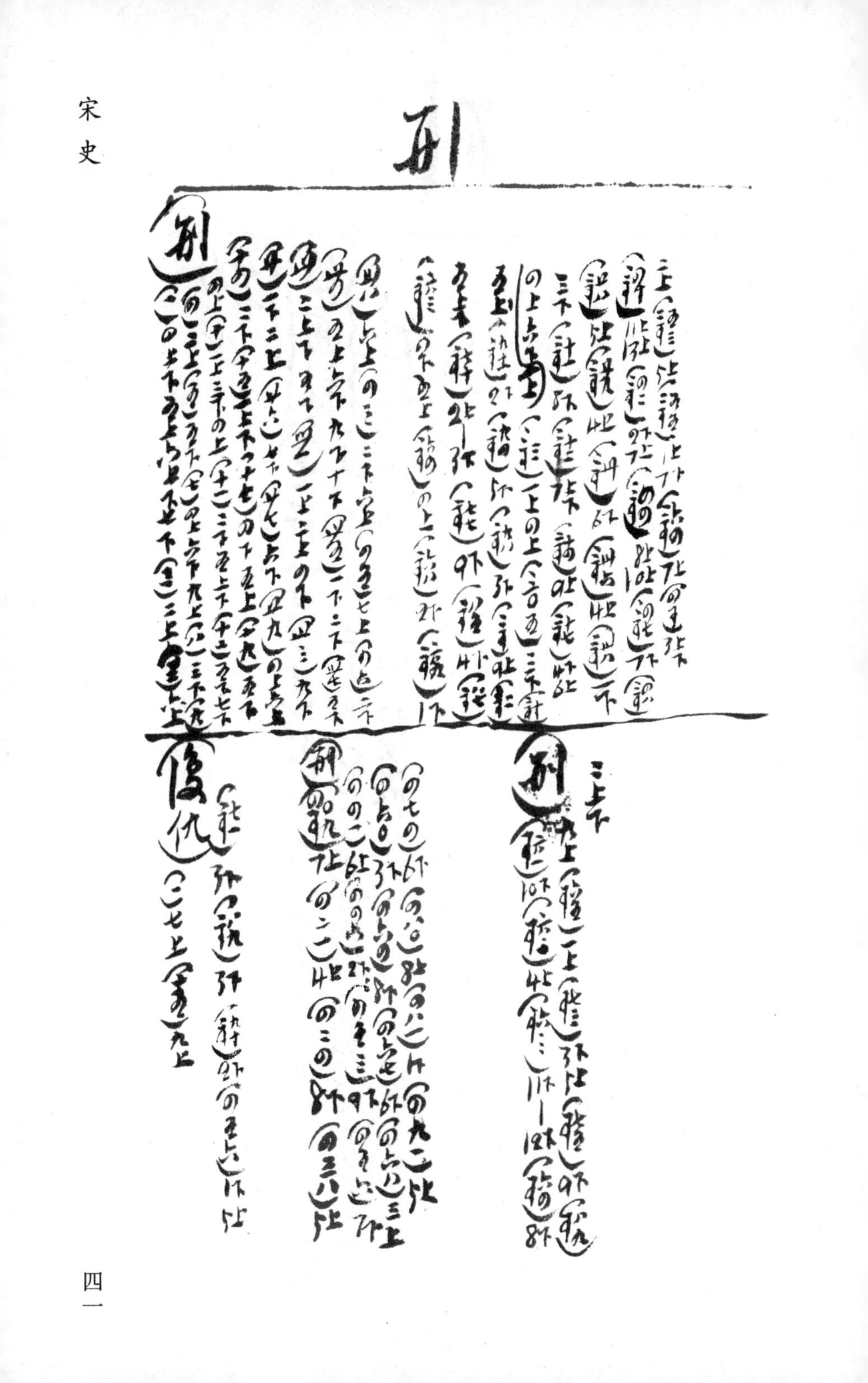

刑

[illegible]

[illegible]

[illegible]

[illegible]

刑

刑

續通鑑(十一)1上4下7上(十五)4下6下(十六)7上(十七)1上(廿三)3上(廿六)5下6下(卅八)4下(卅二)3上(卅三)4上(卅七)1上6下(卅九)5上(五八)4上(五九)6下

明史4下(刑志)1下(明?)5上(明?)9上

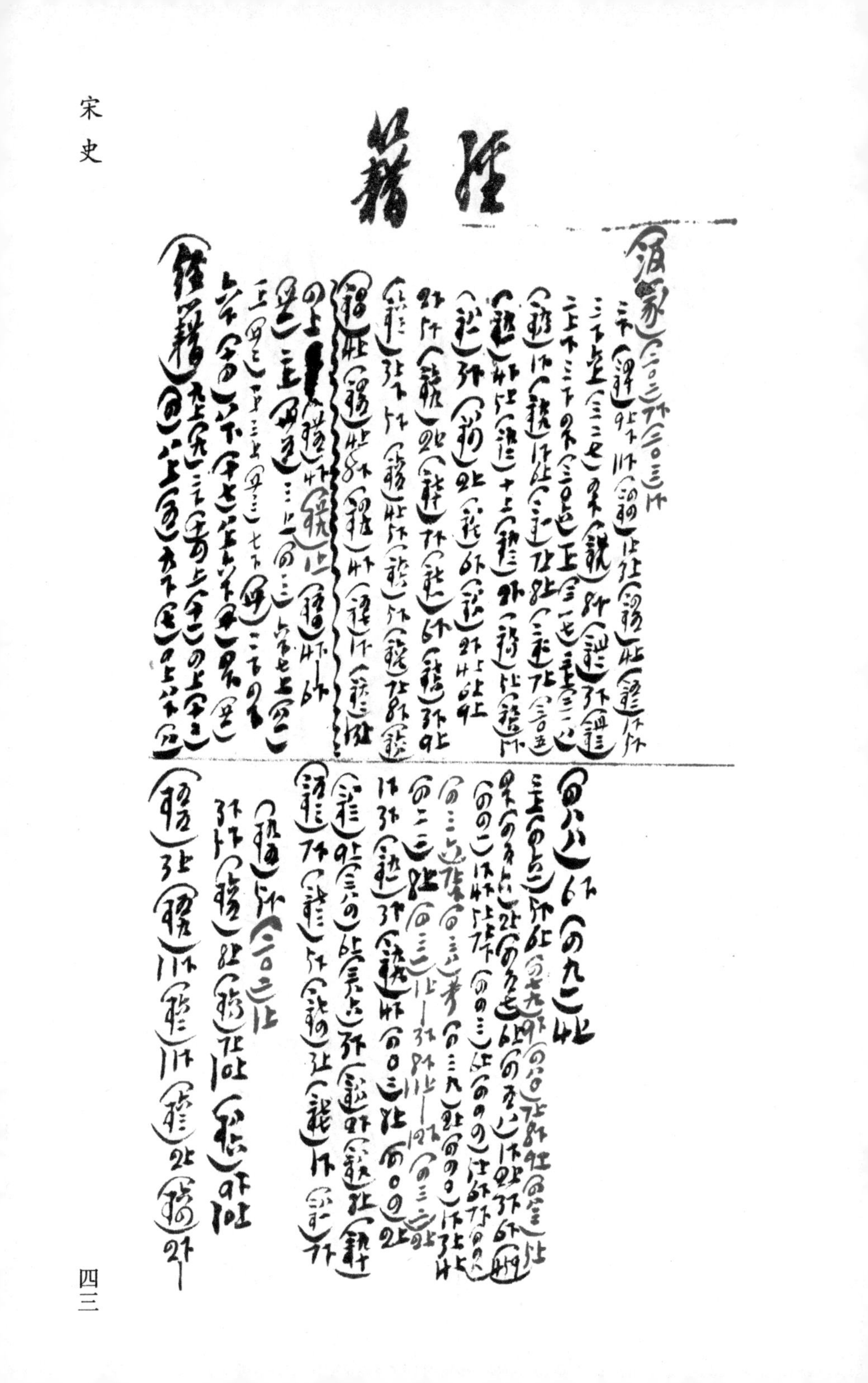

經籍

[illegible]

經籍

續通鑑（八）6上（九）5上（十）8下（十四）2下（十五）4下（十六）4下（廿）1下（廿二）2上（廿三）6上（卅三）3下1下（卅五）2上3下4下（卅八）1下（四三）9下（五七）7上（五八）2下（五九）2上3上（六十）3上5上（六三）8上（七十）1上（七五）4上（七六）4上（七七）1下（八三）8上（九三）1下（百十三）4上（百卅六）4下7下（百卅八）1下6下（百卅三）5上（百卅八）8上（百八）7上

古編續鑑（九一）4下

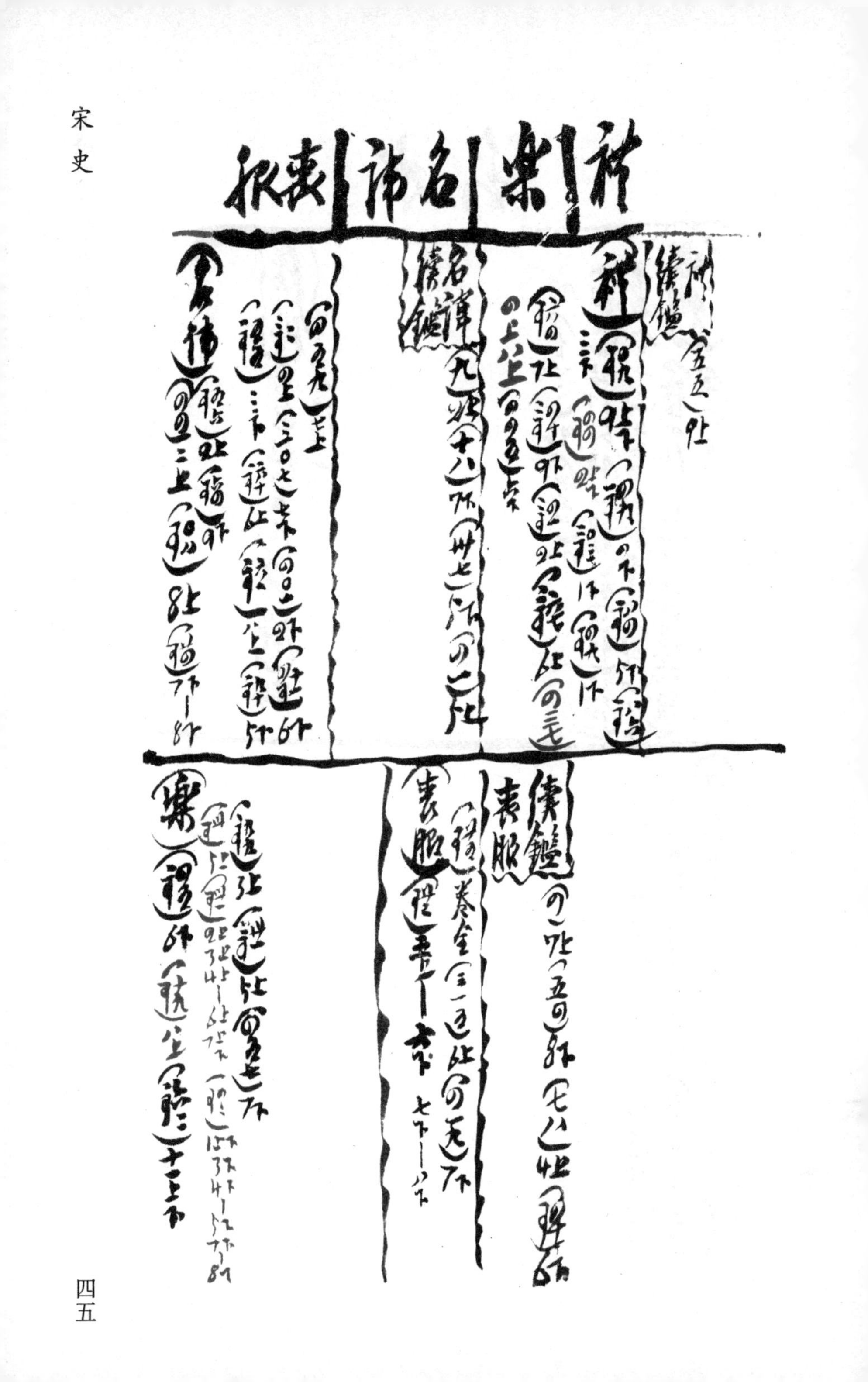

禮樂 | 名諱 | 表服

[illegible]

水利

（淺鍾）（四〇）6上（六九）7上（九九）7上
（穆）2上

（水利）
9下（四六二）9上（四六四）9下
（泗彰）4上 3下 6上 9上（四〇稗）3上（四〇襲）2上 3下（393）
十上（三一三）5下（三二三）11下（三〇一）11下
（稗）7上（稗）6上（穆）13上（稗）
（十二）五上

（九〇）七下—九下（九五）三上—十下
（元七）一下 二十一 五下（九七）二下 三上
五下 6下（稗三）十四下（稗三）9上 10上

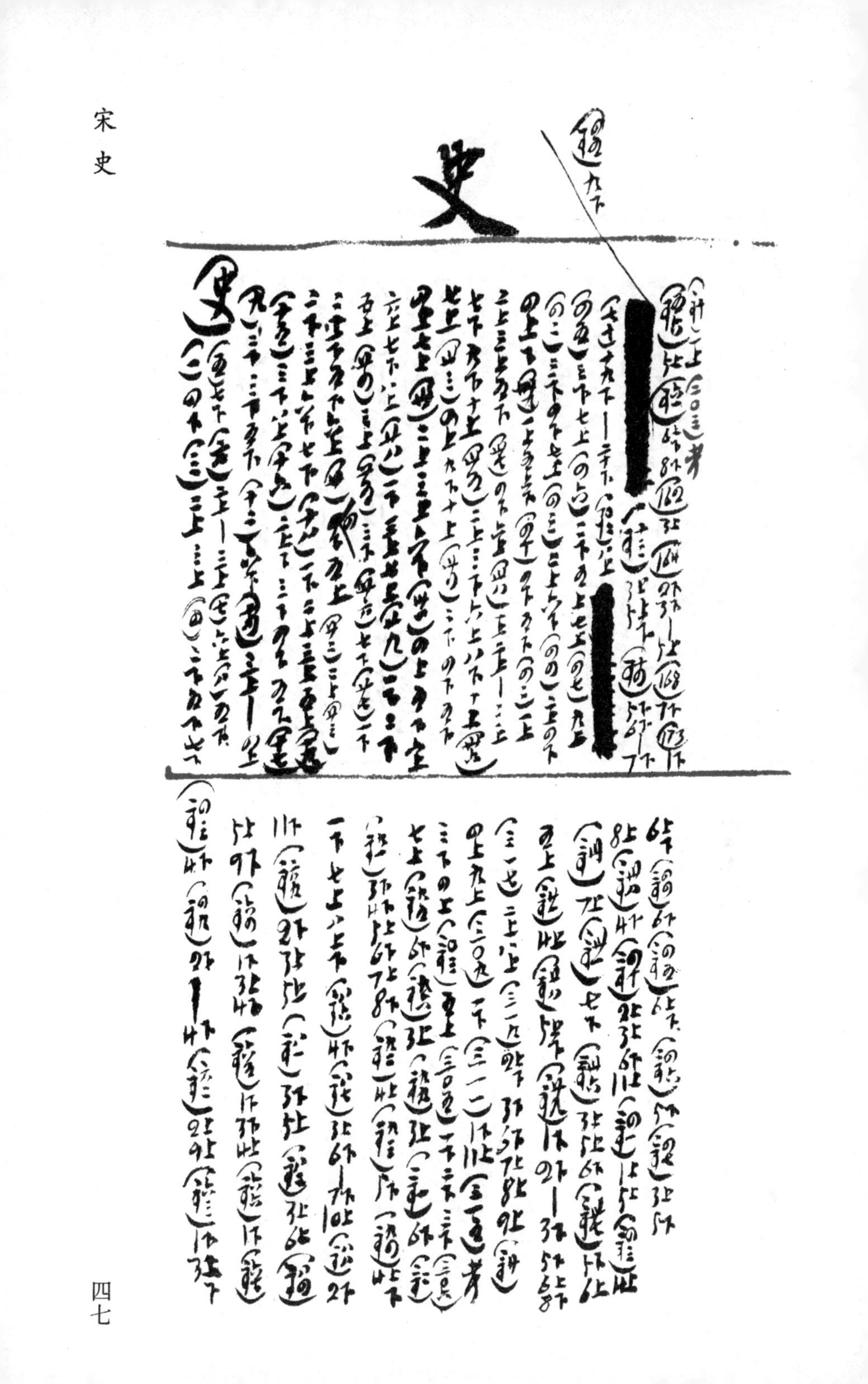

史

[redacted]

[redacted]

[illegible]

[illegible]

史

(〇六四)7下(〇六七)1下4上(〇七三)4上5上考
5上下(〇九六)3上(〇九七)2上(〇六三)1下4下上5
1上3下(〇〇四)1上 2下4下5上(〇〇五)2上3上(〇〇五)
(〇三九)1下6上下(〇〇〇)8上(〇〇二)1下9下10上(〇〇三)
(〇三〇)1下4上(〇三五)1上下(〇三八)4上下5上下
(〇一六)9上下(〇一九)1上(〇二〇)3下7下(〇三二)5上
(〇〇九)2下1—3下5上下(〇廿七)2下3上5下(〇一〇)2上下5
(〇〇四)4上下(〇〇五)4上(〇〇六)6上7上(〇〇七)7下
(三九〇)5上下(三九五)2上6上(三九七)8下(〇〇一)7上8下
5下6上8下(辞)6上(补二)1上(补三)4上5上(三九三)8上
(三八二)八上下(三八三)7下8上(三八五)7下—10上(补九)
5上下(三七九)八上(三八〇)三下の上(三八二)二下
9上下1下(补)三下(补)8上6下(补)7上
七上(补三)4上(补四)7下(补)1上(补)7上
(补四)2上(补五)4下10上(补)1上10上(辞)
(史)(补)2下(辞)2上(补)3上4下(补)2下

續鑑

(八)1下(十一)7下(十五)3下(三七)6上(卅)
2下(卅四)2上(卅五)6上(四〇)7上(五五)
4下(五六)3上(五八)5上(五九)7上(六四)5上
(六五)9上(七一)9下(七四)5上(七七)8上
(七九)2下(八六)9上(八七)4上(九一)1上下2下
(补)9上(补)7上9上10下(补)2上(补)
2上(补)1下(四六)3下(補六)4上
(補八)8下(補)5下

四下十下(飯)
(〇七九)7下8下(〇八三)5上(〇八五)1上(〇八六)
(〇七三)2上8上—9下(〇七〇)1下(〇七八)1上

年紀

《續鑑》（九）止（九七）96

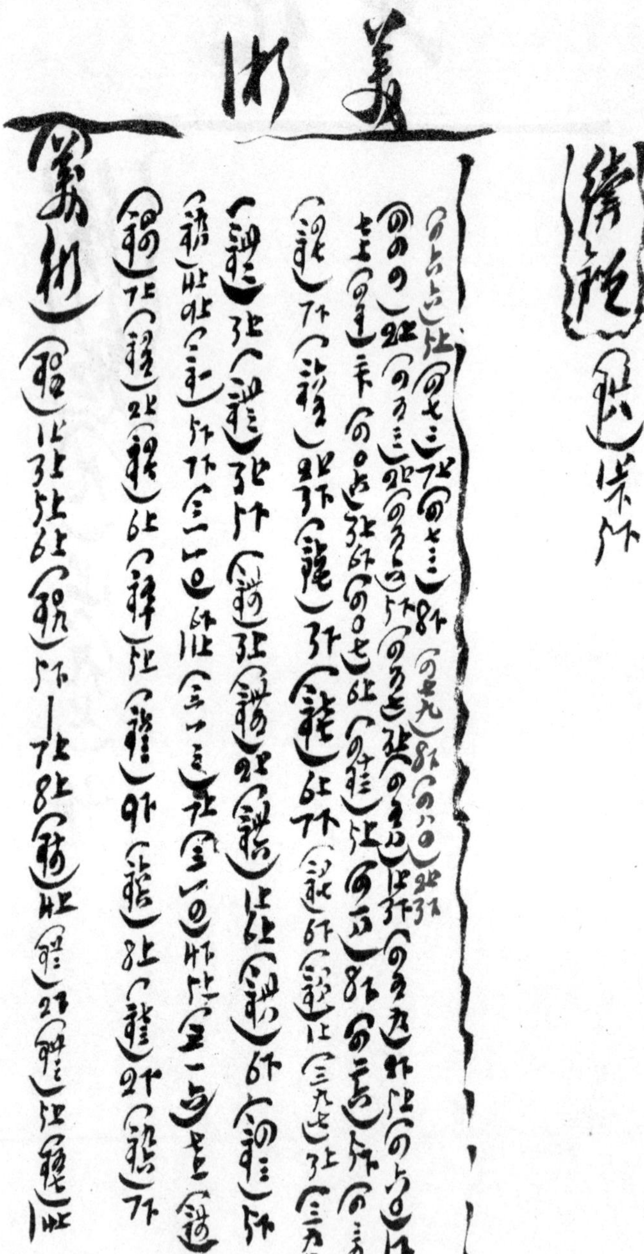

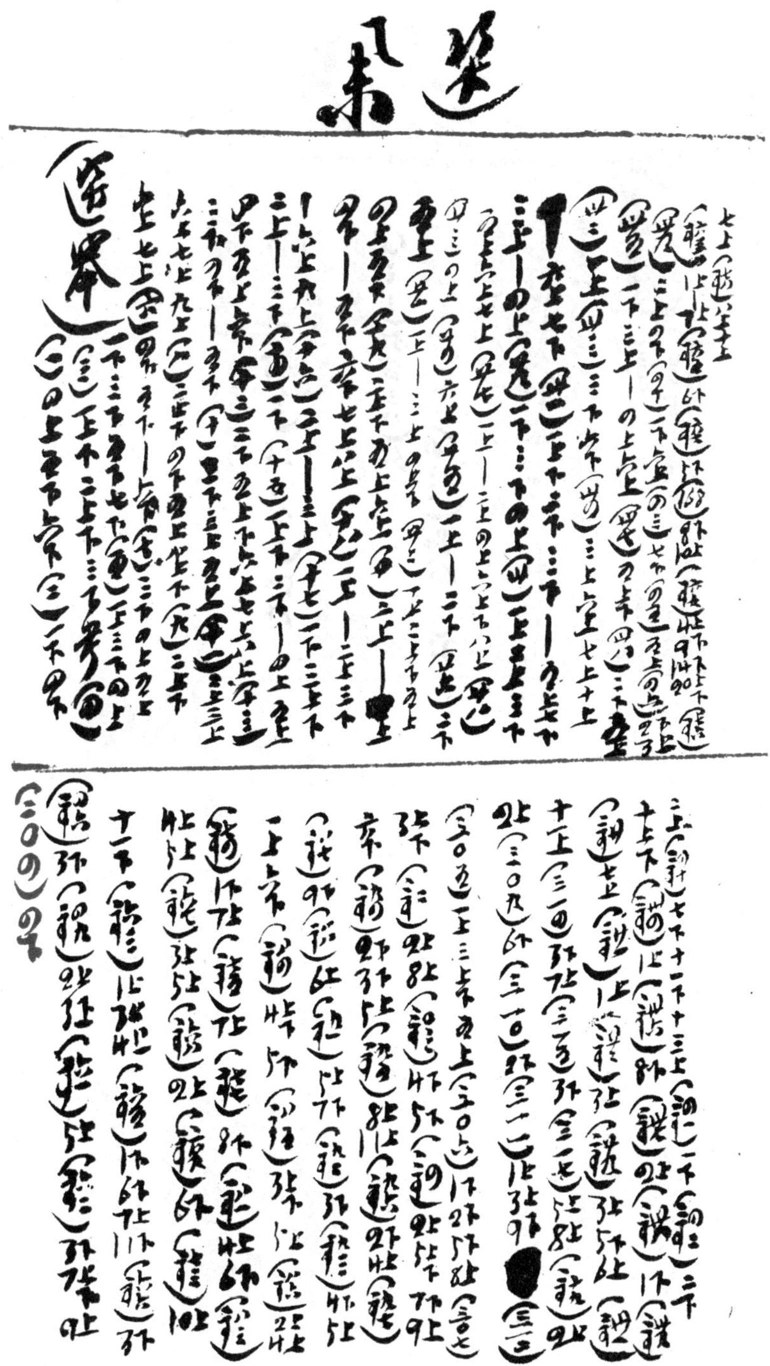

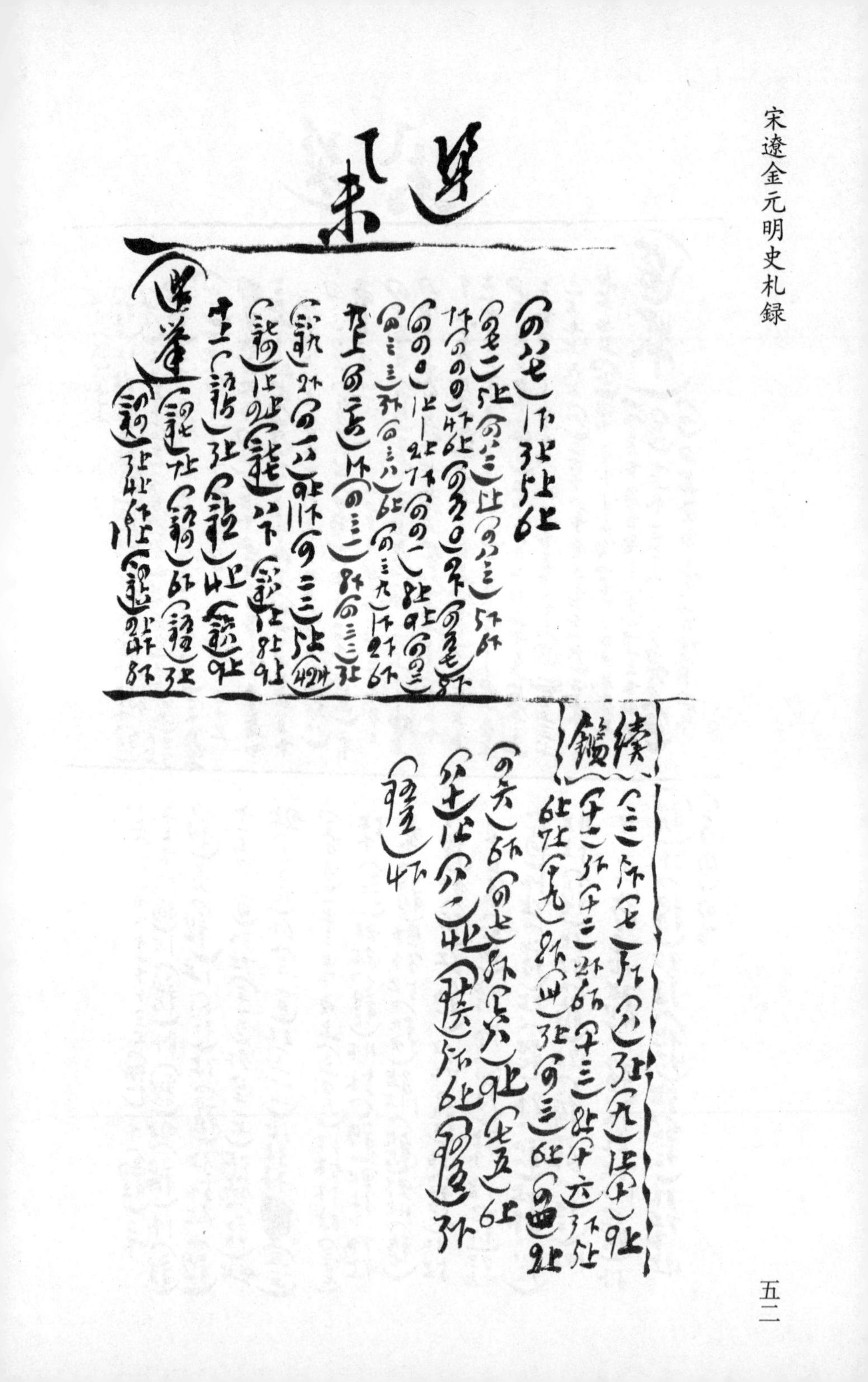

宋史

進士數

隆興元 五三八
三 の九三
五 三九二
八 三八九
淳熙二 の二六
五 の一七
八 三七九
十一 三九の
十四 の三三
紹熙元 五三七
四 三九六

寧宗慶元二 の九九
五 の一一
嘉泰二 の九七
開禧元 の三三三
嘉定元 の二六
の の六
七 五の
十 五二三
十三 の七五
十六 五の九
理宗寶慶二 九八九
紹定二 五五七
端平二 の九三
の 五の

嘉熙二 の二二
四 三九七
淳祐元 の二の
七 五三七
十 五一五
寶祐元 六二一 本紀數
の のの二
開慶元 の二七
景定三 六三七
度宗咸淳三 六六の
七 五〇二
十 六六人 閲目 本紀數

地理

大様河源見河渠志([illegible])上

濮鎮(九〇)3下(卅二)6下(卅六)6下(卅八)6上(卅九)4上(四〇)2下(七一)3上(九〇)9上(九七)19下(遼)1上

(四六)四上(四九三)1下2上3下
(四三六)3上4上(四〇〇)1下2上7下(四〇二)1下(四六三)6下(四七五)1下(四七九)2上
(三四)3上(三五)4下(遼七)8下(卅三)4上(卅七)8下(卅六)7上(卅三)2下(四五)4上
(遼九)8下(遼七)7上(遼八)3上(遼)4上(三〇五)4下(三〇六)8下9下(三一三)1下
(遼六)7上(遼二)4下(遼)4下(遼)3上(遼)四上(遼)7上9下(遼)5下(遼)6上
(地理)(四三)上(遼)四上下下(遼)四下(卅三)3上(五一)四下(遼)10下—11下(遼)1上

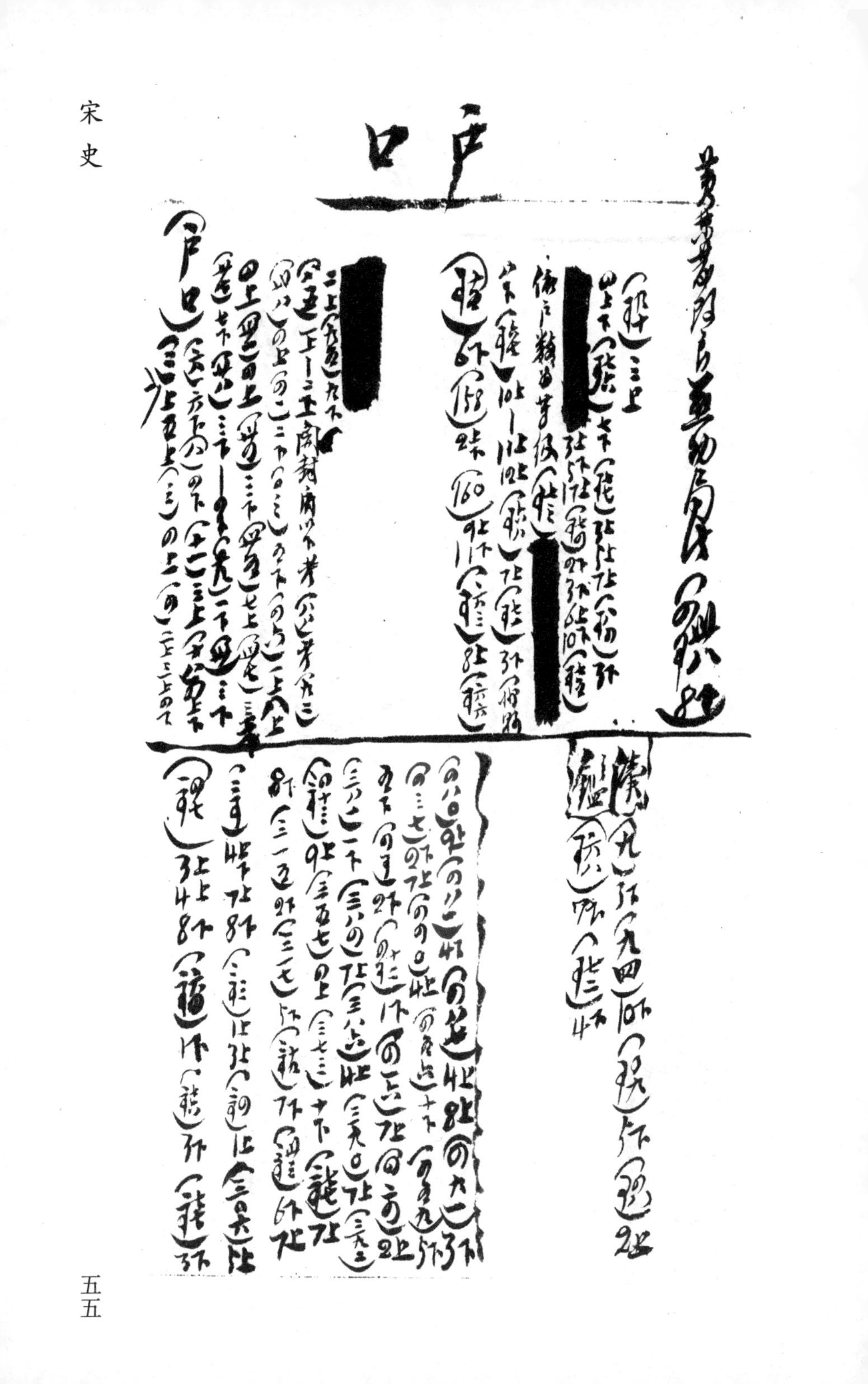

户口

[redacted]

[redacted]

[redacted]

(户口)

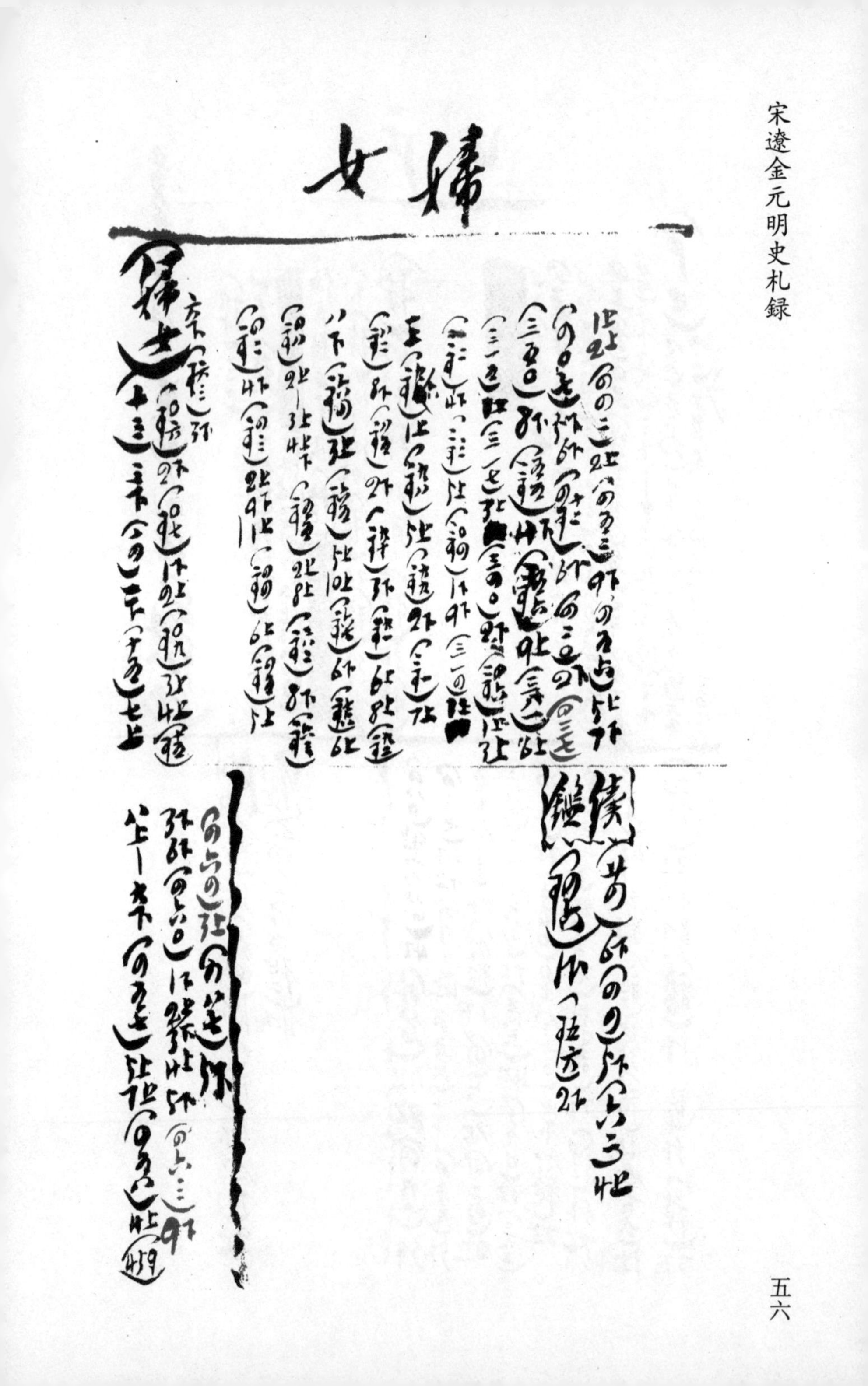

女俸

[illegible]

度量衡

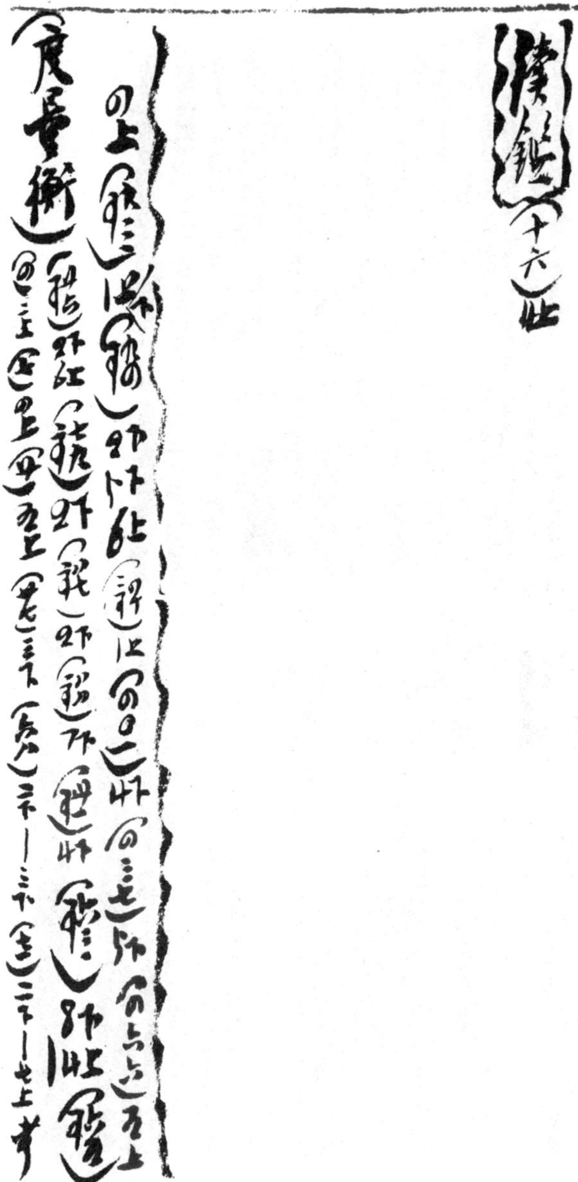

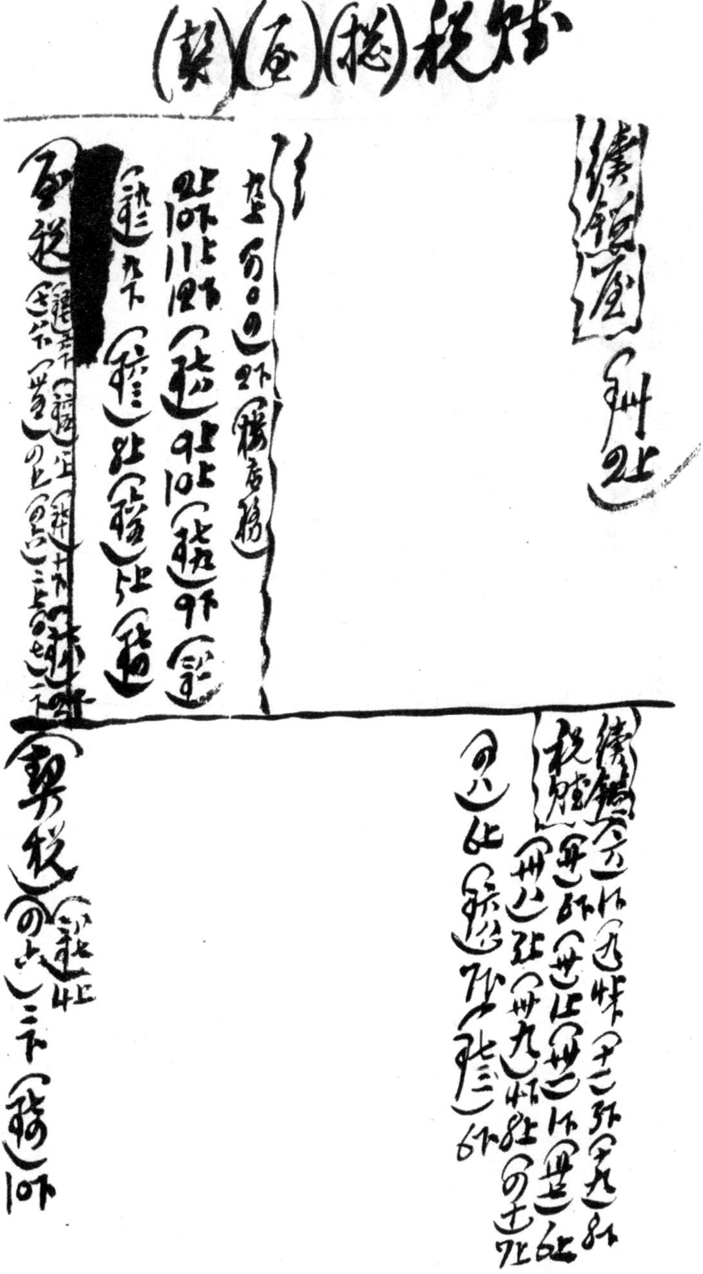

(崖山)殺戮

(陸)(山)崖(續)(通)卌(五)上 十三上
(宋)(史)三三下(錄)(遺)の下(元)(史)ろ上(宋)(大)三上

雑税(卅)(巻)

(四〇四)四上(四〇五)二下
五下(食貨三)十四上下(食貨七)五上八上(食貨九)外
四下五上六下—七下(食貨十)[illegible]—二下四下(食貨[illegible])
六上八上下九下十上十一下—十二下(食貨九)一上—二下
(食貨五)七下九上下(食貨六)五下六下(食貨七)六上(食貨八)
(食貨)二上
廿
二上(卅)二下(四[illegible])四上(四一)五下八上(四[illegible])六下
([illegible])五上六下([illegible])二上([illegible])二上四下([illegible])二上五下([illegible])
[illegible]巻(食貨[illegible])八上(三〇九)五上(食貨[illegible])外(食貨[illegible])外
(四[illegible])二下([illegible])[illegible](食貨[illegible])七下(食貨[illegible])外

卅 債類

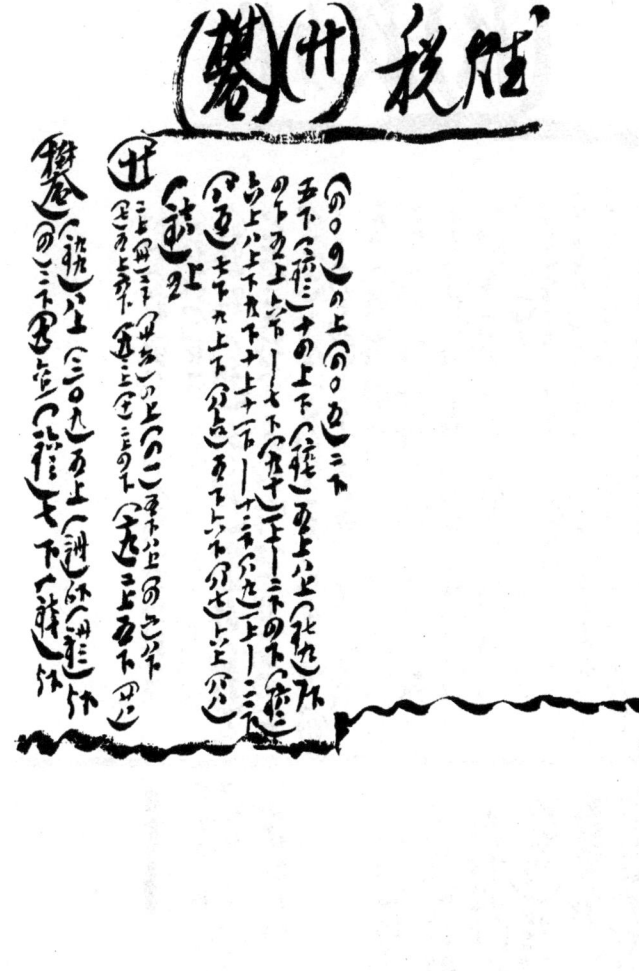

(食貨[illegible])外(食貨三)外

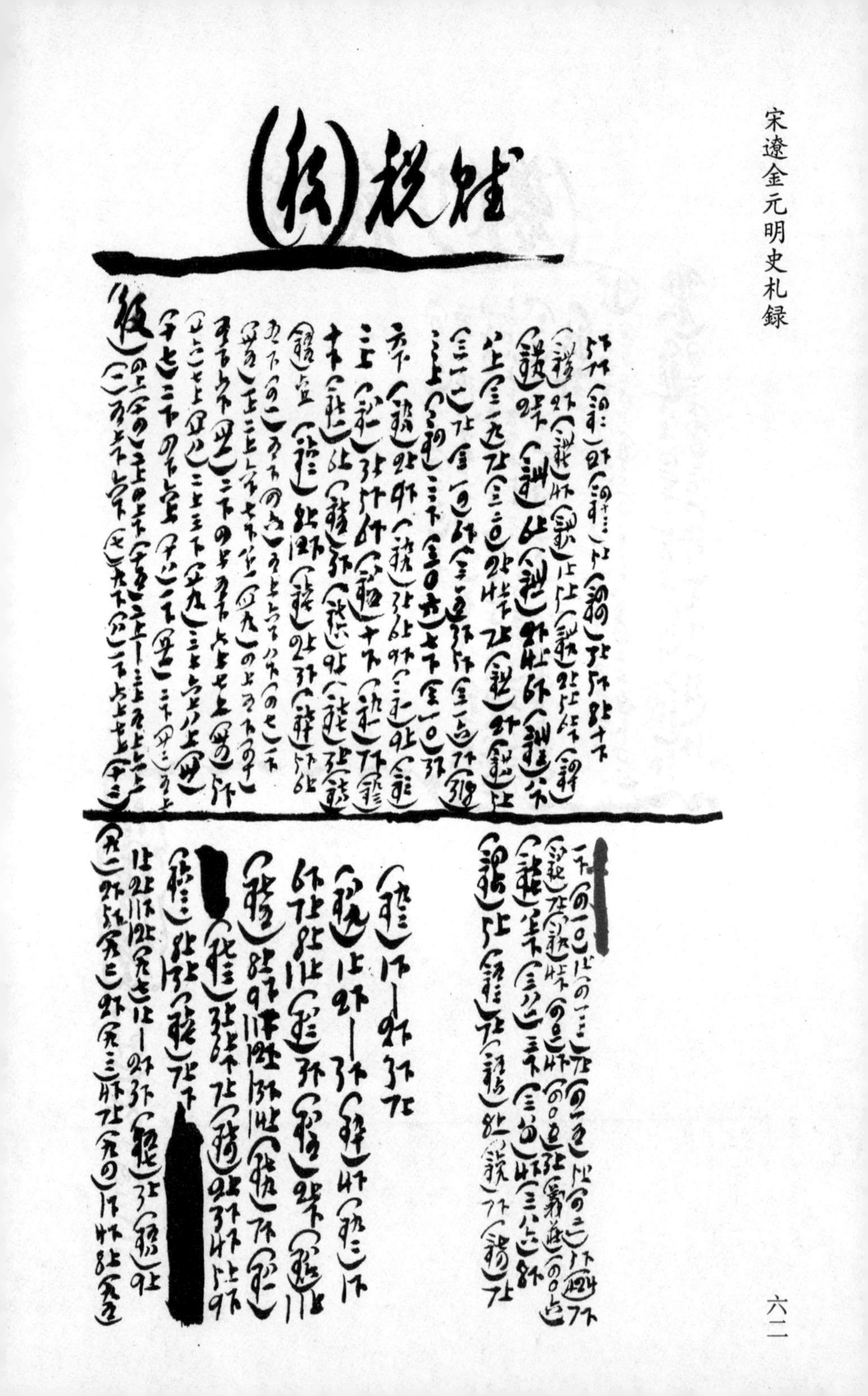

[illegible]

[redacted]

[illegible]

[redacted]

[illegible]

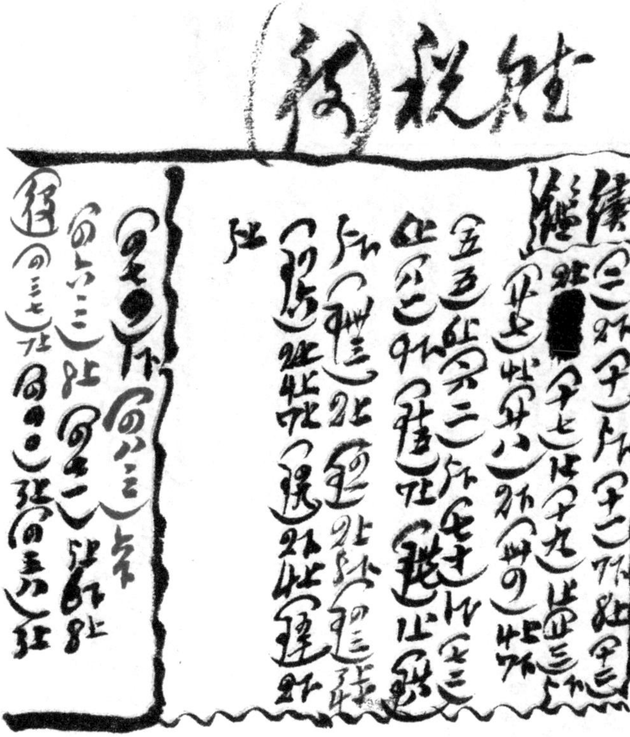

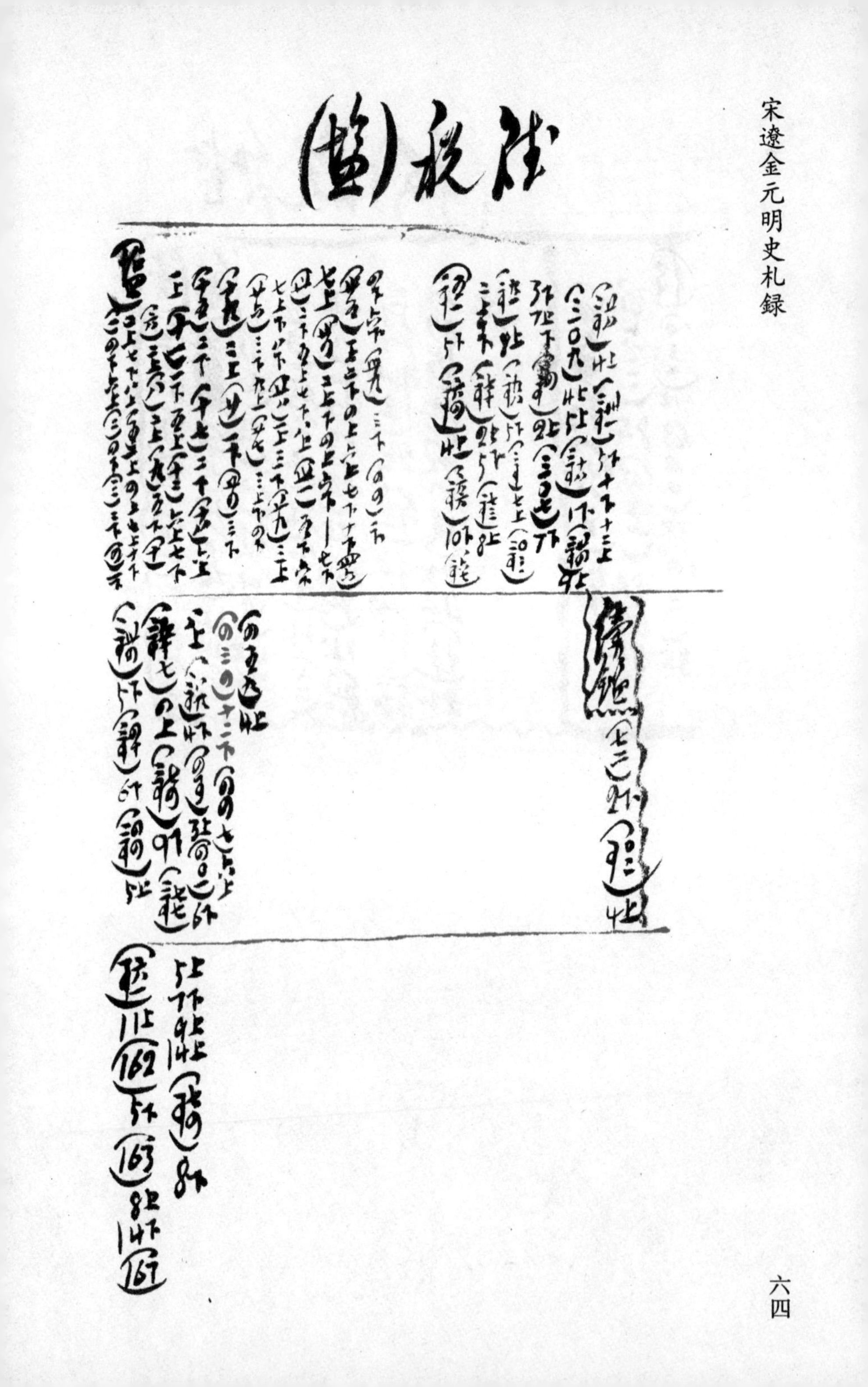

[illegible]

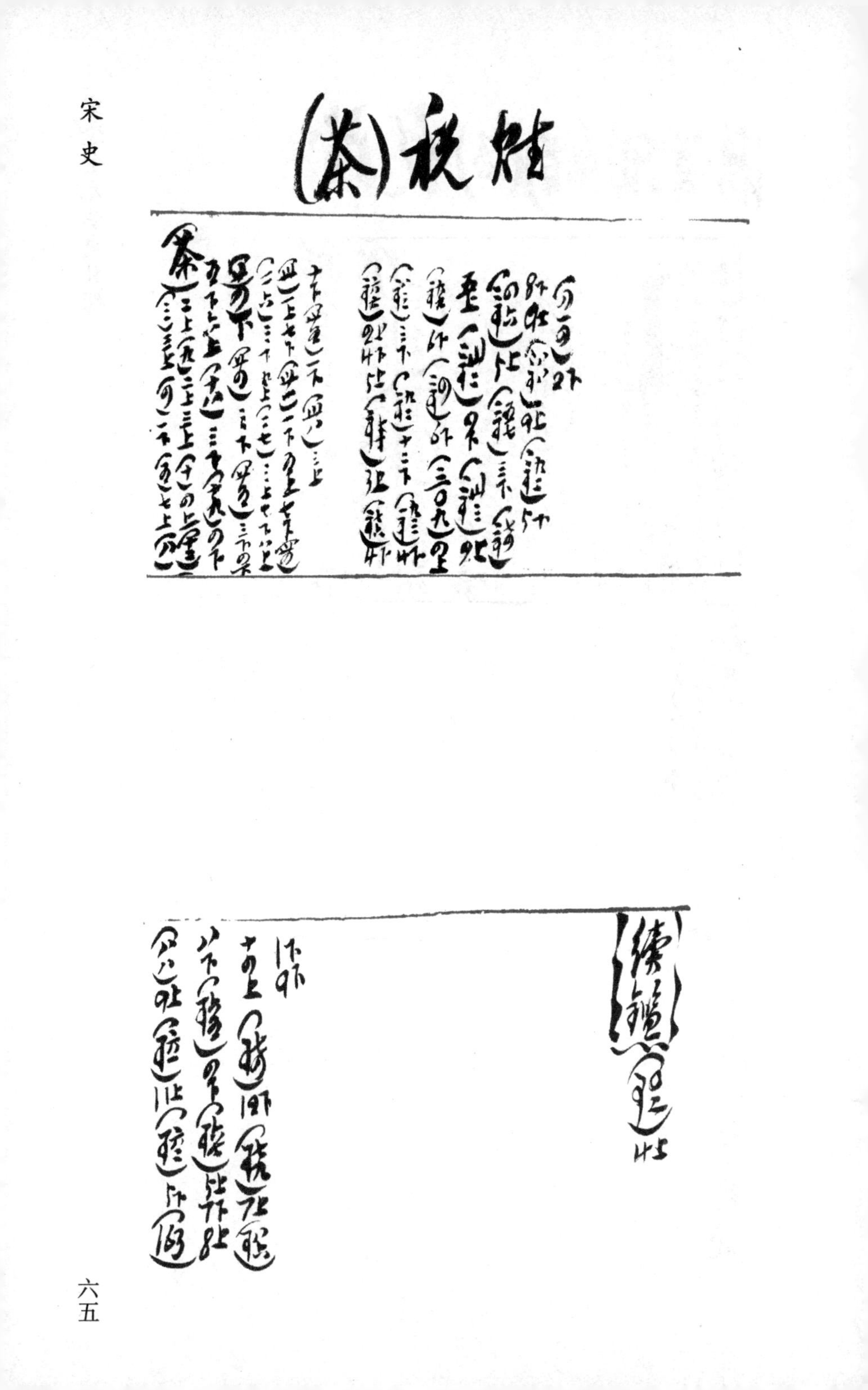

[illegible]

[illegible]

法税(隱)(酷)(榷貨務)

(酷)(五一)五上(三一〇)六上(四〇一三)七上下

(榷貨務)(五一)一上界(四九)二上、(五)六下七上(四三)

(三七〇)九上(三八二)九上(三九〇)六下

(三五三)六下(三五五)六下

(三二二)四下(三三二)四下(三二三)三上

(三四四)八下(三五)七上(三二〇)三下

六下(三六一)三下(三一〇九)五上

(三七)一上一下四下(三九)四下(三九)五下(三九)

三上(三八)七下(三八)七上(三九)三上

三上(三九)三下(四十)五下(四二)

(三五)三上(四五)三下七上(四七)

七下(四二)[redacted]の下五上(四六)九上

(三八)五下(四二)七上

(隱)(三二)三上(四三)三下(四四)の上(四五)

三上六下(五の)上(五七)三下五下

(二〇)の下六上(四〇)一下二下(五)

(隱)(四〇五)七下

六上(四〇)四下(四〇二)六上

(四〇)三上(四〇二)四下(四〇)

(五七)三上(六三)三上(六九)四上

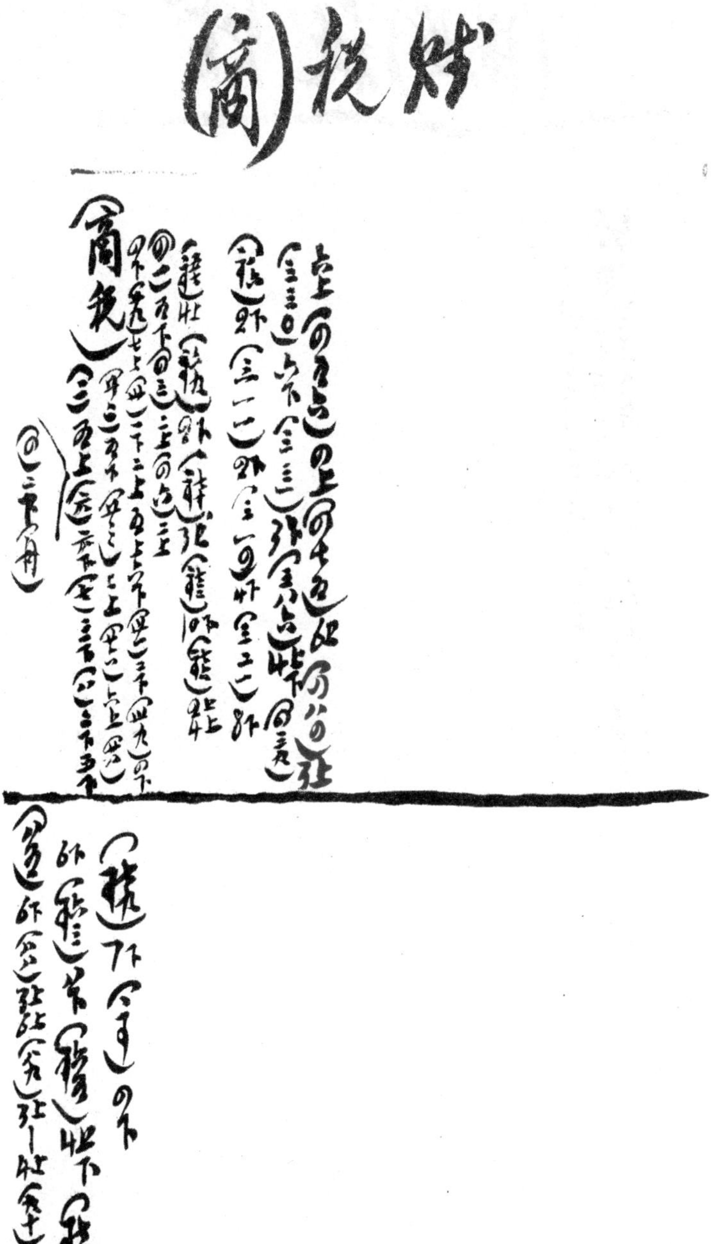

賦税（坊場）

坊場）

の又（四七）の上（四の）一上（四四）十上

五上（四七）三下（四三）二上五上（四六）一下の上（四五）

（四七）九上（四七）の上（四九）の上（四）二下の上｜

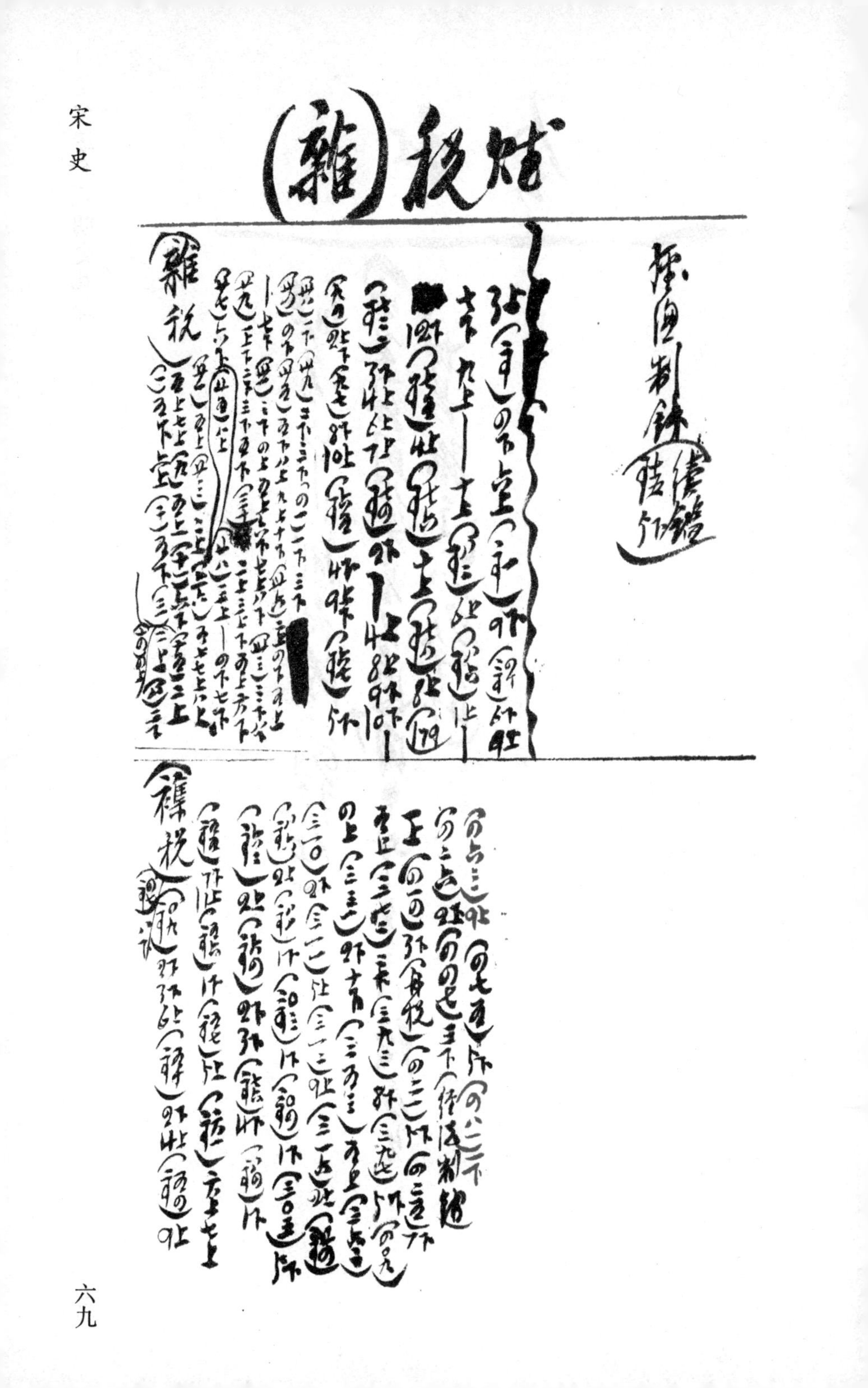

姓稅(雜)

權(?)鹽制錄（續·鹽·鐵·錢）

[illegible]

(雜)稅 [illegible]

[illegible]

(榷)稅 [illegible]

社会

峽谷山川 桃花源（の考証）

（宋史外國傳高昌國）國中無貧民絶食者共振之（の考証）

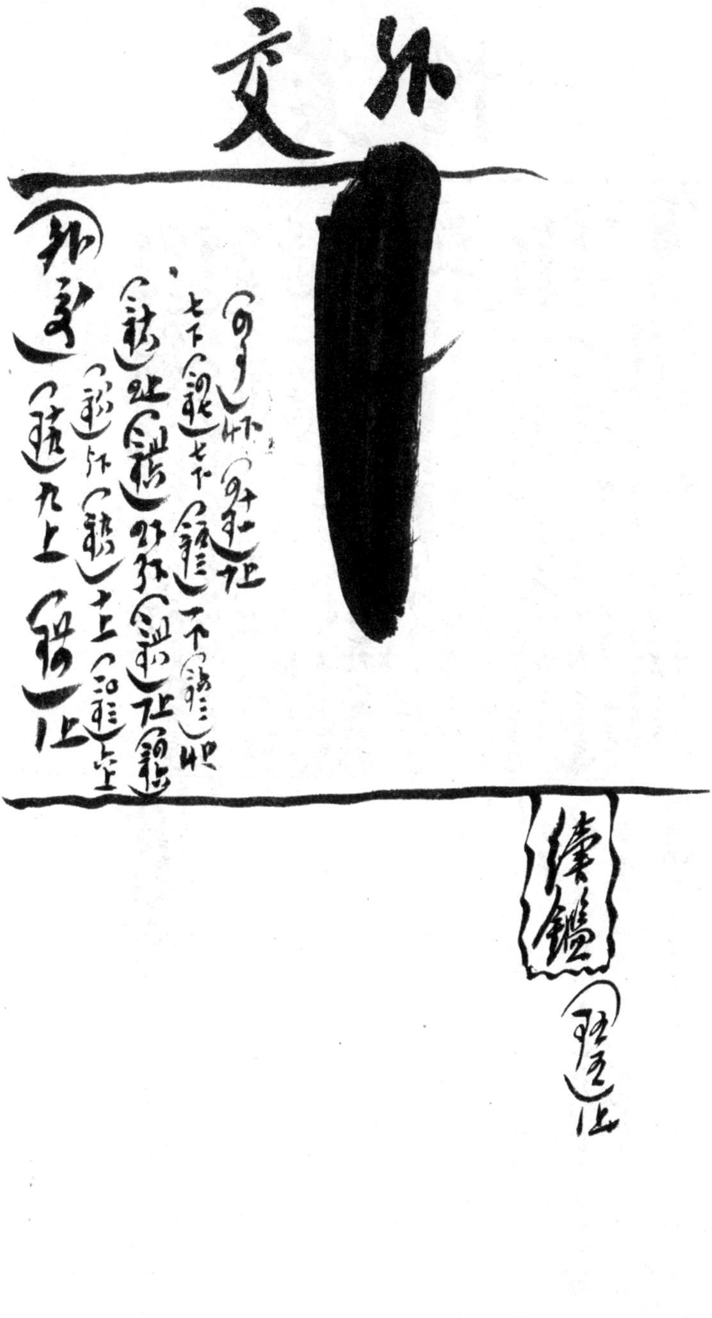

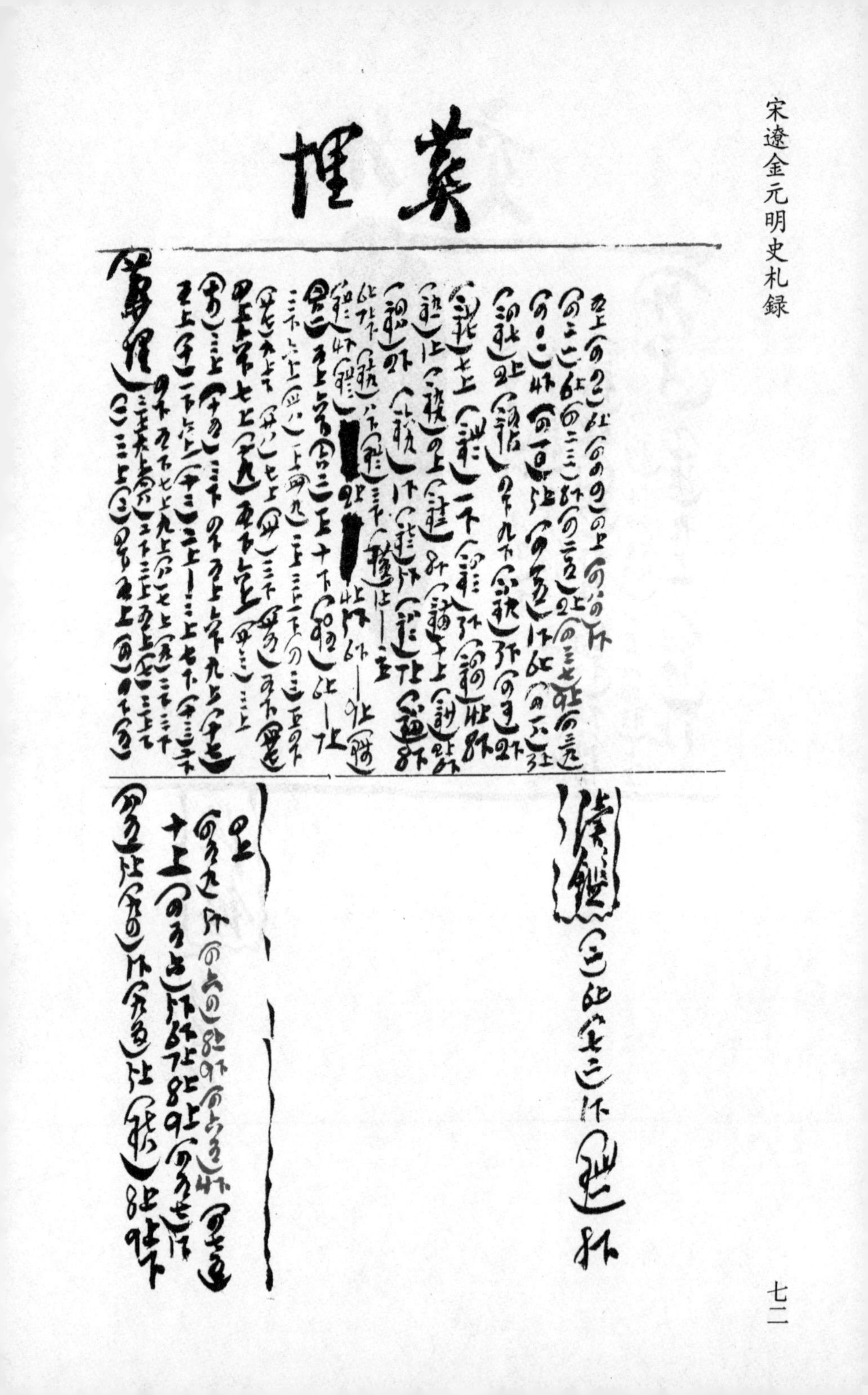

葬埋

[illegible]

實業（農）（漁）（牧）（礦）

（食）五の下

（廿三）4下8上（三）1上（五）9上（諸）一下

續通鑑五九上（諸）六上（四十九）1下（四）十一[illegible]

農（十六）6下（十七）8上（十六）4上

（四十九）1下（世）2下（[illegible]）2下

續通鑑（四十六）1下（[illegible]）4上（[illegible]）

6上（四八）9上

（食）9上（五）通鑑6下

六下（四十二）4下

六下（通）8上（通）4上[illegible]

（通）4上（[illegible]）9上（[illegible]）

三上（三〇九）6上

（通）1下8下（[illegible]）4上（[illegible]）

（[illegible]）5下（[illegible]）1下

（[illegible]）の下（四）六下（[illegible]）

（四）二下三下 [illegible]

（七）三下

（世）農 六上（三）四下（三）四下（四）七上

牧 續通鑑（十四）4上（六三）9上

（[illegible]）2下

（[illegible]）7下

4下6下6下（[illegible]）10下（[illegible]）1下

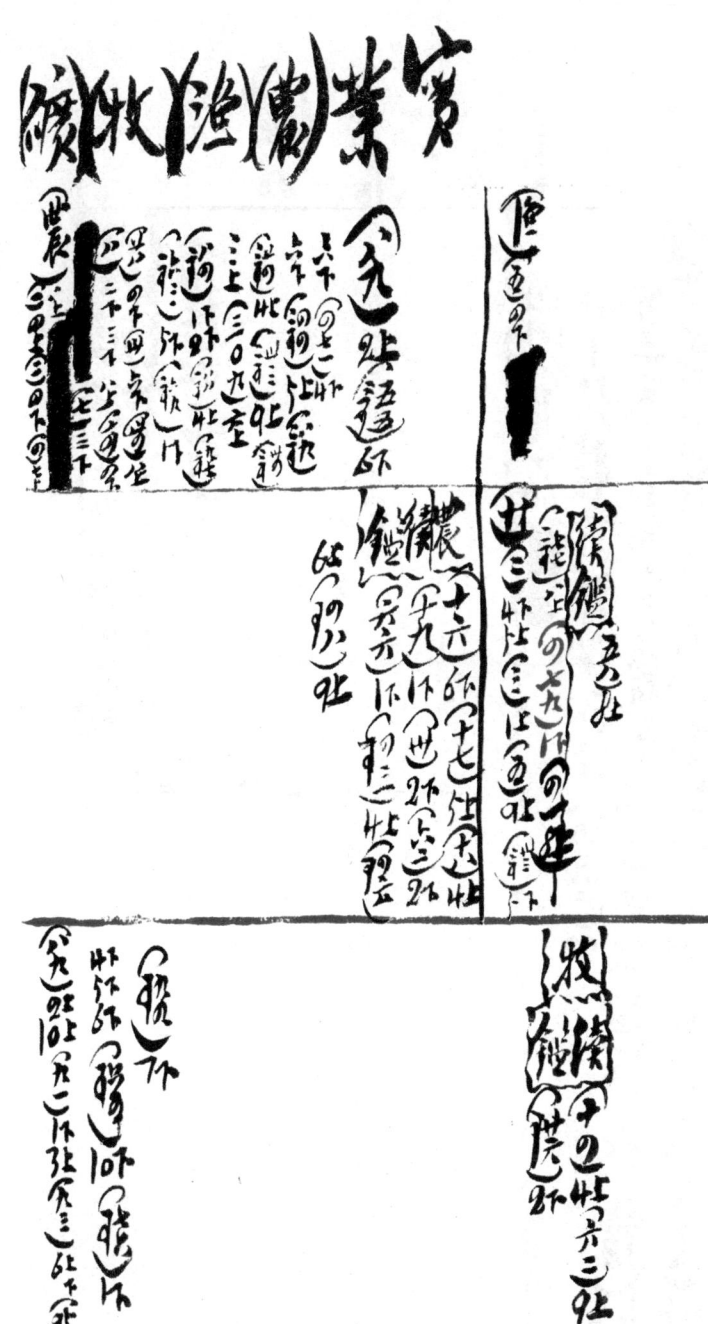

（食）9上10上（九二）1下3上（六三）6上（[illegible]）

實業(工)

鑄鐵 (卷九)7下8上9上(卷三)14上
(卷一)8上(卷北)7上(卷誌)8上
(卷北)7上(卷九)9下

4上10下(卷誌)6下 [redacted]
6下一7下(卷誌)8下8下(卷誌)8上
(卷三)一下一三上(卷三)十上(卷誌)10上
(卷三)8上(卷七)8上 8上(卷二)8上(卷八)3上
(卷一)6上(卷三)6下
(卷一)(卷三)6下(卷誌)6上一7上(卷誌)4下
(卷九)6下(卷七)6上(卷誌)6下(卷三)4下

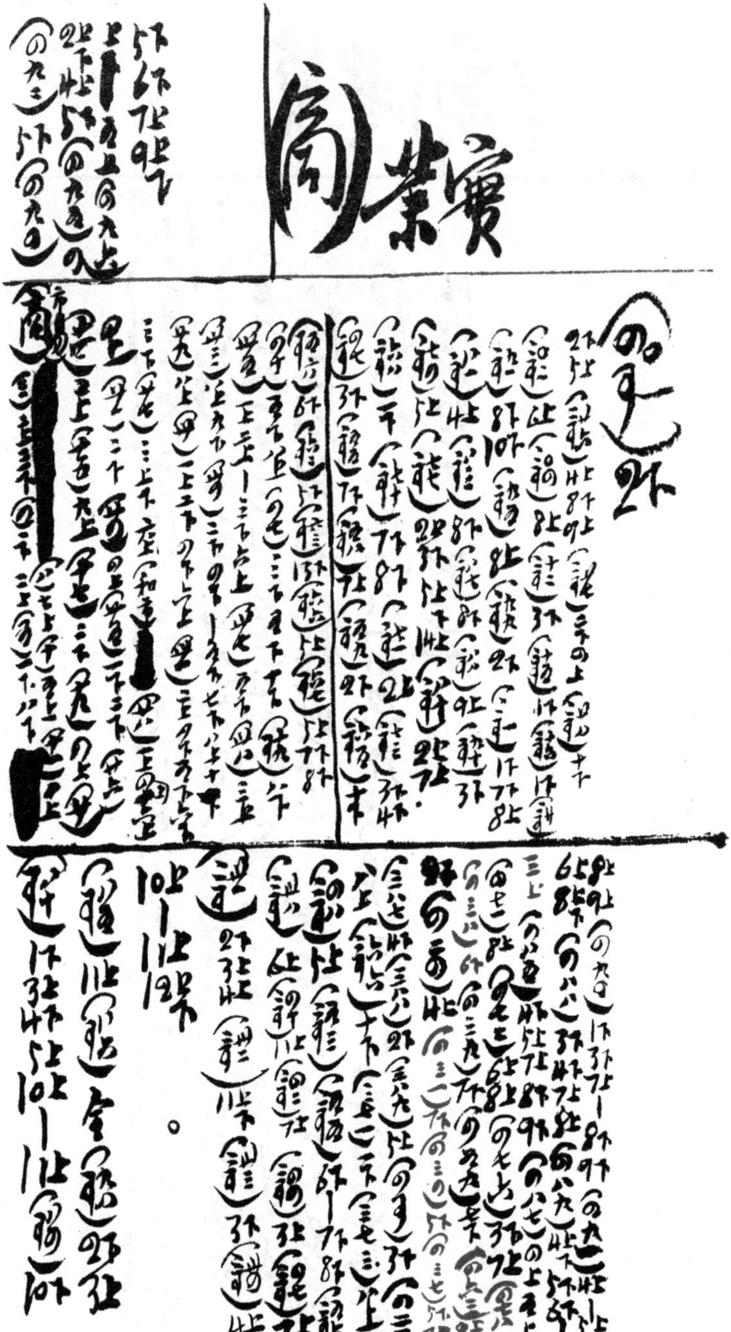

資業（商）

續通鑑（六）五上 七下（七）六下（九）九下（十）六下（廿）六下（卅三）二上（廿五）六下（卅）二上

（卅二）七下（卅八）六下（卅九）六下（四十）七上（四七）六下（四九）七上

（五二）六上（五三）二上（五七）二上 八上 十下（長編）六下（八九）七上 八上（補遺）二上

（補遺）八上（一）七上（四五）八上（九九）七上（百廿二）七上（百三五）七上（百六五）七上（百八〇）七下

（補遺）十下 八上 九下（四三）六下（百五）七下（百九）七上（百十）七下（百十二）七下（百六五）

十下 七上（百三五）七上（百五十）二上

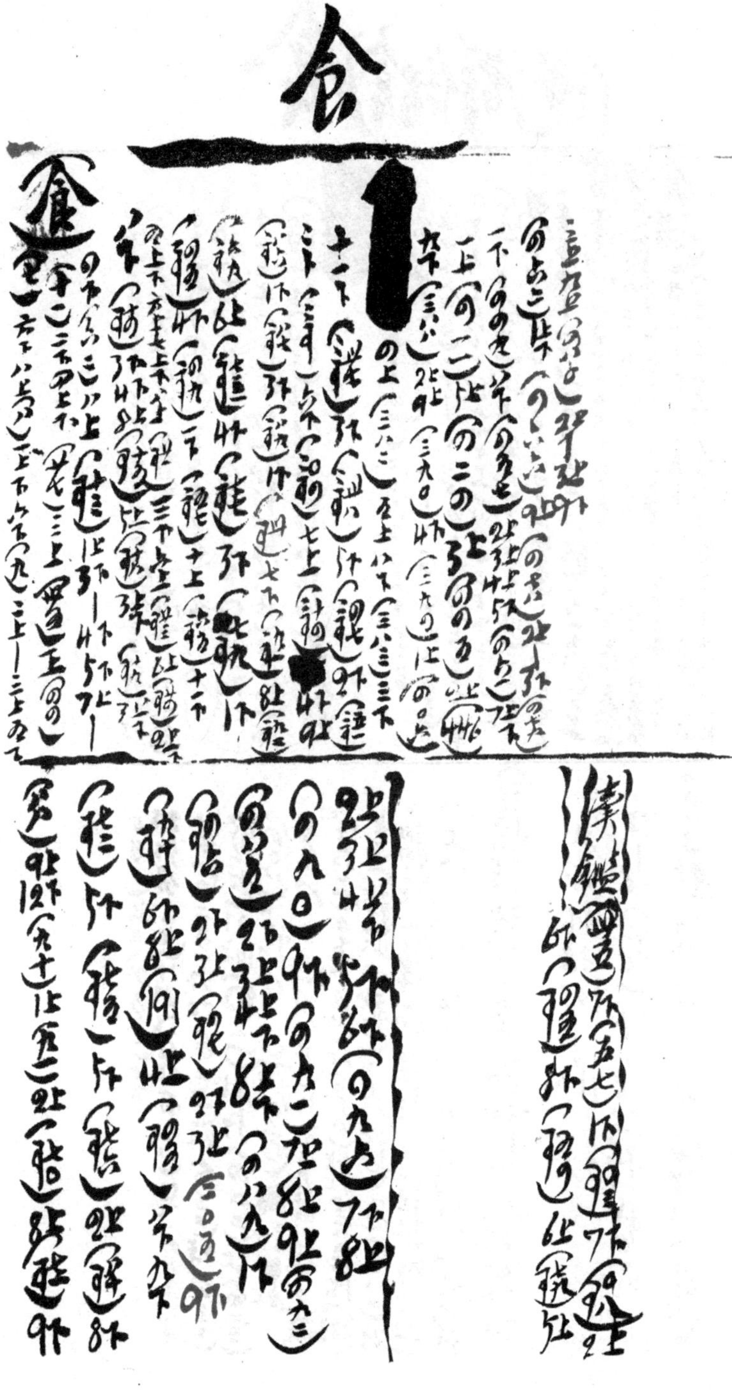

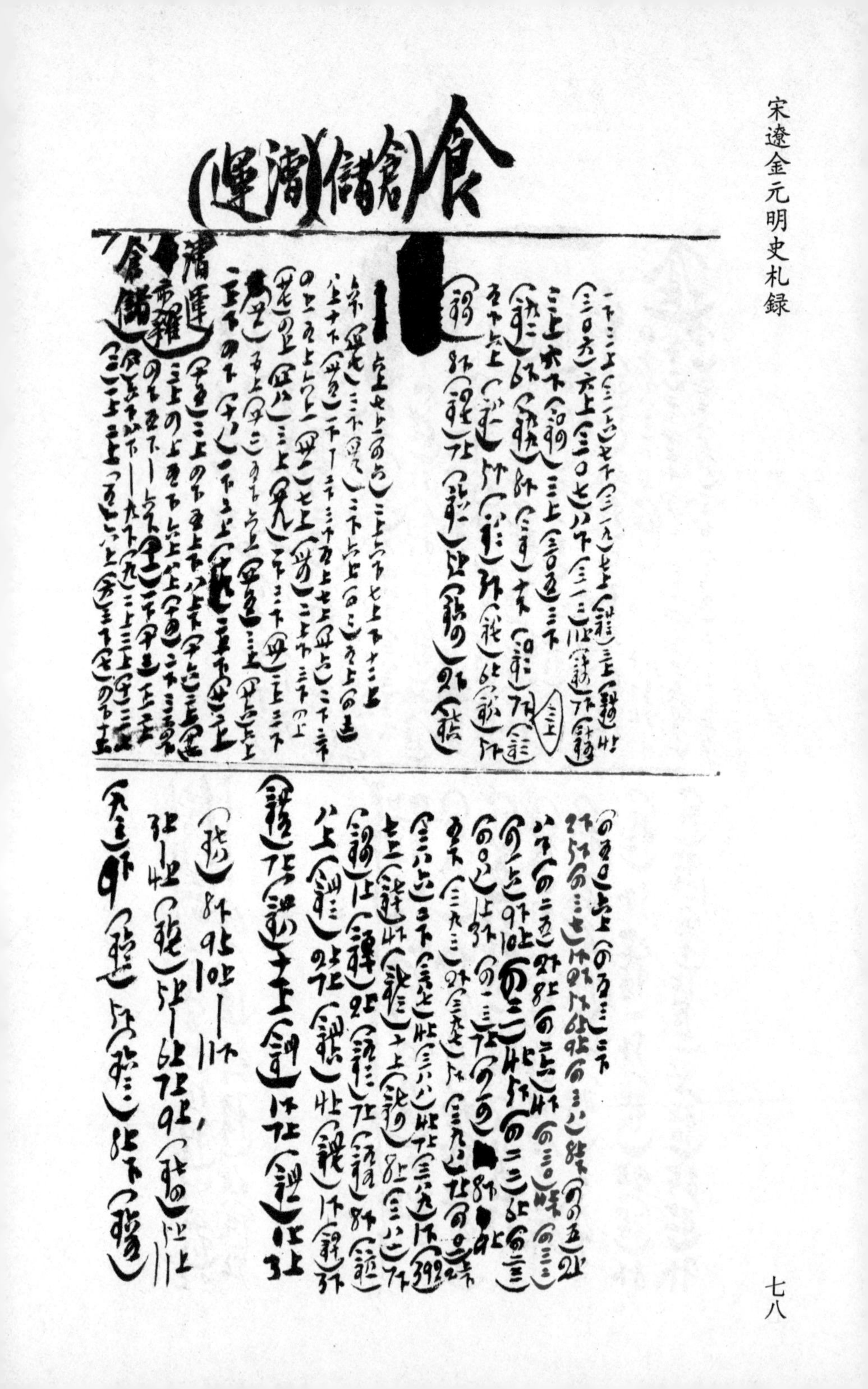

食（倉儲）（漕運）

一下二上（三一六）七下（三一九）七上 …

（三〇六）六上（三〇七）八下（三一二）11上 …

三上六下 … 三上（三〇五）三下

五下六上 …

漕運

倉儲

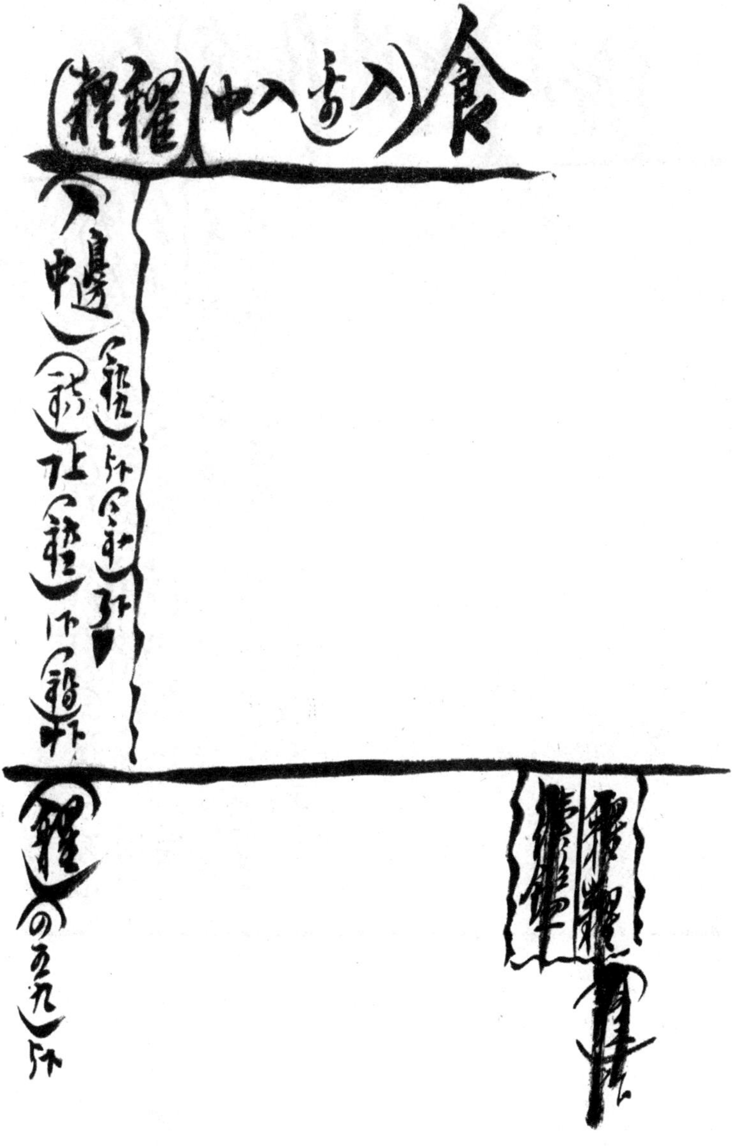

食（倉儲）漕運（市糴）

倉儲

續鑑（二）2下（四）7下（十八）6下（卅五）1上（卌八）2下（卅九）9下（六十七）1上 6下（五十二）9上（七十三）3上（九十八）9下（八三）7上（八四）1上（百三）8上

漕運

續鑑（三）1上（三）8上（七）4上 5下（九）4下（十）5下 7上（四十）7下 8上（十二）3下（十五）1上 3上 6下（卅六）卅（卅八）9上（卅六）4上（卅九）3下（五十六）4下（五十七）5下

市糴

續鑑（廿八）5下（七十二）3下（百三）8下（百七三）1下

服

四下（四七三）8上
四四四（四五）4上（四九五）6下 8下（四九九）2上（四四）
（三八七）4上（四五五）1下（四二四）2上（四四三）2下
（輿服）2下（禮志）8下（輿服）2上 [illegible]
七上（禮志）2上（二十二）2上（禮志）2上（禮志）7下
（禮志）4下（禮志）1下（禮志）2上（禮志）1下（禮志）

七上（禮志）2上（禮志）三下 [illegible]
四五（禮志）2上（禮志）三上（禮志）2上（禮志）
二十三（四五）二下 二上（四九）一上（四九）二下

服飾

（禮志）七下（禮志）七下（四五）三下（四九）
（四五）六下（四五）八上（四五）四下（十一）二上

陵

（十三）4下（十五）2上（十九）2下（四十）2上
鐘

2下（四三）1下（四五）2上（四七）2下（四九）
（四二）1下（四五）6下（四七）1下 1下
（四九）4上（四十）6下（四四）4上（四五）9下
（六二）9上（六四）7下（六五）（四五）6上
（禮志）9下（禮志）4下（禮志）6上（禮志）4上
8下（禮志）2上（禮志）10上（禮志）[illegible] 1下
（禮志）2上（禮志）6下（禮志）9下（禮志）1上
（禮志）6下

（禮志）8上（禮志）1下
（禮志）1下 2上 2下 1下 4下 6上 1上 8下（禮志）1下
（禮志）1上 10上（禮志）1下 2上（禮志）1下 4上 6下 8下

歷法

(〇八五)北

卷(〇九〇)下(〇九七)下

(秘)〇下(律)十二上(〇八八)

七上[redacted](祁)北(張乾)十上

〇下八下九上十下十二上(張)北(張)

十六上卷(天文)三上一〇下(六三)

(曆)(三)五上(律)十上(五十)六下一

(寒)北

(儀鐘)(八)北(十九)北(卅九)北

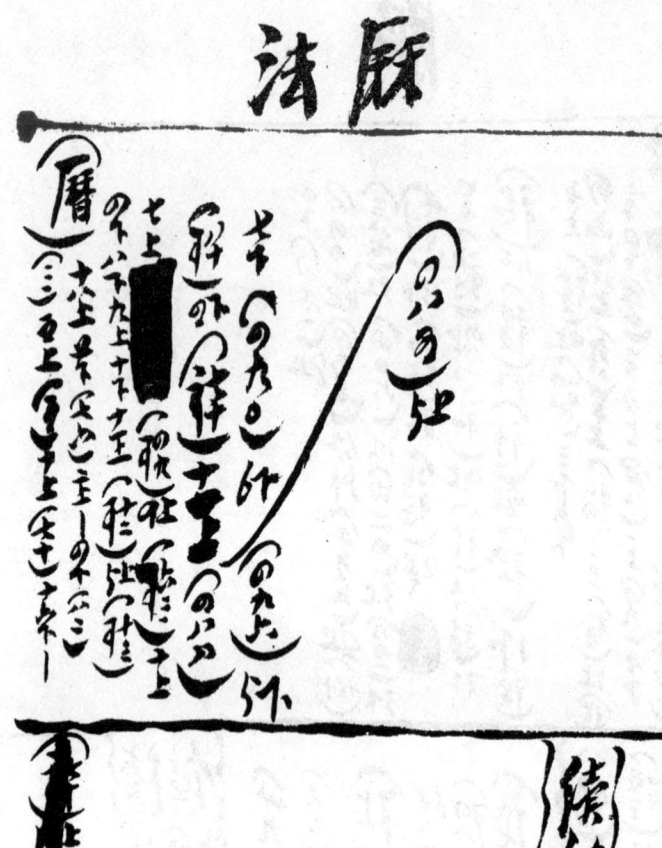

(六)北

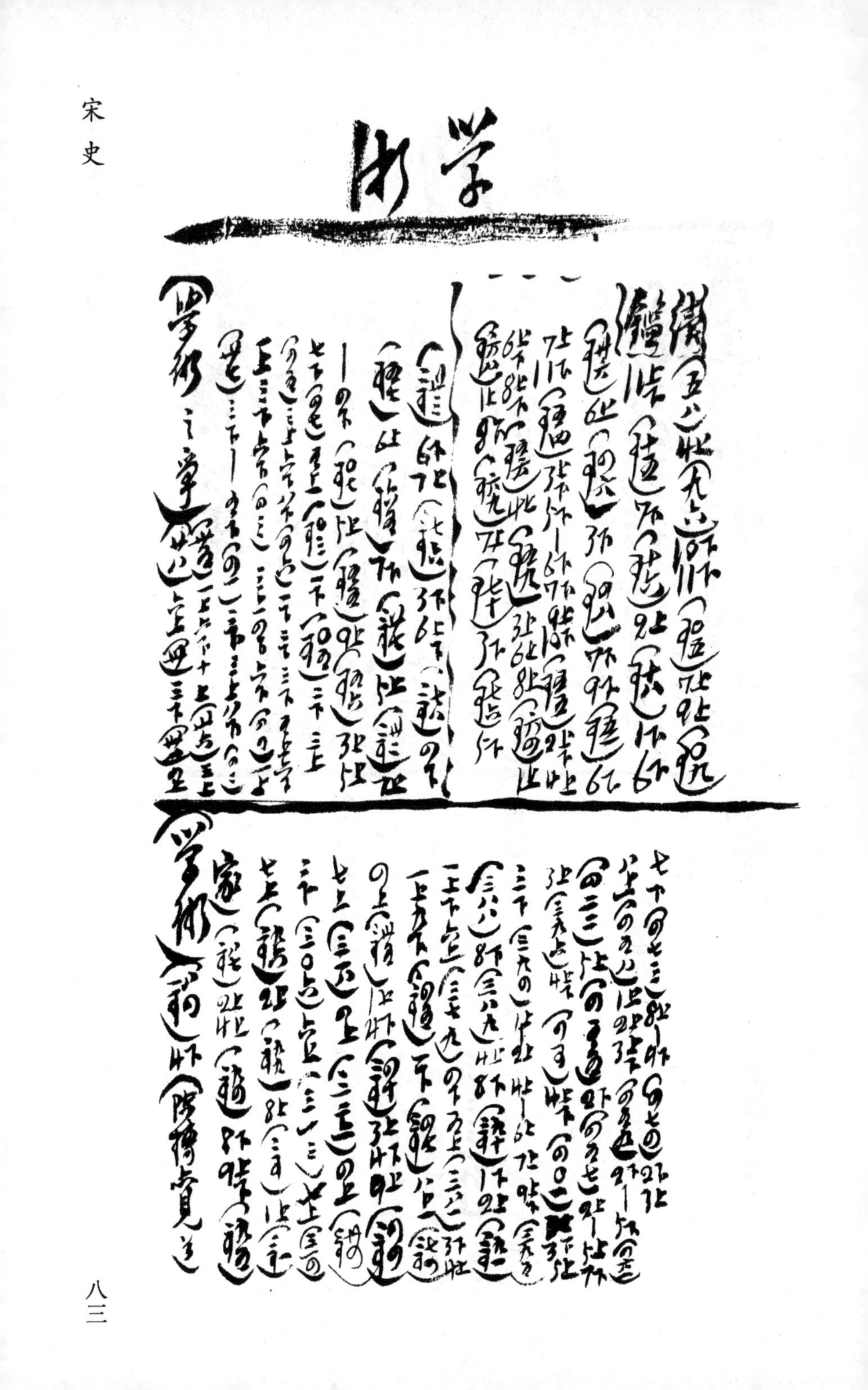

學術

[illegible]

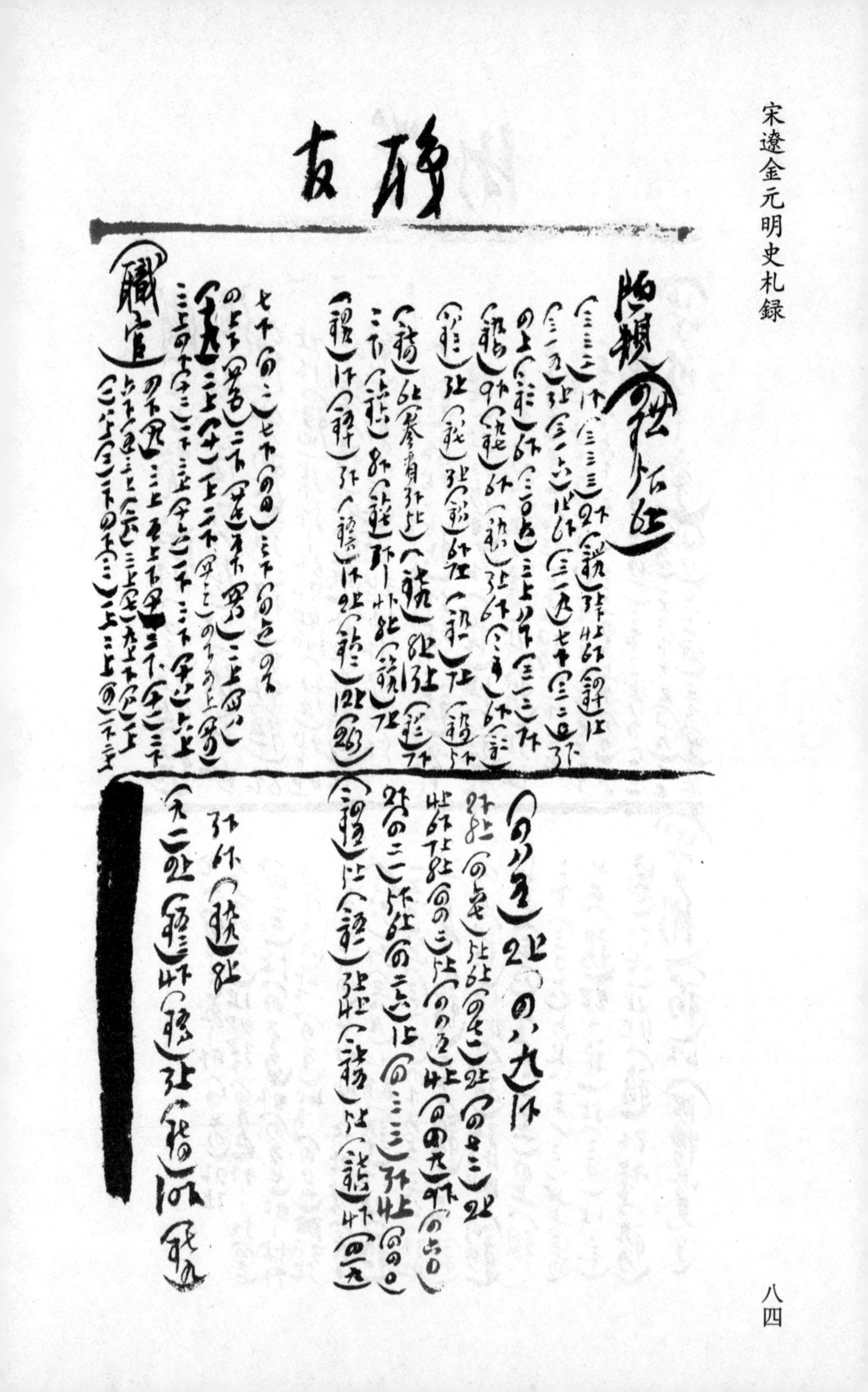

移交

[illegible]

職官

[illegible]

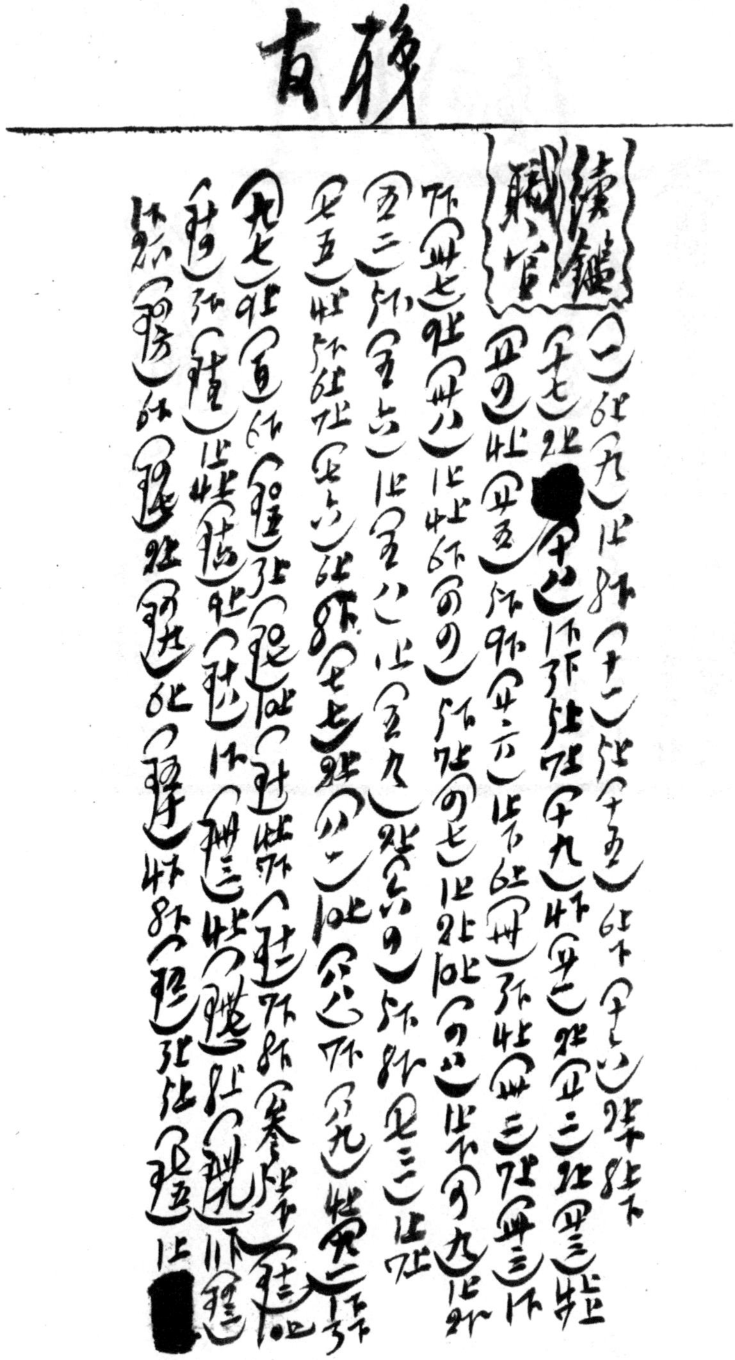

師古（𧈢）

衛鎔（鉅）四下（丹）五上

十二上（賢）四上六上下八上九下（賢九十）八下

七上八上下十上（賢六）五上三上十下 |

（區畫）— 二下五下六上（賢七）一上九上

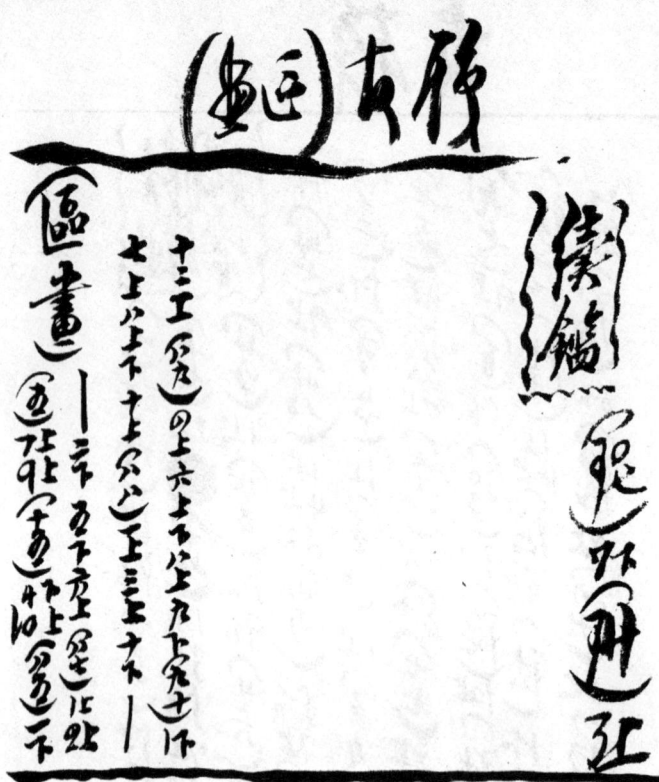

（五）七上九上（十五）十上十四（賢五）一下

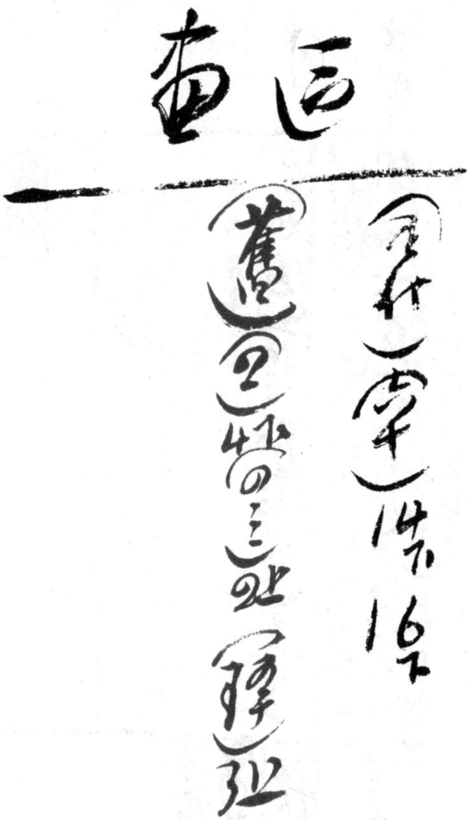
姦臣一

東の

續通鑑長編（卷三）11下（卷□）2下（卷六）4上（卷七）1上

（四三二）11下 13上（四三三）1下（四三四）13上
8下 9下 10下 11上 12上（二〇七）1上（二〇九）4上（四三七）9下（四二九）6上 10下
2下 6下—10上（二〇五）9下 11（二〇七）1上 1下 4下（二〇七）1下 3下 4上 5上
8下 9上（二〇三）12上下（二〇三）5下—6下 8上—11上（二〇四）

（四第紀）（卷三）10下 11上下（卷□）9下（卷□）

長編（卷三）9下 8上 9下（卷□）1上（卷□）1上
續通鑑（卷九）4上下（卷□）1上 2下 7下（卷□）3上
紀事本末（卷三）1下 6下（卷三）1上 2上 3上（卷□）
（卷□）1上（卷□）1下

二十（四六〇）7上（四七二）1下
（卷□）1上（卷□）3下（卷□）4上（卷□）十下（332）

（長編）（卷□）六下

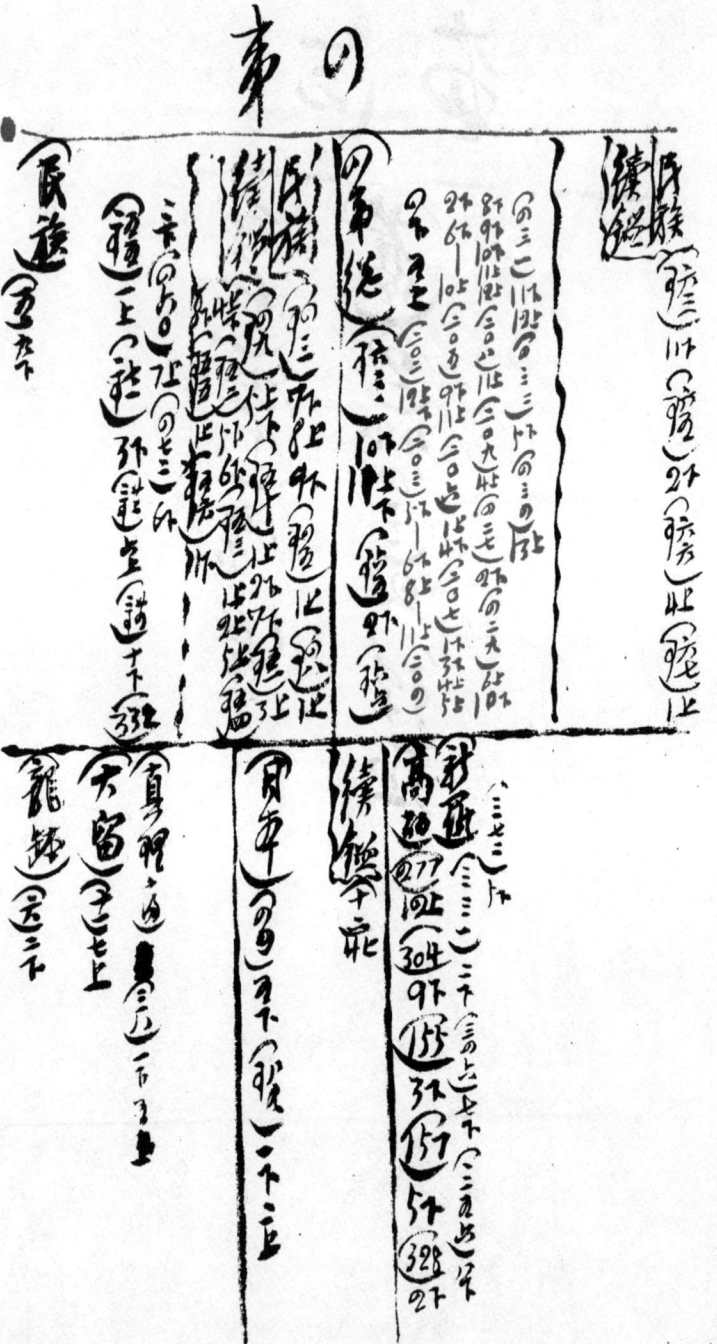

（龍錄）（卷六）二下
（大金國志）（卷十二）七上
（真臘）（卷十）（卷三）一下 3上
（四第）（卷四）3下（卷□）一下 二上
續綱目（十卷）
（高麗）（277）10上（304）9下（155）3下（157）5下（328）2下
（二三七二）1下（二三三二）二下（三〇上六）七下（二二五上五）1下

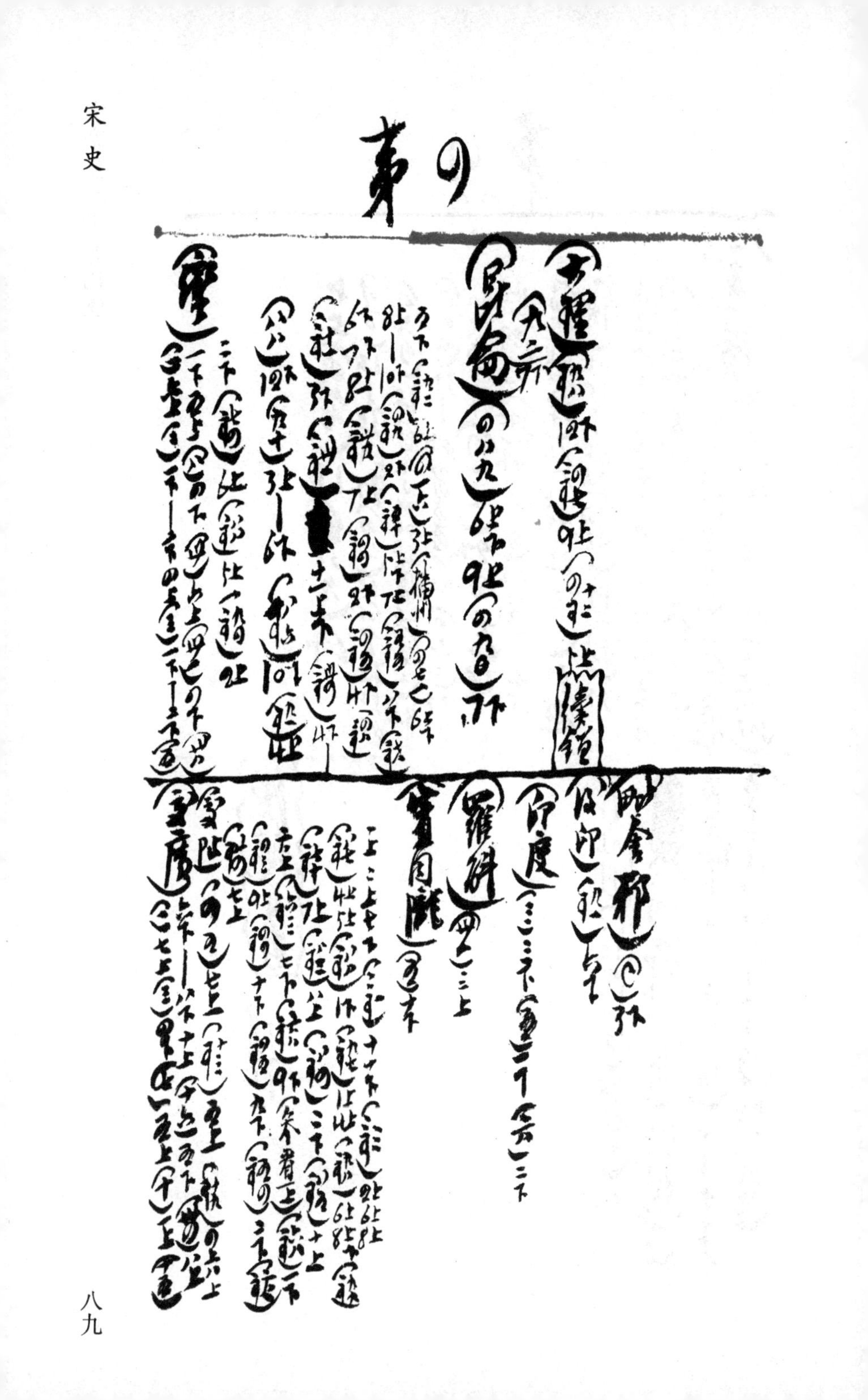

東の

東り

七上(四八七)1下(四八九)4下

(四八〇)1下 2上 6下 9下(四八二)1上(四八三)2上 5下 6下

(四六〇)1上(四七〇)5上(海丹)(四七二)4上

(四〇七)3下 1下(四九三)4上(四六二)7下

(四〇六)3下(四一三)2下(四二五)3上

4上(389)7上(390)4下(四〇〇)2下(四〇五)8上

([illegible])4上([illegible])6上([illegible])8上(三八三)6下(388)

([illegible])4上 5上 1 6上 7上([illegible])5下([illegible])3下

6上(三三三)4下 5上 7上 8上 9上

(三三〇)6下(三三二)1上(三三三)の上

1下 7上 下 8上(三〇九)3下(三元)9上

(宋[illegible])

([illegible])4上 6上 8上([illegible])1下 7上(307)

(續鑑長編)([illegible])1上

1 10上 11上([illegible])14上([illegible])2上([illegible])1下

[redacted]

([illegible])2上([illegible])11上([illegible])8上

万上 4上 十二上([illegible])十下 十五

([illegible])11上 9下 [illegible]([illegible])4上([illegible])

未の

青羌 8下 6下 續綱(輯)上(輯)

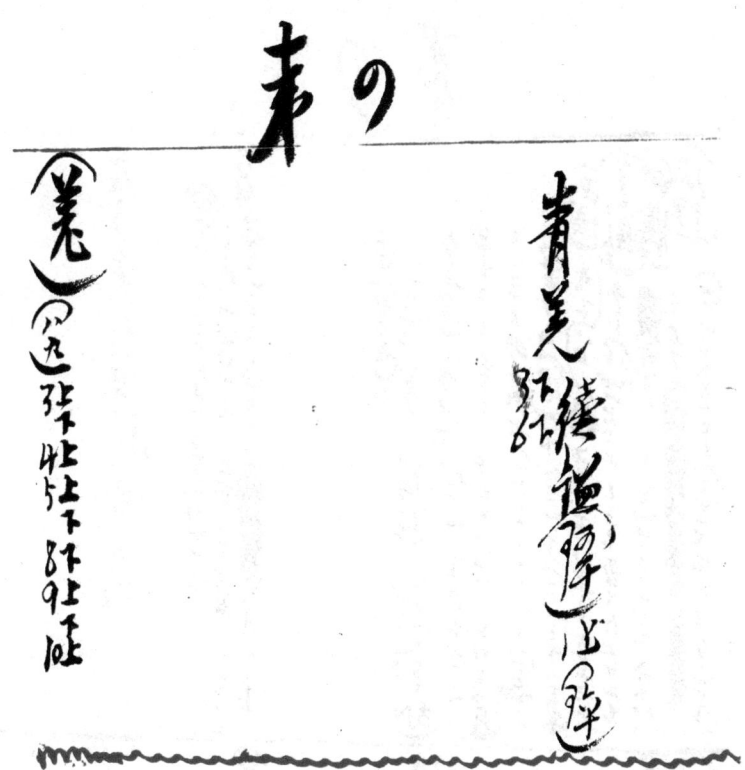

(羌)(八九) 3下 4上 5上下 8下 9上下 10上

第の

（夏）

（遼）

互与其参目（漢鑑四九）11上

（四七）二下七下の七五上（卅）七上

（四一）の上（四四）二下三上（四三）七下（四二）上（四九）の上

（四一）一上九上（四七）ぃ上 [redacted]（四九）三上

（党項）

（新）9上下

（五代）七上

七下（新）上下

七上下（新）（新）（新）

の上（四四）六上（四九）六下（四九）三下

（四七）三下三下一の上五上下（四八）一上三下二上下

（四三）二下（四四）二上下（四三）一下二上二上一下

三上四上五上下（四二）三上の下

（九）一下一三上（四）三下の下一

（吐渾）

（通）（新）（新）（新）上下

（新）9上下（のの）上2下

（（新））の上（新）の上の上

（吐蕃）

（西域謝蕃）

（三）五下六上（四）三上下（五）一上九上

（西域）

（于闐）

（高昌）

（回鶻）

三上（の九九）61上

（三の九）21下（新）61下（新）（新）21上350

五上（四）三下五上（四）（四）三上下（三）の下

上下三下五上下上下七下（四）一上三上の下（四二）

二下三上の下九上（三）一上三上の下（三）二

（三）の下（四三）一下（四三）一下（四）三下（四）

六下（四）（九）二下三上の上下五上六上

十下（九）一上五上一三下五下六上七上下

三上下（九）六上七上（七）一下二上三下

[redacted]

（甘州）

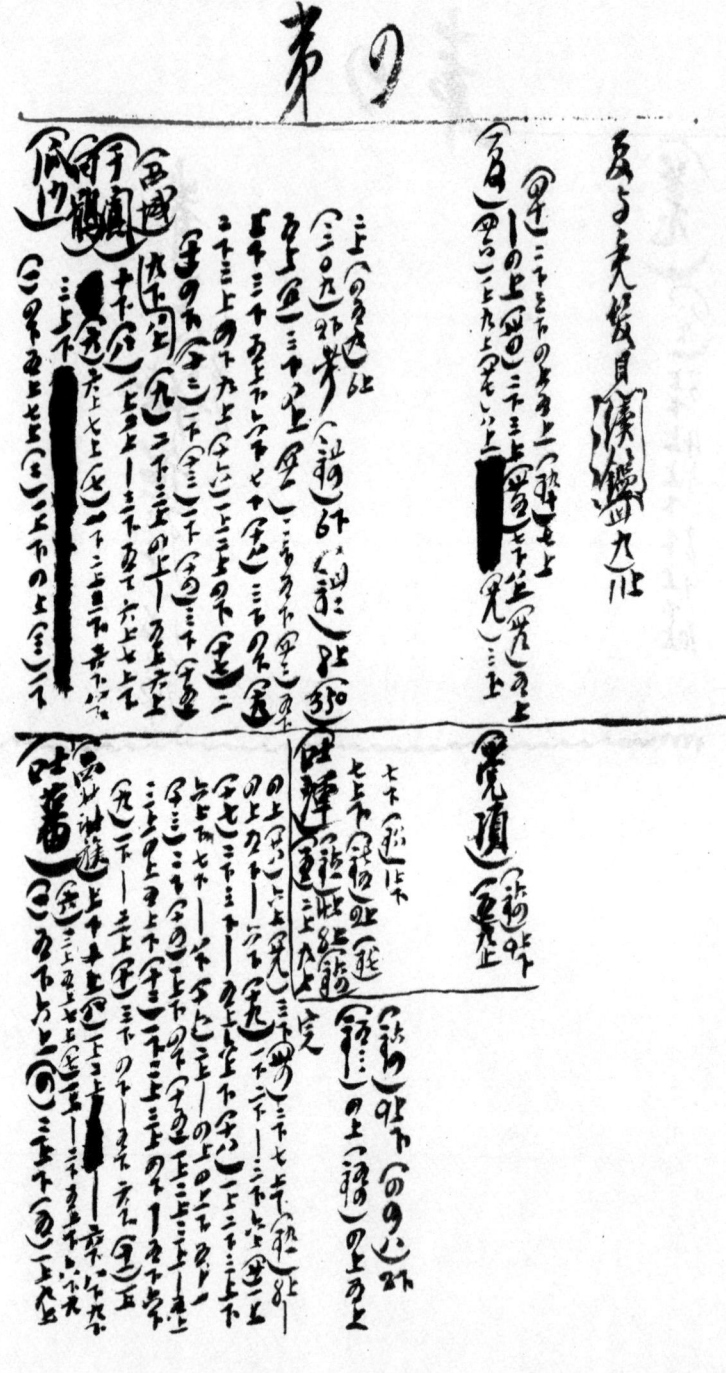

（一）四下五上七上（三）一上下の上（三）一下

東の

[illegible]

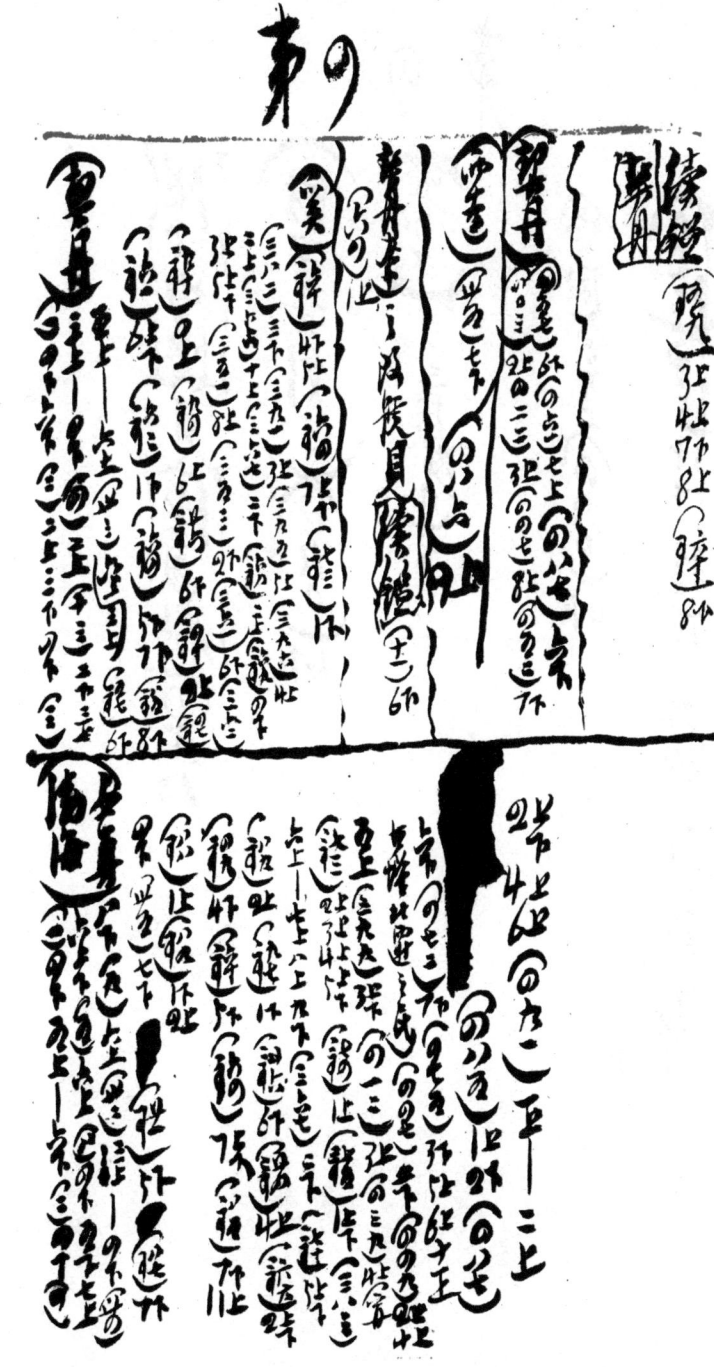

東の

陳内遼貝（續通鑑の千）64上

（黠戛斯）（の九〇）47下

（蒙兀）（三七三）上（の九）4下

（突厥）（五九上）（の九〇）4下

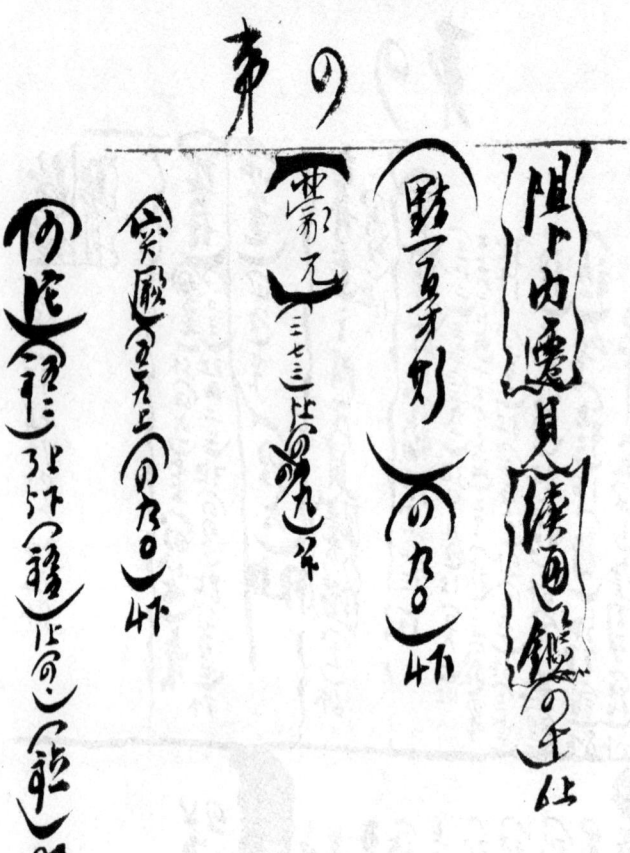

（回鶻）（韃靼）35上5下（韃靼）15（の）（韃靼）2下（韃靼）7上下

袁の

西北 侯直镇

李继迁奏遣使诣（卅二下）

沙州（卅三下）（卅六）了下（卅七）下（卅四）下（卅三）下（卅五）下

挂连死之藏（卅三下）

与侯直镇和合其俘（卅六）下 北下 北

卷四

[illegible] 女真 渤海

(三)4下 (三)5上 (五七)3下 6上 8上 (八)4上 8下 (九)1下 3上 4上 4下 (十)8下

(十二)4上 5上 7下 (十三)1上 (十五)4下 (十六)3下 6上 (十八)2上 6上 8下

(廿)2上 (廿三)4上 (廿三)1上 3下 (廿四)1上 3下 (廿五)1上 7上 8下 (四九)2上

(卅)1上 (卅四)5上 (卅八)1上 2下 1下 (卅八)6上 [redacted]

(卅九)1上

(四二)3下 7下 (四三)1下 3上 5下

(四五)3下 (四六)8下 (四七)2下 5上

(四二)1下 12上 13上 (四三)8上 (四九)2下 (五六)7上 (五七)3下 (五八)8上 (六七)

16上 (六八)2上 (七三)5下 (七六)1上 (七七)1下 8上 9上 (七八)2下 (七九)1下 6下 8上

(八十)2上 12上 13上 (八五)5下 (八六)1下 3上 (八七)4上 (八八)2下 (九十)1上 6下 7下 8下

(九二)1上 3下 (九三)8下 (九六)4下 5上 (九七)8上

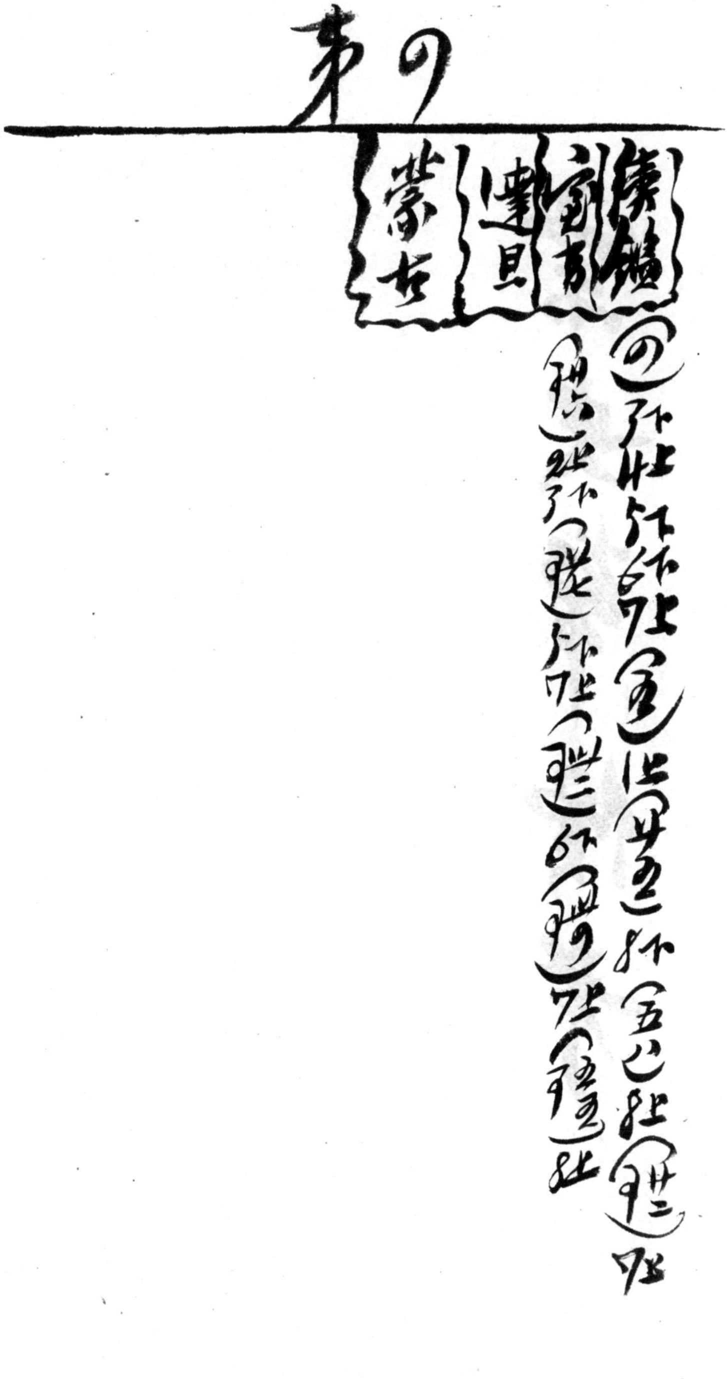

宋史幣價考

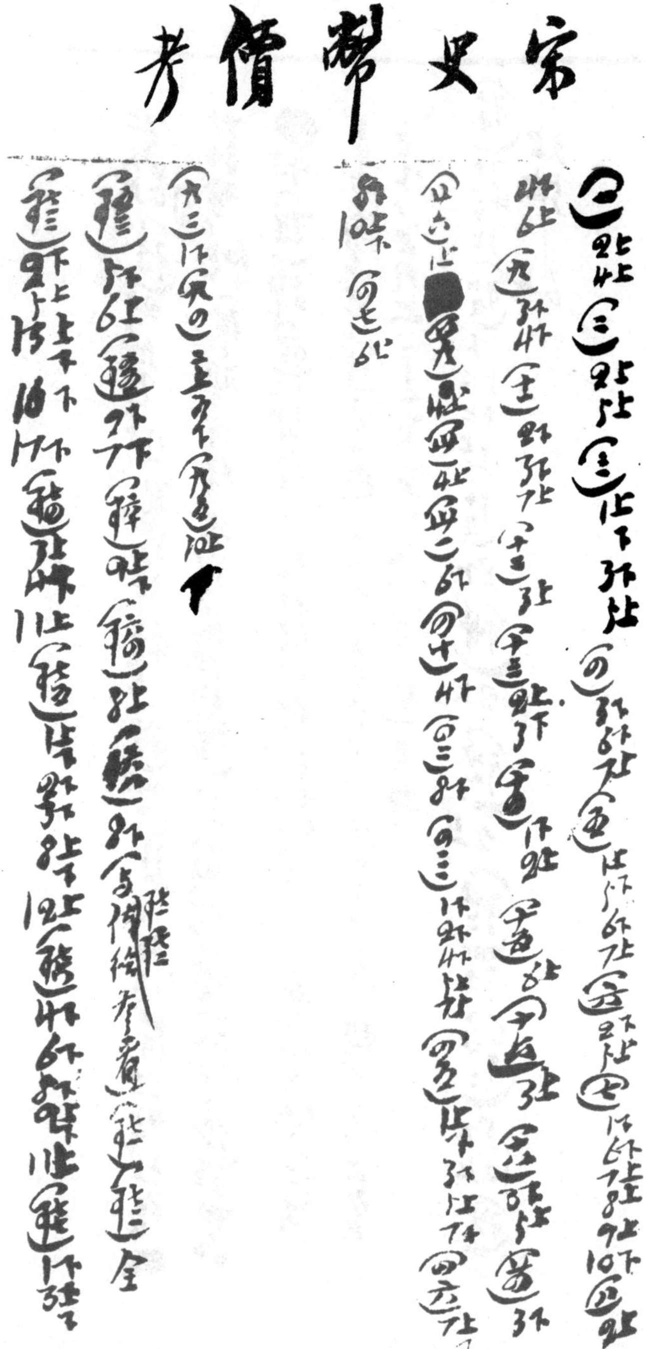

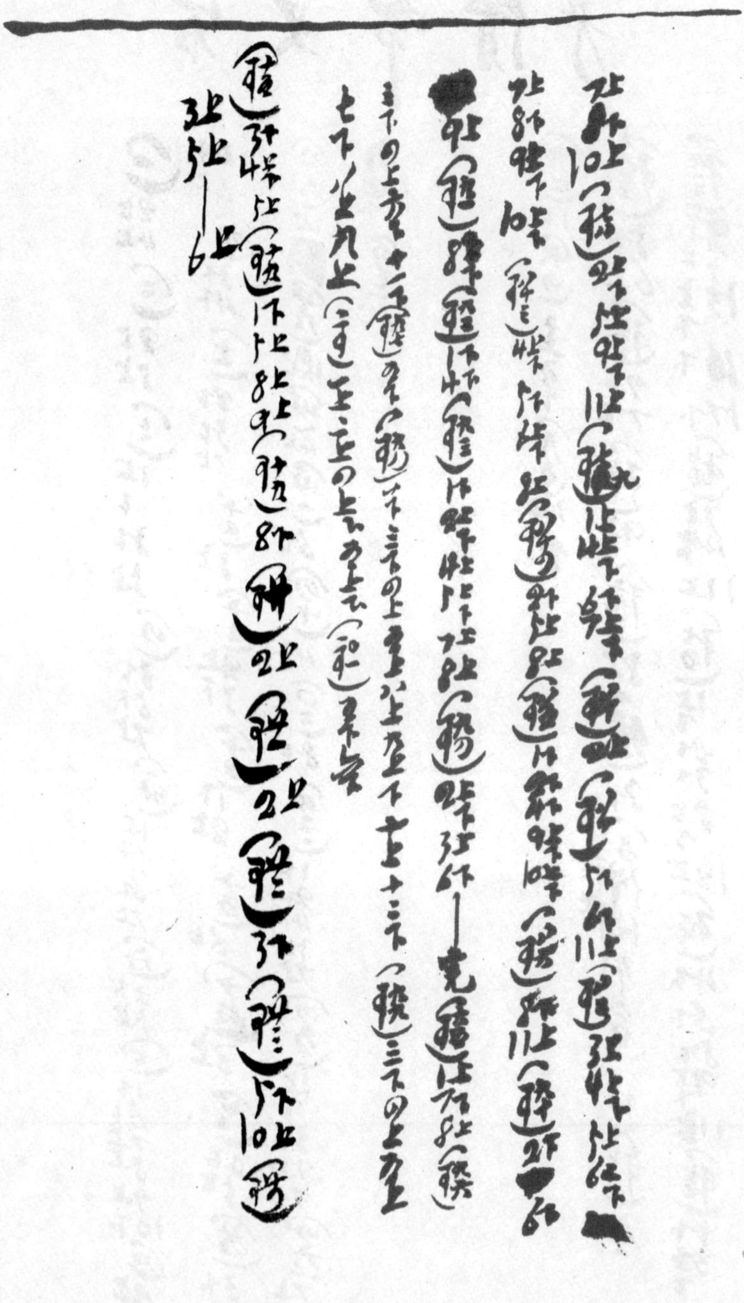

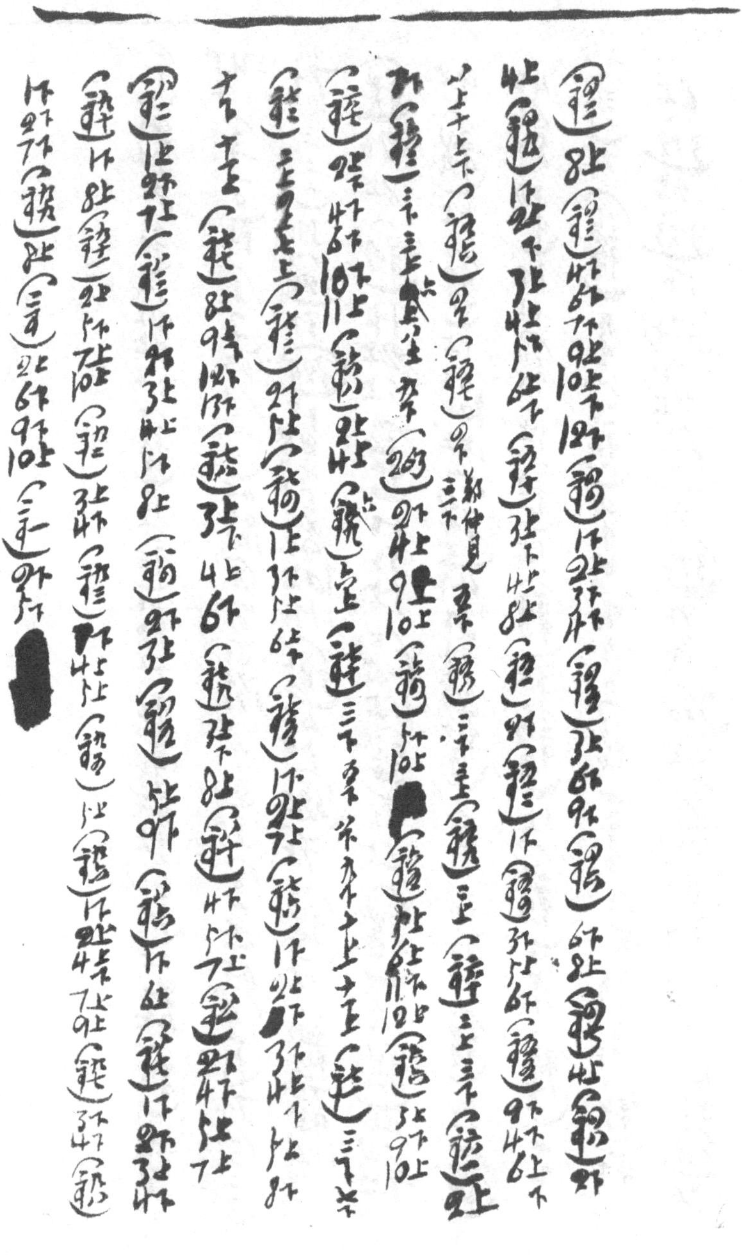

[illegible]

6上 (372) 9上 (373) 1下 (374) 7下 9上 (376) 3下 (379) 9下 [illegible] (380) 9上 (381) 10上 (383) 1上 7下 (386) 4上 8下 (388) 1上

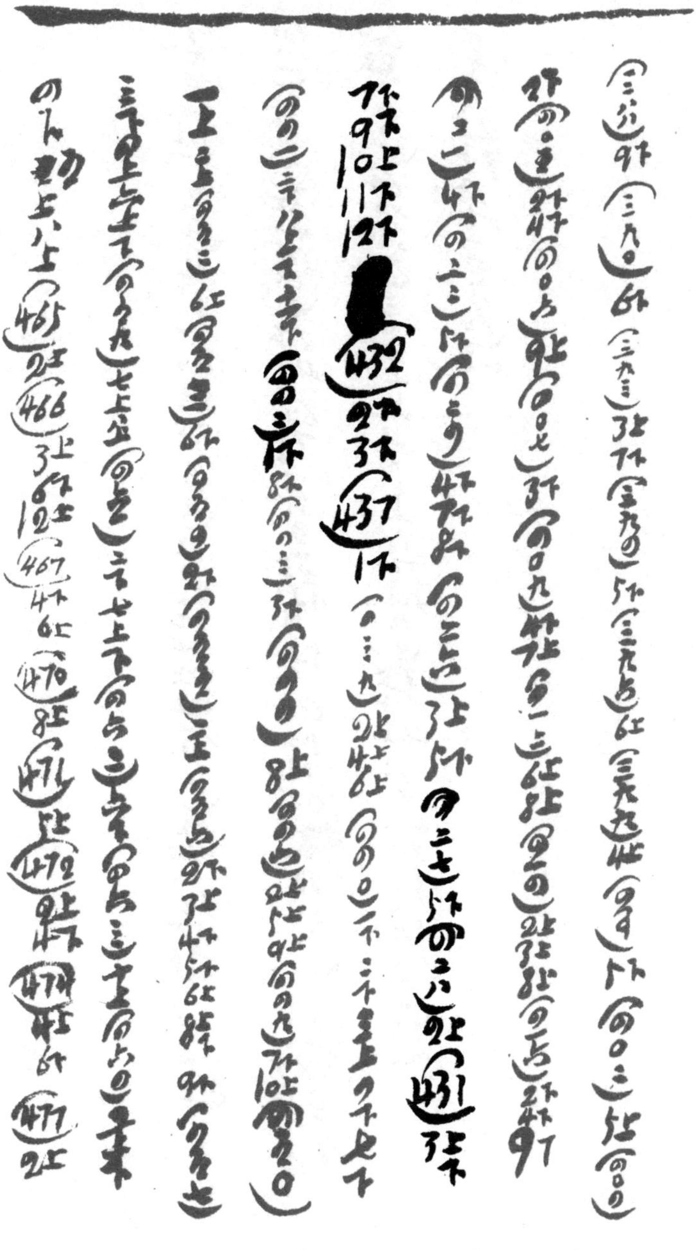

(四七七)4下 8上 (四七八)2上下 3上下 4下 4上下 5上下 7上 (四七九)3上下 4上下 5上下 8上 9上 (四八〇)1下 2上下 3上下 4上下 6上下 7上下 8上 9上

(四八二)1上 (四八三)2上 4上下 (四八四)2下 4上下 6下 7上下 (四八五)2上 4上下 5上下 6下 8下 9上下 10上 (四八六)5下 (487上下) 3上下 4

6上 8上 (四八八)6下 (四八九)三下 五上 六上下 七上 九上下 (四九〇)3上下 9上 (四九一)2上 8上 (四九二)4上 5下

(四九四)2上 3上下 6下 (四九五)4上

儂鐵崇儂

【儂鏡】(七)4上 (十四)4上 (十五)1上 (廿)5上 6下 (廿二)6上 (廿四)2下
(卅七)6下 (四八)4上 (四九)1上 (五[redacted] 4上 6上 (五二)6下 (五六)2上 7下
(卅七)7下 8上 (卅八)4上 6下 (五十)8下 1上 (五二)1上 7下 (五七)7上 (五八)6上 7上
(五九)2下 (六十)8上 (六七)6下 (六九)7上 (七十)6上 (七七)4上 (八六)7下 (九七)8下
(九八)8上 1下 (一〇二)8下 (一〇五)9下 (一〇六)6下 (一〇八)6下 9下 (一一〇)2上 7上 (一一三)4下 7下
(一一四)7下 (一一六)4下 (一二七)8下 (一三一)4上 (一三八)8上 (一四三)2上 (一四七)4下
(一五二)1上 (一四四)3上

遼史

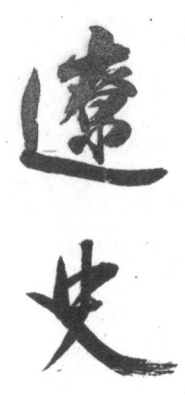

無庸〇二一〇〇王隆三崔文

遼所記皇太妃(卅五)71上(卅六)77上

王夫人侍蕭遼三年(卅四)4下

聖宗母蕭太后多國事權度有謀斷，斷同

(四三下)

聖宗之讓紀素五翼(四四)9上

耶律斜軫遼頭臺非素[illegible]遼所為素[illegible](四五)41上

著明

自[illegible]宮[illegible]遼[illegible]轄蕃翰

以蕃漢[illegible]為[illegible]寶佳

宰相以下友(不六行)

遼史壽隆紀元當作壽昌（八の下）

古名自帝上年（九の上）の下

真番古讀執（潛研）2の下

官字

（建莛）（三）之上（四）五上一　三上（四）
三下一　三上（四）三下之不（九）ル
三上之上（之十）三下（四二）三下（四五）七上
（十一）ル（七四）ル

（華）（十）一下（十三）ル（十九）ル（四）ル
（五）三上（十一）一下（七九）一下

（長鹹）（二）二上（四二）三上

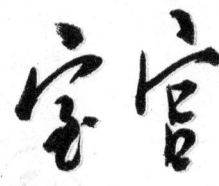

（器囲）（十三）五下（圖拜湖）
七上　十五

（宰族）（書史）（廿七）張（十五）外（卅三）葉孫（卅六）張（卅二）作

（卅七）外（卅九）作

風雅(十二)2下(廿五)4下(廿五)3下(九十)1下(六五)1上

(昔日)(三)1下 5下(四)2上 3下(五)1下(六)3上(七)1上(八)1上(十)3上(十五)4上(卅)2下

3下(卅)3下 4上(十七)1上—2下(十八)1下 2上(十九)1上(廿)1下 2上(廿四)2上(廿七)1下(四九)

二上二上(廿三)下—二上七上(廿三)下(八九)七上(七十)七上(七二)3下(七四)2上

(九三)2上(國語解)4下

(九五)1下(九九)1上

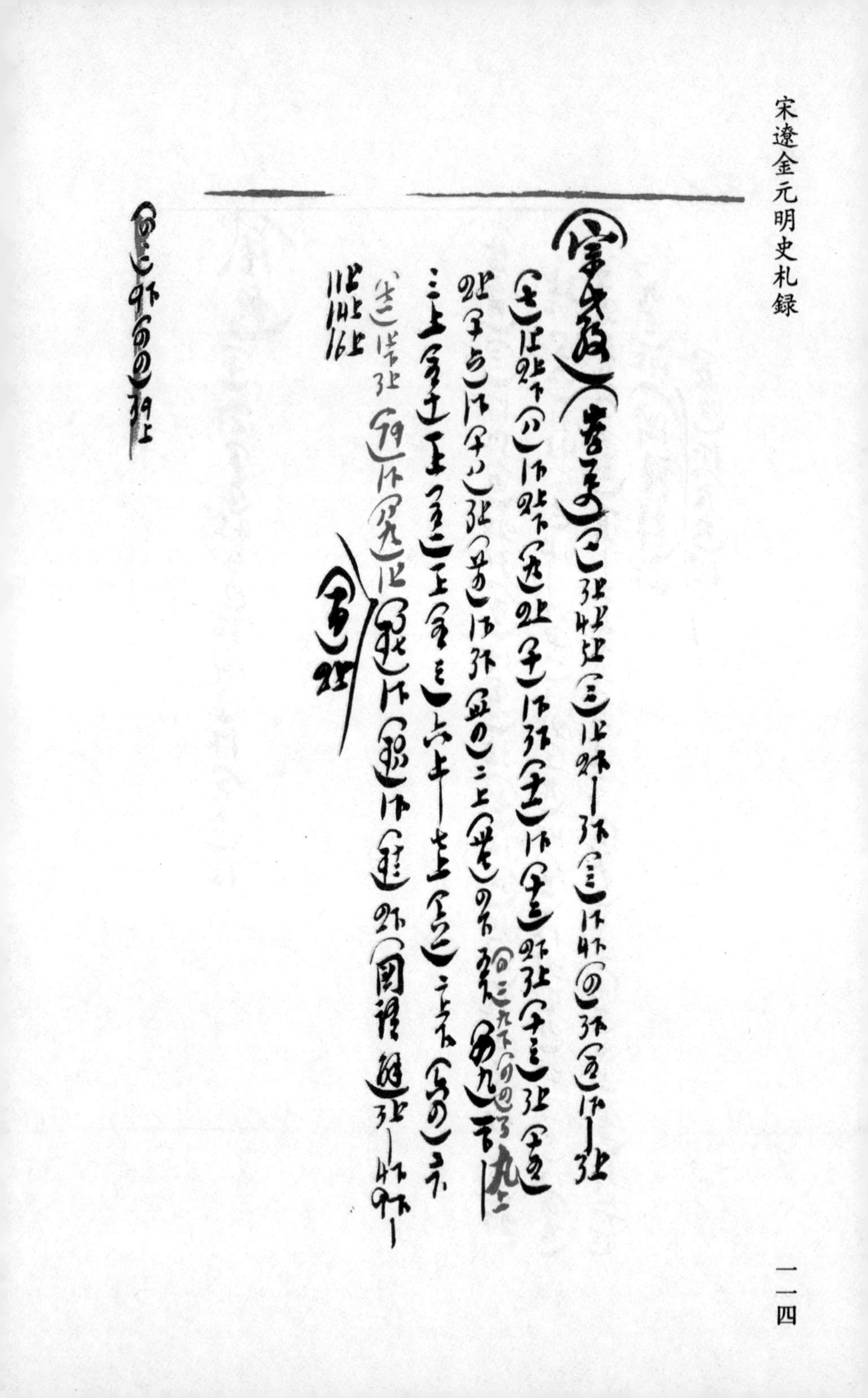

（宋史）[illegible]

[illegible]

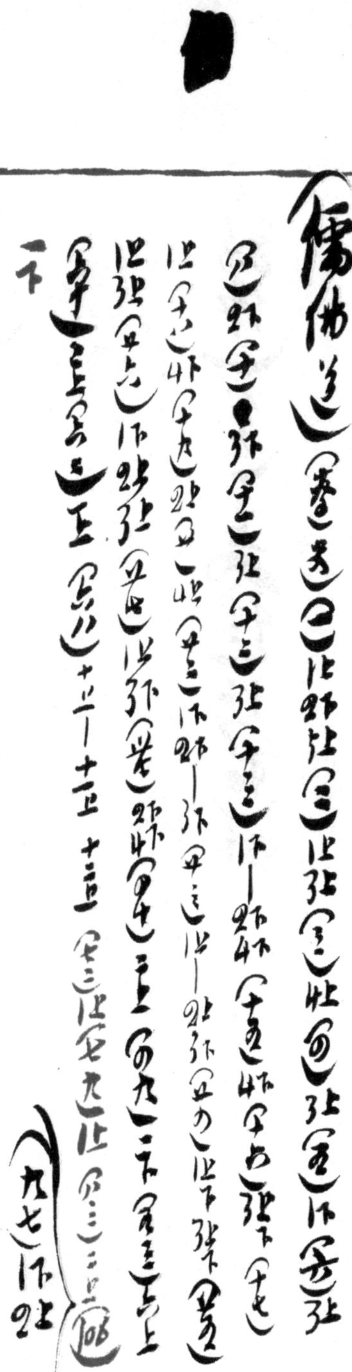

（封建）（四の）止（楚遂）第（西し）——第（金九）二下

（孫傳）（兩五）三上（楚遂）作（楚遂）四下

(穆民)(書文)(一)1下(三)1上—2上(三)2上(四)2上3下5上(十二)2下(參看上)
3上(十三)1上(十五)2上(十七)4上(十八)1下(二十)3下(廿三)1下(二十)1下2上3下—5上
6上—7上(四三)1下2下—7下8下9上10上(四九)1上—2下3下—5上(五十)2上3上4上—5上(六二)
2上4上5下(六二)9下十三上(程)1下2上(程)2上
(本紀)2上(程)1下

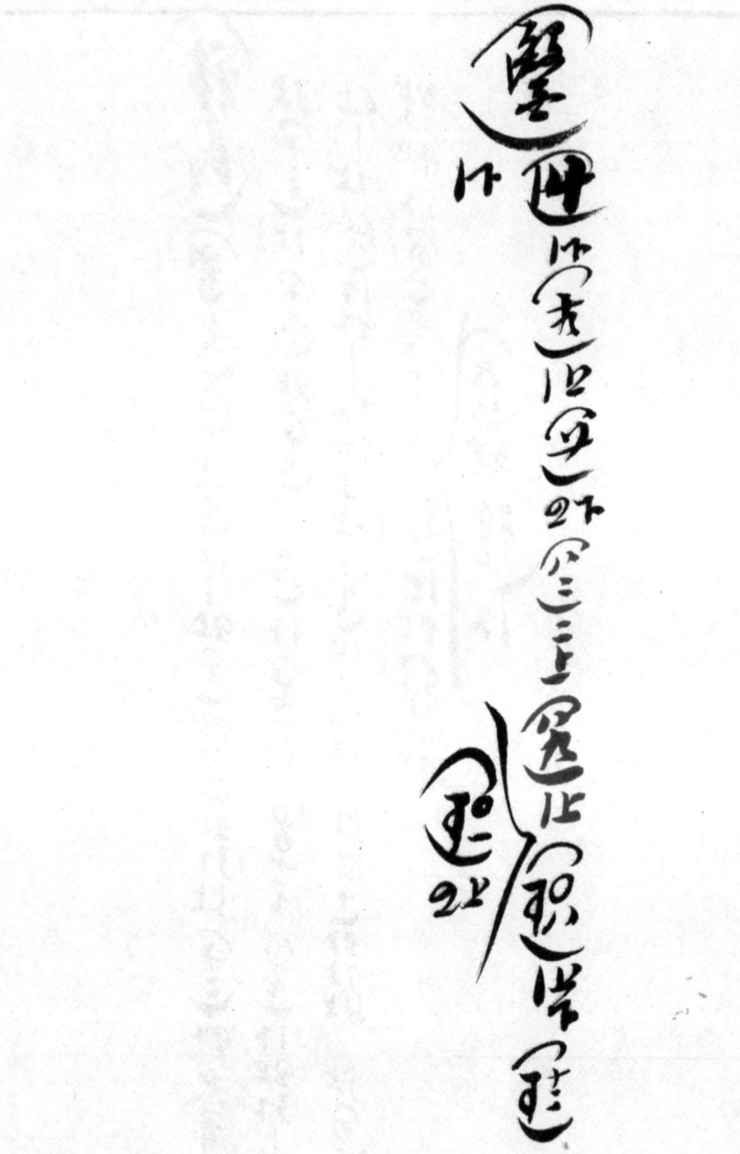

（增役）（十六）7上（十七）3上（廿）2下（卷）2下（卷）5下12下14上—15上（十）1下（九九）1上

（招拜）（二）3下（三）2下3上（四）3下6上（十三）3上（廿五）1下2下（廿五）3下（卅）1下（卅五）1下（四二）2下（五十）1下—3下（六二）1上（六五）1下3下（七二）2下—3下

（八二）1下（八三）1下（卅[?]實錄）（八九）2上（九0）2下（九一）2上（九三）2上（九四）2上（九六）

三上下（百）1上二下（百二）1上

（招[?]）1下（招[?]）1下2上（招[?]）1下（招[?]）1下（國語解）6下12上

（錢帛）

（四）3下4下（七）1上—2上（十）3下（十二）2下3上4上（十三）2上3下（十四）3下

（十七）1下2上（廿一）4上（廿二）2上（廿三）1上（廿三）2下（廿四）3上（廿五）1下

（卅）三上（卅七）六下（卅九）二下（五十五）一下—二上（五九）一下（五十）六上

（卅二）3上4上（八十一）2上（村）2下（棧）2下

（鄭通）（十三）1下（五七）2下（四四）2上下（五四）1下（四）3下（六五）1下
三下 三上（五七）三上（六十）三上（五九）1上（八九）2下（九〇）2下（九三）1下（103）2上
（韶）2下（劉經解）十上

(志)(三)1下の2上5下(四)6上(六)1上(七)2上(十二)2下(十三)2上(十四)1下2下(十六)2下

(二十九)2上3下4上(五十)2上(五十一)2下(五十二)3下(五十六)1上(五十八)1下—2下(五十九)2上4上(四十)1下 謝稿魯呆兒擬 (五十三)3上(五十三)3上(四十六)8下9上下10下11上

十六上(四十)十三下 十四下 十五上(五十九)5上(六十五)の上(八十三)2上(八十三)3上

(八十)1上(八十六)1下(九十三)2上(九十三)3上(國語解)7上14下16下

(百)2下(百二)1上2上(百三)1下(百四)1下

〔經籍〕〔廿二〕作〔廿三〕作〔是〕卷九上〔七二〕作〔執〕作

右諸（二）の下

紫（十六）二上

義材（二）の上

禮（廿）四の九（七）三上（天）又四

百二（七）四

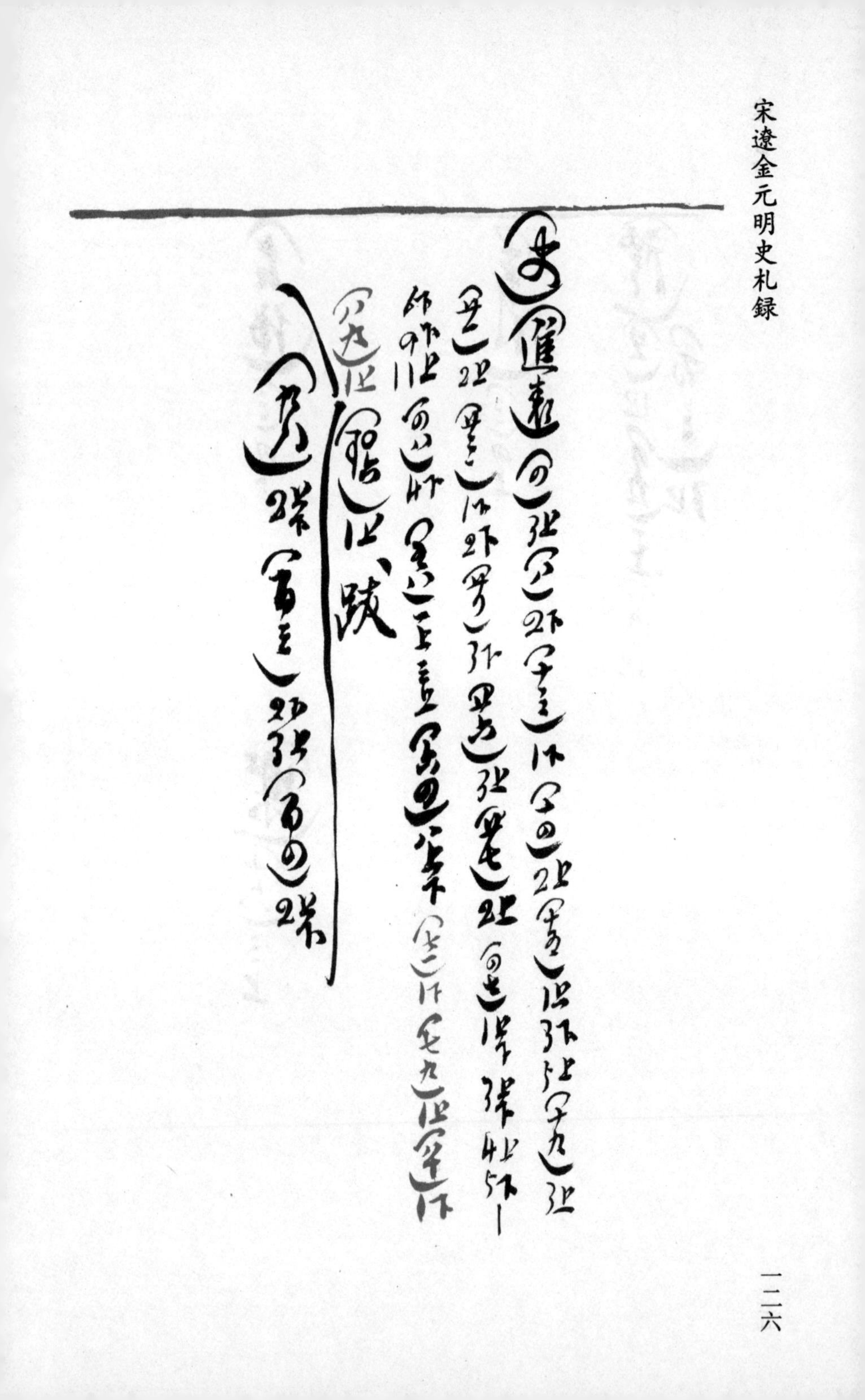

[illegible]

[illegible] 跋

[illegible]

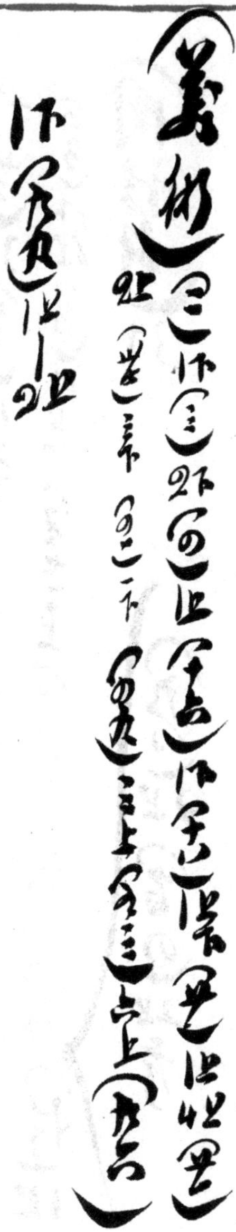

選挙（五）1下（五）3上（三）2下（十五）2下（十七）1上 2下 3下 4上（十七）3上（四十）1上

2下（四三）3下（四三）1下 2下 3上（十三）1上（十七）2下（十六）2上（四十）2下（四三）1上

（四）2下 6上（四）11上（三七）1上（十五）1上（二十）1上（十九）1下（十三）1上

（關係類）3下

（十八）2上（十四）2上考

遼史（聖宗紀統和六年）是歲詔開貢舉一人及第し

以下及第人數

（統和七）二
（八）二
（九）一
（11）二
（12）二
（13）二
（14）三
（15）三

（十六）二
（十七）四
（十八）三
（廿）六
（廿二）三
（廿四）廿三
（廿六）十三
（廿七）三
（廿九）二
（開泰元）（十五）

（二）六
（三）卅
（五）四十六
（七）卅七
（九）四十三
（太平二）四十七
（四）四十七
（八）五十七
（十一）五十七
（興宗重熙元）五十七

（五）四十九
（七）五十一
（十一）六十四
（十三）六十六
（十五）不下百數
（道宗清寧元）四十
（五）百十
（八）九十三
（咸雍三）百
（六）百

（十）不下百數
（太康五）百十三
（九）五十一
（大安三）五十六
（六）七十二
（八）五十三
（壽隆元）卅
（六）六十七
（天祚乾統三）百03
（七）百
（九）九十
（天慶三）七十七

（八）一〇三
耶律淳
建福元
六十
（書三宣）

（地理）（十の）之

(户口)(军籍)(营籍)

(三)17下 21上 41上 (四)7上 (五)17下 (六三)17下 21上 (六十)2下 7下

(兵志)4下 (四)21上 (兵四)2下 (兵五)17下 (兵七)1上下 17上下

诸部(宗室)户数 (兵五)一背 (兵志)一上一下 地理志户

(兵志)卷二上 (兵八)21上 (兵九)17下 (职官)21上 (刑法)1上

(本纪)21上

（婦女）（二）三下（四）三上 [illegible]
一上 [illegible]

（度量衡）（五の）の2上

(紀)遼(十三)の上(四十)上

一

(傳)遼(四)二上(十一)の下(十七)二下(十九)上
(廿六)三上(廿八)十二下(卅九)上上
(八三)什(金)廿上(揚)遼廿下重
曰(右)遼廿上(廷)遼廿上(利)遼什

(鹽鐵)(二)2下(十七)3下(四十)2上

(陸)(十七)三下(四八)二三上(四七)六上(八二)2下

(關稅)(市)(十七)三下(十七)2下(十二)3下(十三)2下(十四)2上

(商稅)(十四)2上(十五)2上(四七)六上

(山澤)(十三)1下(三十)二下(四七)三上

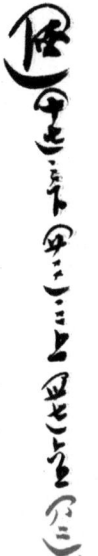

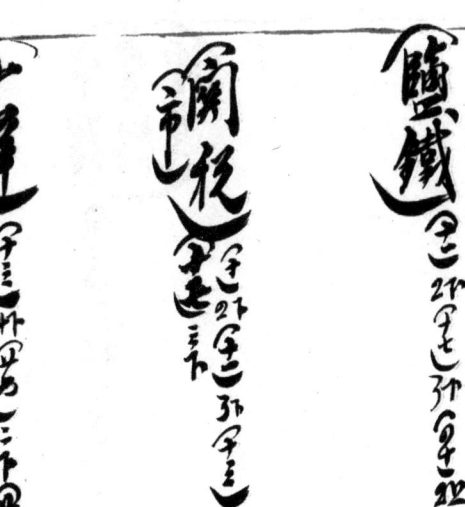

(榷稅)(八二)1下

常糴 倉儲 漕運 (卷三)3下 4上 (卷七)20上 3下 (卷八)1下 (卷九)1下 2上 (卷十)1上

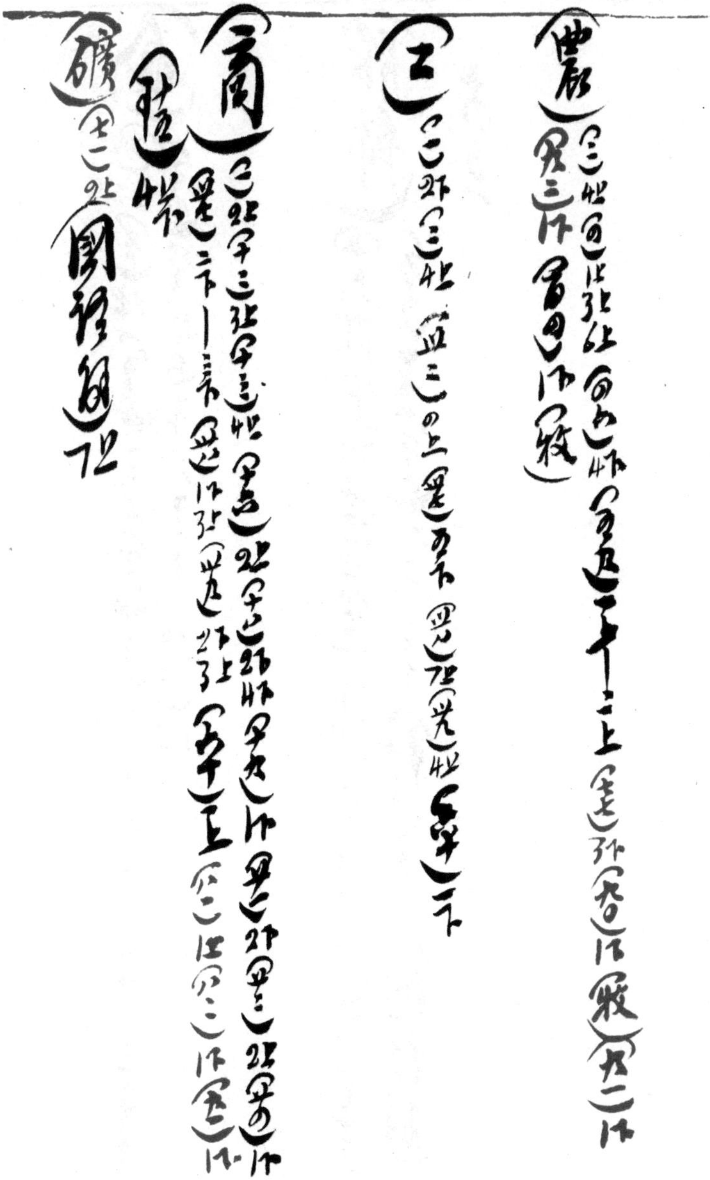

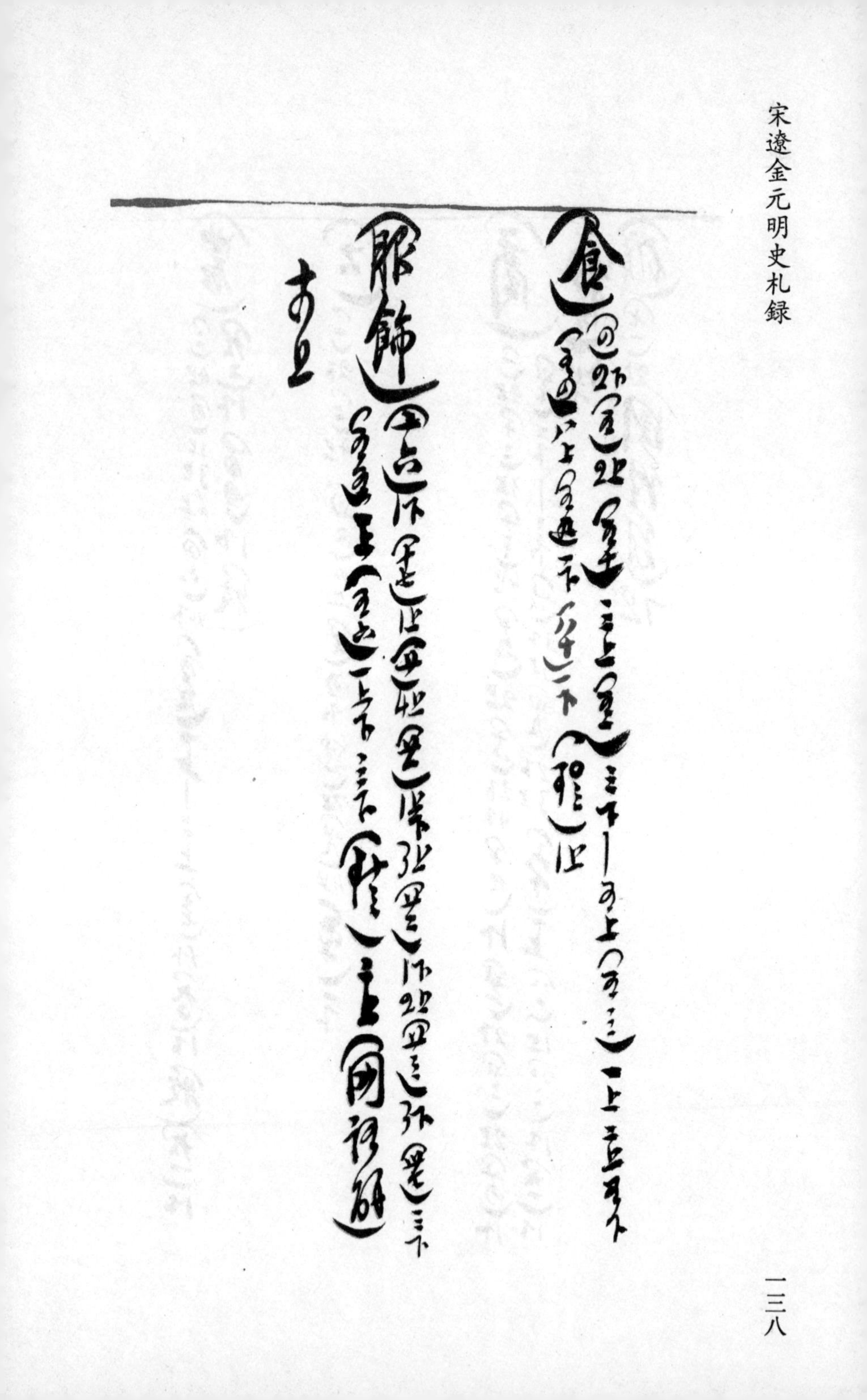

食貨

[illegible]

服飾

[illegible]

[illegible]

（曆七）（百三）1上97（の三）1上（のの）1上38

職官（四）附北（五）附（十四）北（五）之上（七十九）卷（八）附

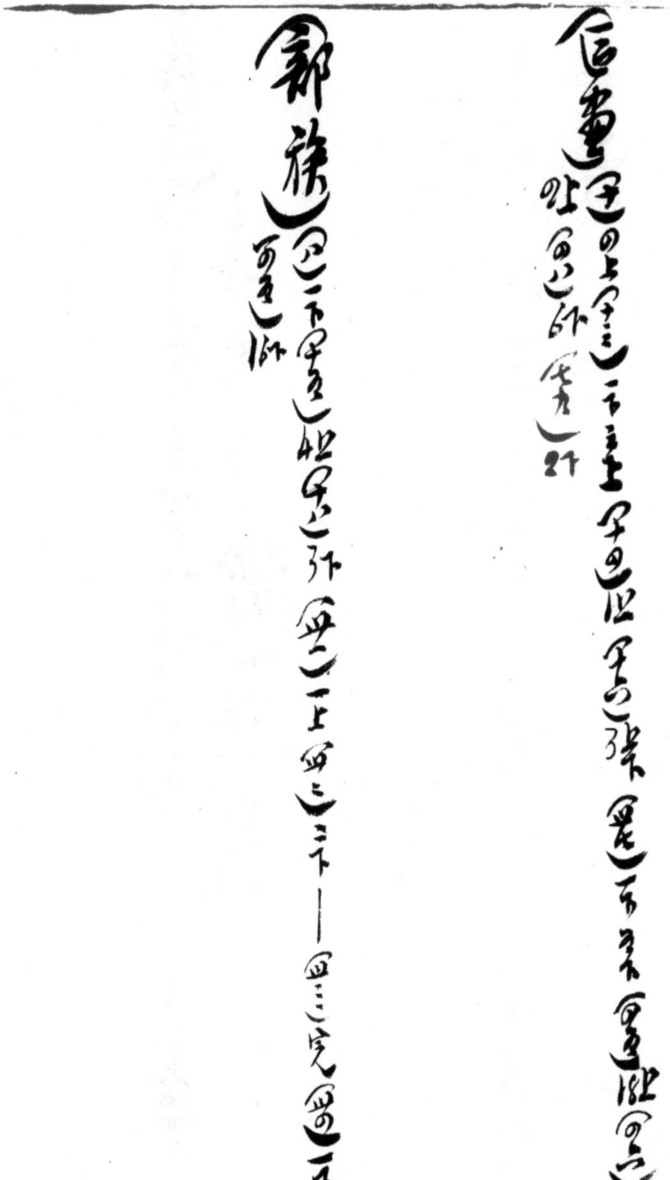

（民族）（回）三上（卅五）五（卅六）1下2上3下（卅二）3下（卅四）三下（卅五）二下
三上（十七）3下（六二）1下（卅九）2上（卅三）2下

（方國）（八〇）2下（六二）1上—2上（六三）1上2上（六五）2下（六七）1上—4上（九三）1上
（九四）2下

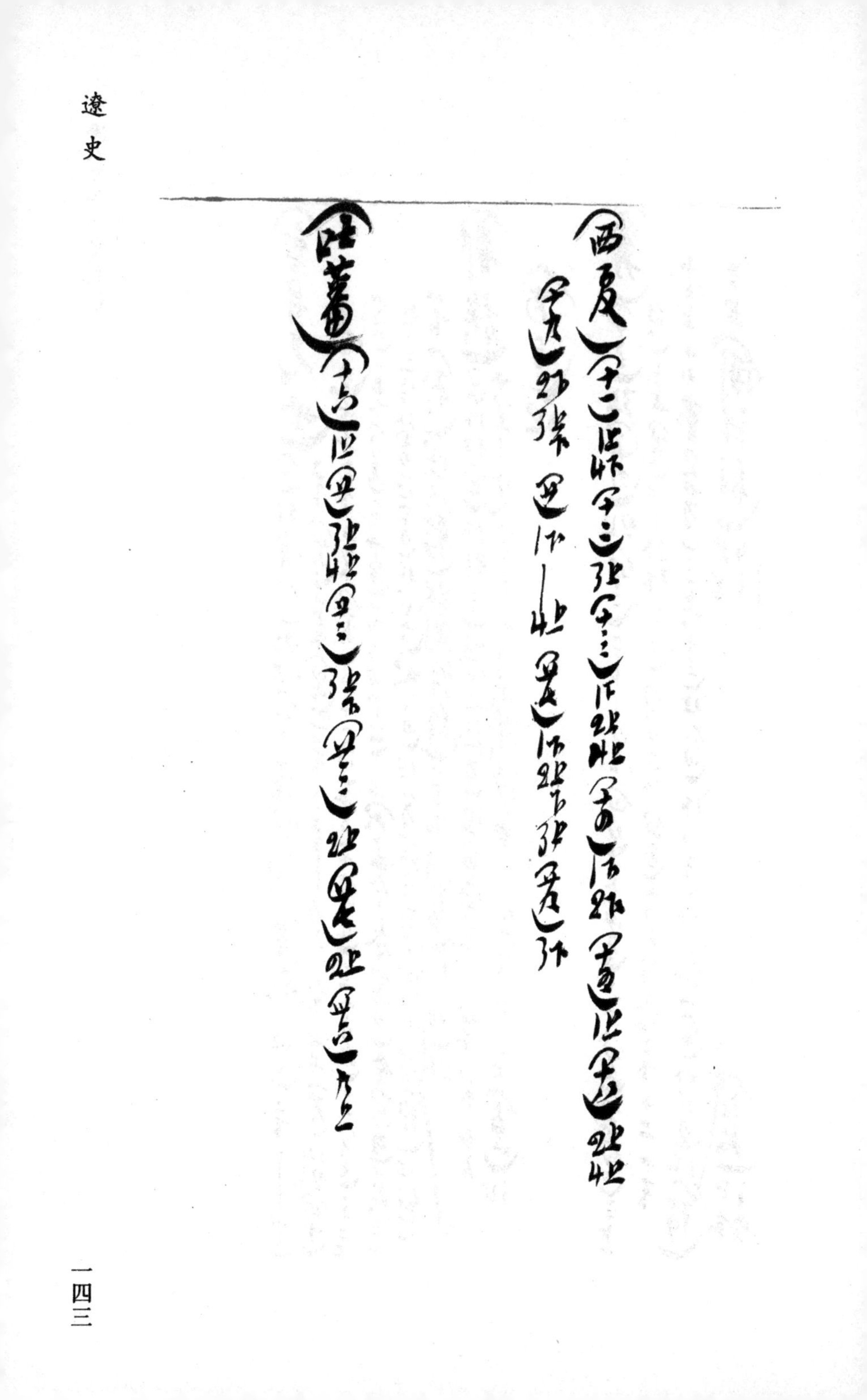

（西夏）[illegible]

（吐蕃）[illegible]

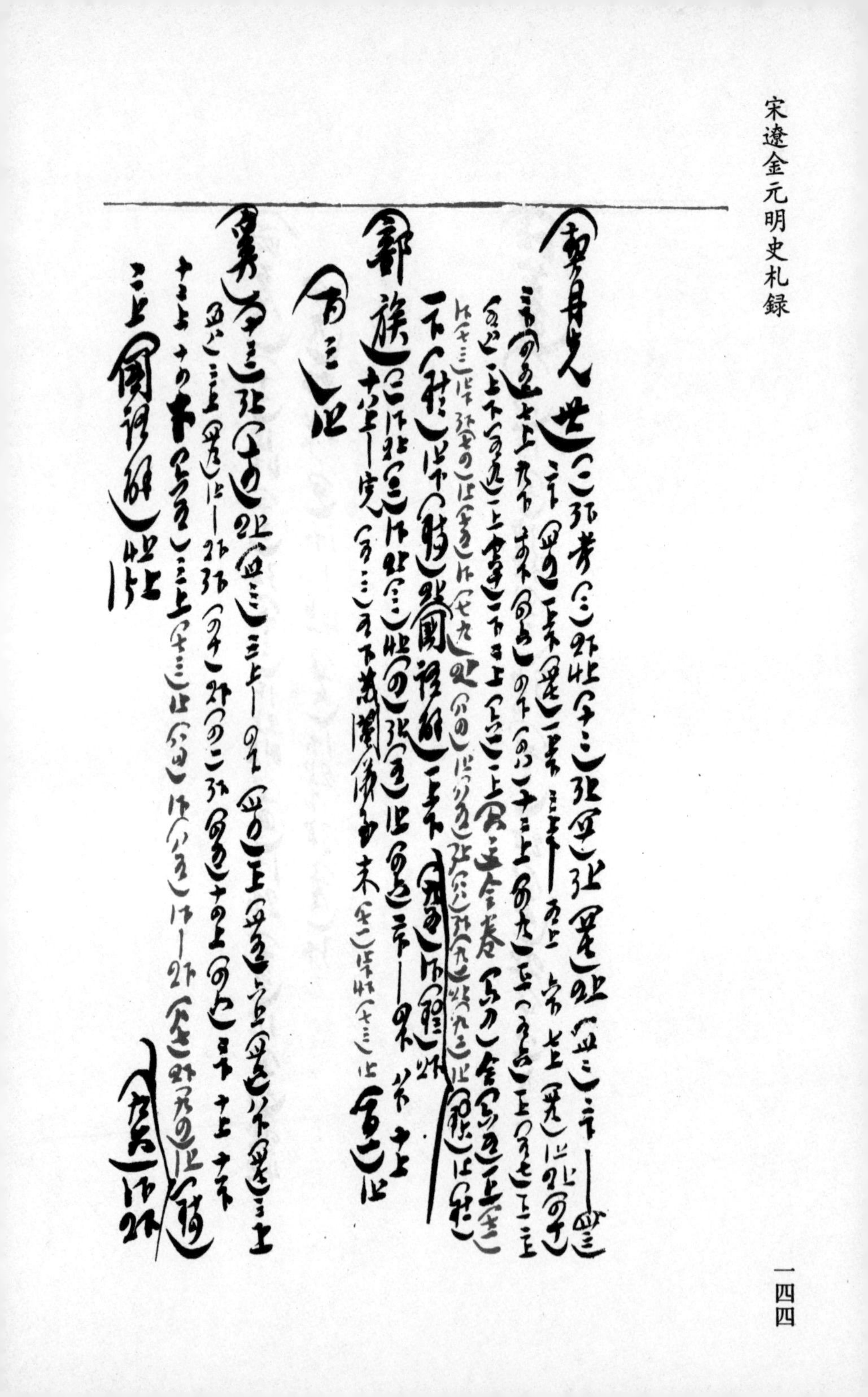

[illegible]

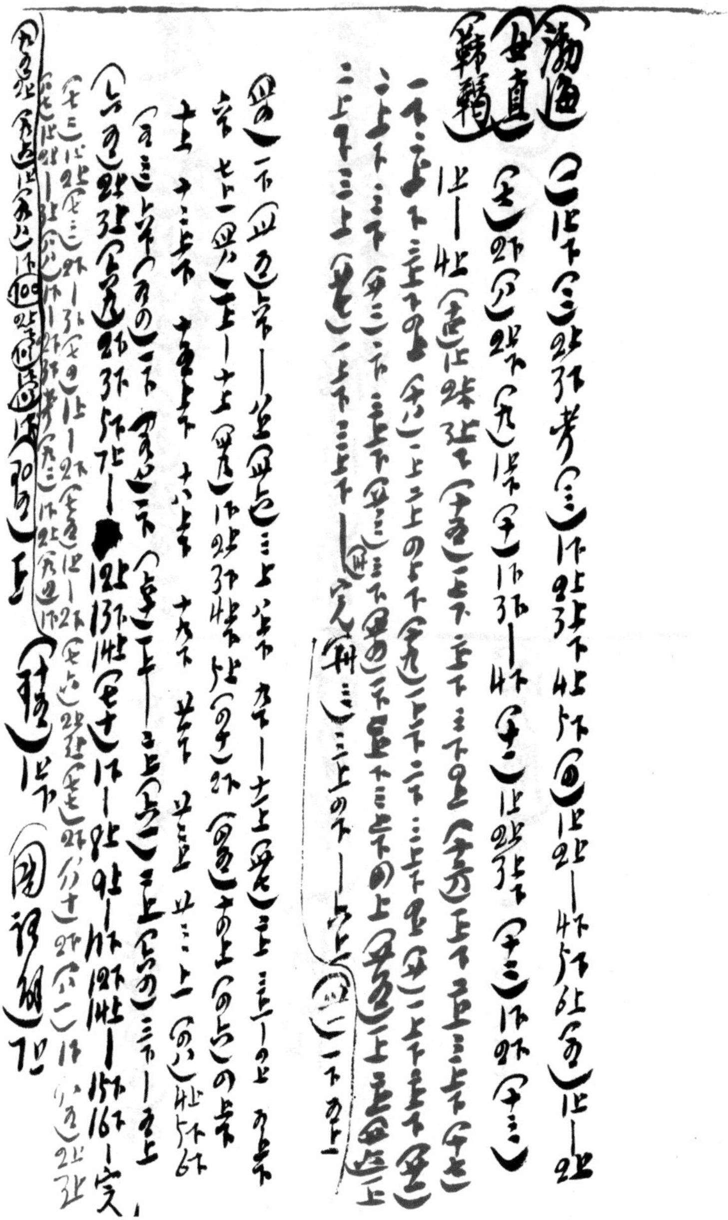

（達旦）（一）1上（十四）3上（十五）3上（四五）2下（二九）十五ヶ所

（萌古）（廿四）3上（一〇九）序1上 1下（一三〇）序下 16上（五）第廿廿五章（七二）2下

（沙陀）（一）1上

（室韋）（四三）3下 5上（四六）9下

（吐谷渾）（一）1上

（突厥）（四三）9上（一九）1上

（高昌）（十三）3下（四十三）3下
（四）卅下（七十）七下七下

（高麗）（37）6下（38）6下

（日本）（三）三上（廿五）2下（四五）十九下

宋遼 の三上

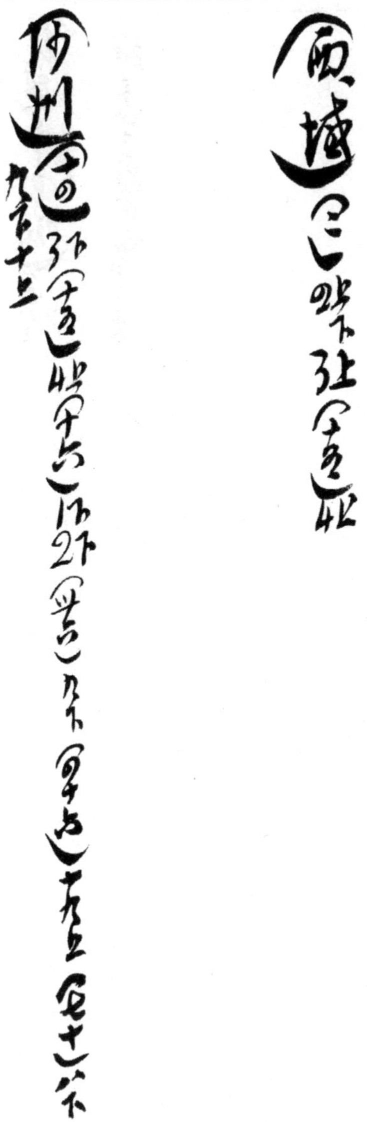

(烏丸)(三)卅(六)六下(六)(遼)一下

(徒覩古韋撒)(四)四上

(紐末買要里)(四)四上

(濊貊)(三)二下

(韓朋改)(六)孔上

(僧烈)(四)三上

(伏康)(四)三下

(獲星)(二)三上

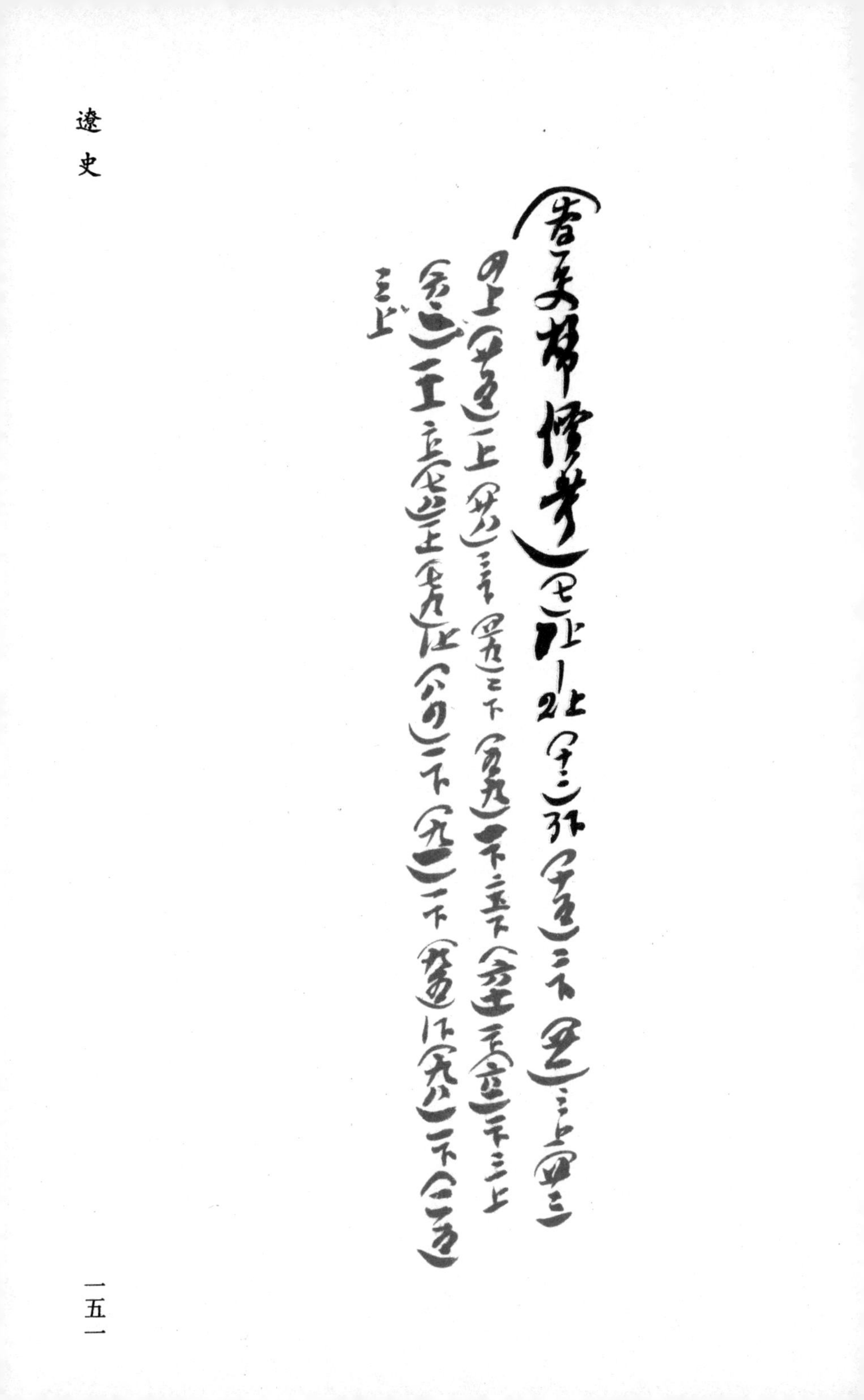

（[illegible]傳考）（七）[illegible]上 [illegible]上（十二）[illegible]下（十五）二下（[illegible]）二上 [illegible]

[illegible]上（[illegible]）一上（[illegible]）二上（[illegible]）二下（[illegible]）一下 二五下（[illegible]）二上（[illegible]）一下 三上

（[illegible]）一下 二上（[illegible]）上（[illegible]）一上（[illegible]）一下（[illegible]）一下（[illegible]）一下（[illegible]）一下（[illegible]）

三上

金文

無庸

21—23
27 28(除1上) 29 30(除1上)
31 32(除1) 33
35 36 37 38(除2下3上)
39(除1上) 40 41 42
43(除1上)

[redacted]

山本123卷5、6兩
篆文誤須校

女真發在祥地之始（頁十二起共頁廿三起）

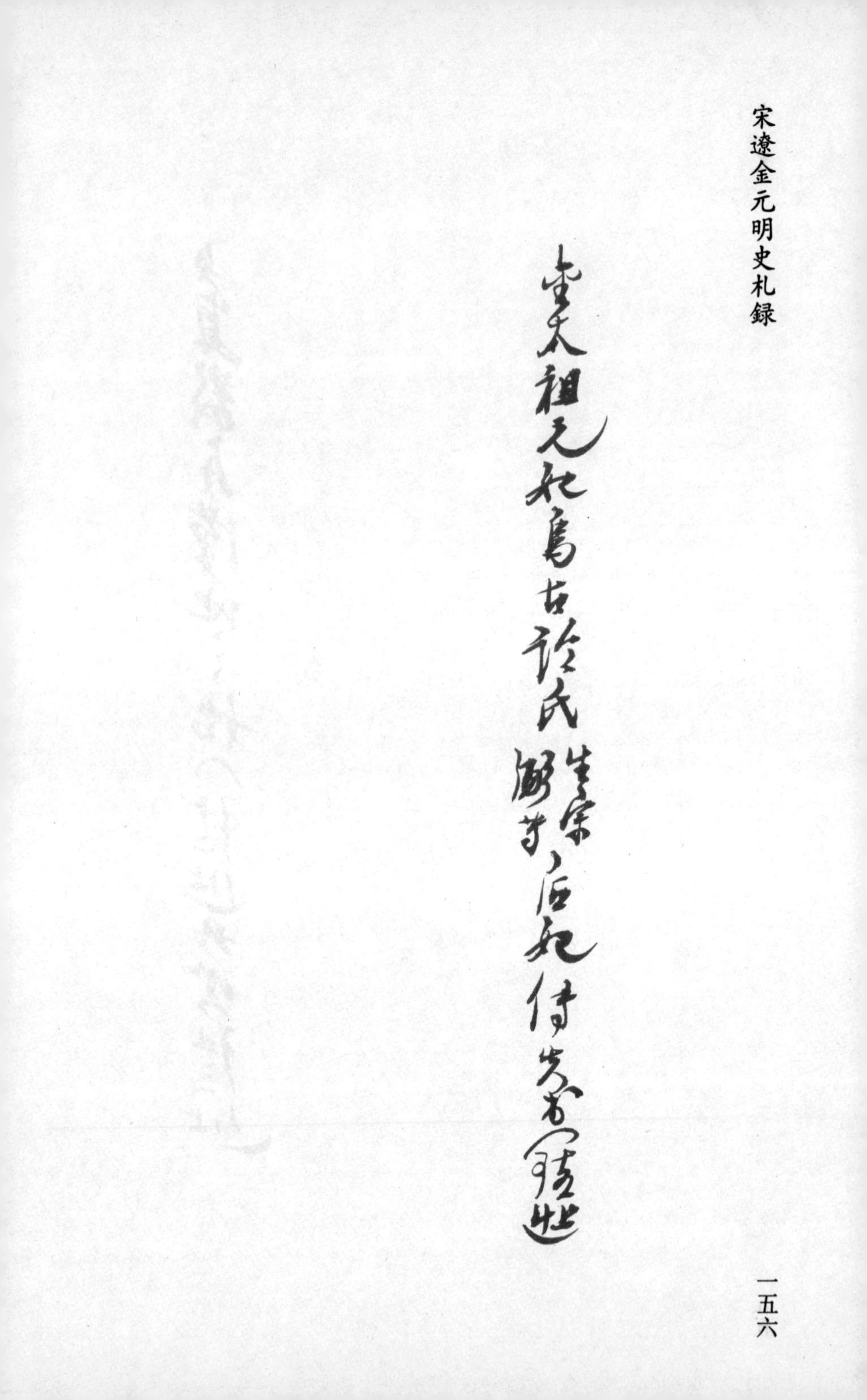

金太祖元妃烏古論氏（生宗弼等）后妃傳失書[illegible]

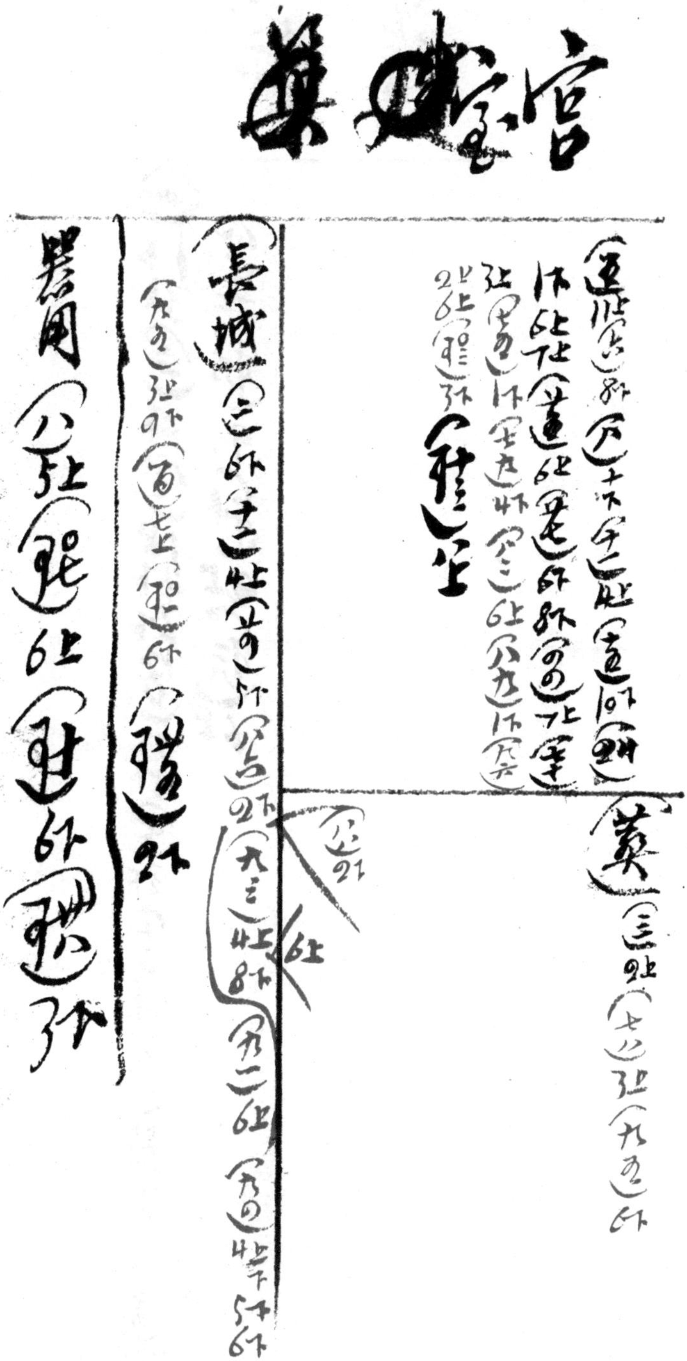

宗族

(一)1下 3上 (二)5下 (三)1上 4下 6下 (五)3下 5下 (七)9下 (十二)1下 (六の)2上 (十五)1上 (十の)7下

(三)7上 (二五)9下 (二五)4上 (二五)6上

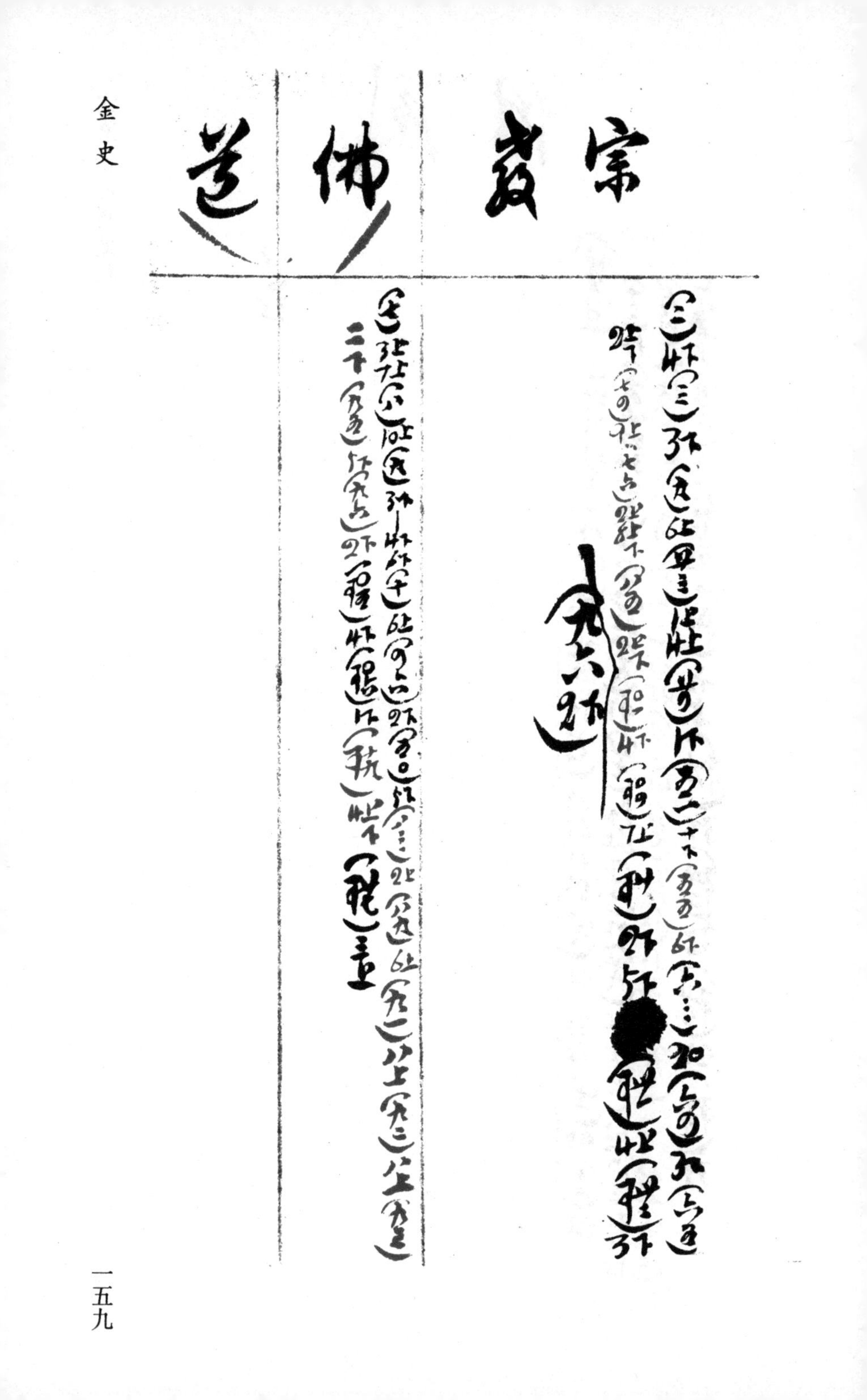

宗 [illegible] 佛 道

[illegible]

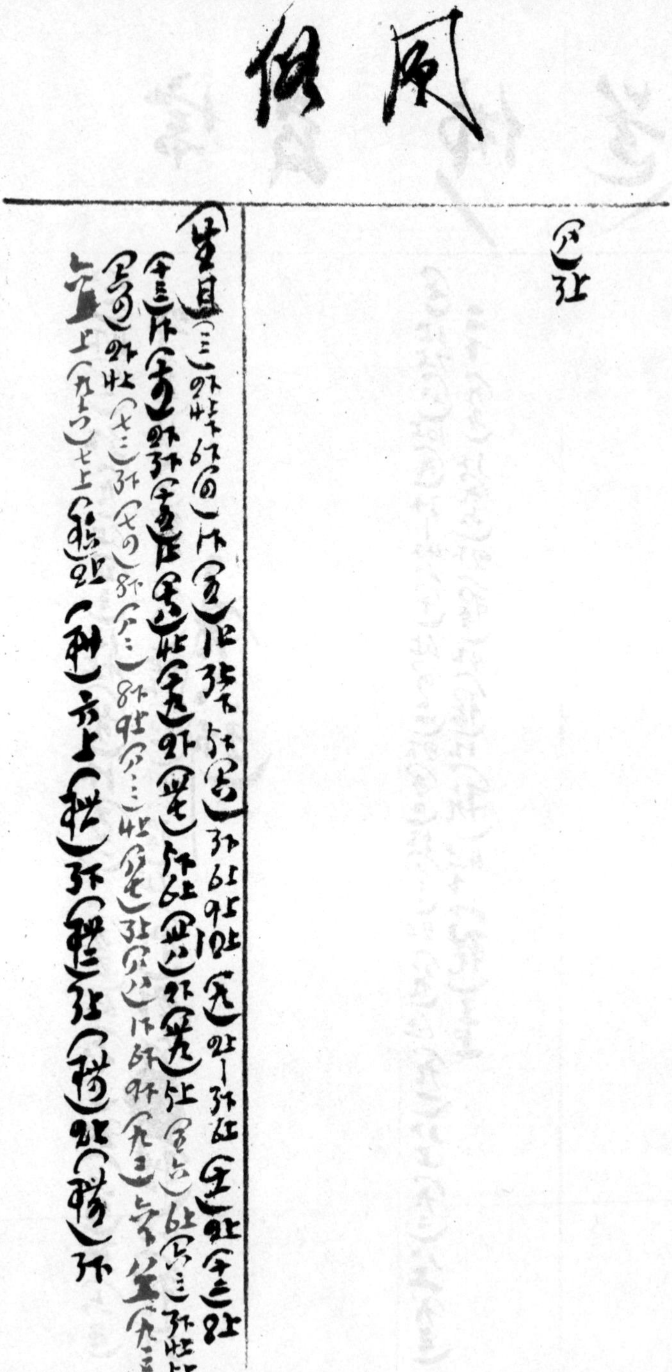

封建

（五五）3上下（七十）2下（八四）三上（百五）4下3上（百六）2上9下

移民

(三)4上—9下 (三)[1]上—4[1]上 3上 4上 7下 (四十)6下 (四十六)[6]上 (八)7上 (五十)4下 7下 (五十五)5下 9下

(十五)3下 6下 (十四)[兵]4上 [百萬] (十五)4下 (五十四)9上—3上 4上下 [10]上 (四十九)3上—4上 (五十三)2上—3上

(七十)4上 (七二)2上—4上 (七二)8上 (七二)4下 (七四)3上 4下 (七五)2下 (七六)4上 5下 (七七)5下 (七五)3下

(五十)4下 (三)4上 (二五)2下 (二六)3上 4上 3上 8下 (五十)[redacted] (四十)(九九)1上 (二)3下 4上 6上 (四)7下

(五)9下 (三)1上 3上

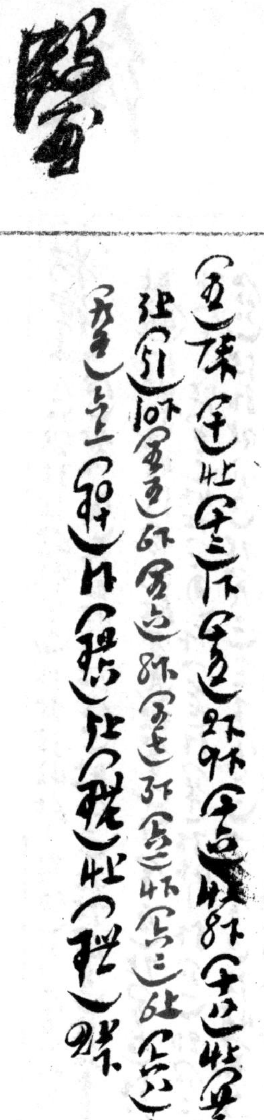

階級

(二)3上(三)7上(九)3上4下(十二)10上(十二)4上

奴婢　(三)2上3上5上6上9上(三)1下2上3上4上6上 7上(四)2上(五)4上5上(五)3下4上6上12上(七)5下

(六)2上4下(九)1下2上4上5上6上(十六)4上(十二)2上7下(十五)1上(十七)2上(四十四)2上3下(四十五)1下

4上(46)1下2上3上4下5下(四十七)10上(四十九)2上(五十)5下(五十五)7上(五十六)5下(六十)3上8上(六十三)6下(六十四)

2下(五十七)5上(七十三)4下7上(七十四)7下(七十六)3下(八十)3下4下一5下(八十一)2下(八十二)3下4下(八十三)6下(八十四)9下

(八十八)5上8下9上(九十)7上(九十二)三下(九十三)7下(九十四)3上4上(九十七)2下(九十九)5上6下(百)4上

(百十)9下(百十二)1下6下(百十三)6上(百十四)5上(百十五)4上(百十九)3下(百二十)5下

(百二十)1下(百二十一)1下(百二十二)1下(百二十三)1下(百二十四)9上3上7下(百二十七)3上4下

臣著

(七十)
17

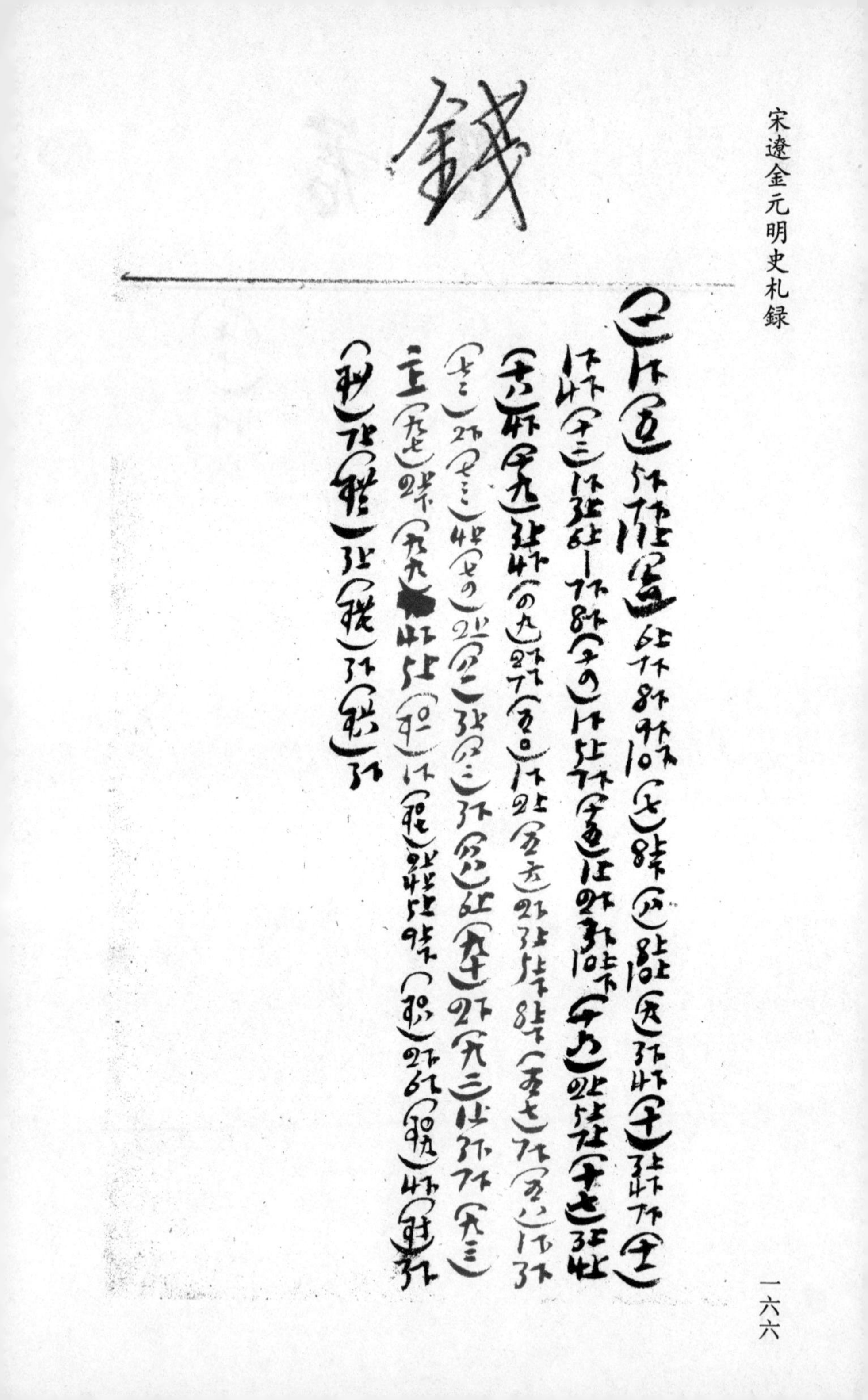

錢

[illegible]

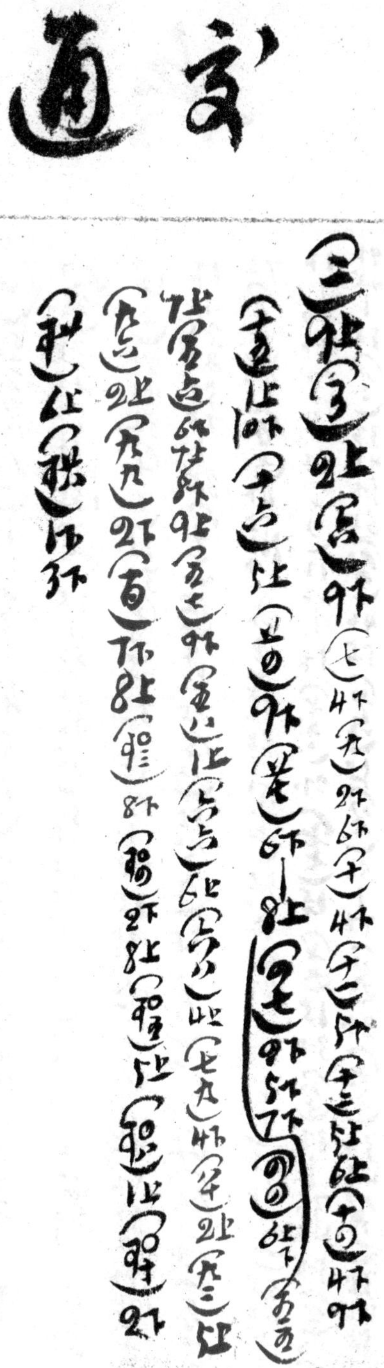

兵

(一)2上3上6下(二)1下2上3上—4上5上(三)2上3上6下7下(四)4下(五)3下7上—9下

(六)2上3上5下7下13上(七)5上—6下8下9上(八)3上4下5上6上—7下(十)4下5上7下(十二)2上3上—5上6下

(十二)2上4上8上(十二)1上3上(十四)1下3上—5上6上—7上8上9上—10上(十五)1上2上5下8上9下10上(十六)

1下—2下4下5上7下—8上(十七)2上4下5下7上(十八)5上(十九)5上(廿四)6下7下8上(四四)6下(五二)

7上(五四)4下(五七)4下5上10上(六五)3上4下(六六)5上(六六)2下—3下(六十)4下6下(七一)5上6上(七二)

1下—2下(七二)6下(七四)1下4下—5下(七五)2下(八七)1上(八九)1下—3下4下5下(八十)1上(八二)1下(趙)

2下3上4下—5上(八三)3下4下5下6上(八四)4下5上(八五)6上—7下(八九)2下(九十)3下4下(九二)2上4上5上下

兵(九四)1下2下3上6上(兵人)(九五)3上(九七)兵(世祖本紀)1下(九八)6上(兵)2上(兵)3上5下(兵)

1下6上8上9下(程)2上3下4下(程)5上6下7下9上(程)2上3上4下7下9(兵)1下2下6下9上

(一〇九)一下 二上 三下 五上—七上 八上(一一〇)二下 五下 六上 七上(兵)一上 四上—五下 九上下(兵)六上—八上(兵)

二上(兵志)四下(兵十六)三上—四下 六下(兵)三上(兵)1下2上(兵)三下四下—七下上 七上(兵)三上 十上(兵)1下

(一二三)1下—2下(一二四)七上(兵)四上(兵)十上

刑

（二）一上（三）四上　六上（五）三下（七）二下（九）四上　七上（十二）三上（十四）四上（十七）三下（四十五）一下（五十四）三下（六十二）四下（八十九）六下（九十三）三下（九十五）五上（九十七）四下（九十九）三上　四下（百）五上（百五）三下　四上　八上（百九）六下　八上（百十一）一上

学律等（卅七）下

復仇

（四五）四上

雜種

（遼）7下（十）3上（金）5上（蒙）4下（元二）2上（高麗）2上（金）4下（程）6上

（程）9上（程）2下—3下（程）1下

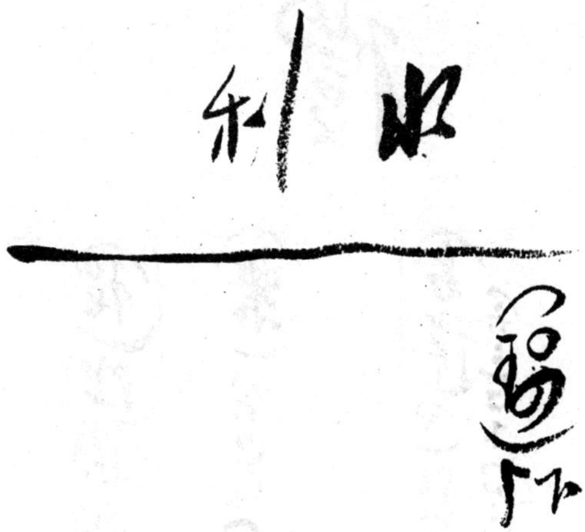

禮

（程）8上（孫）9上

（樂）（六四）5下（百四）6上（九九）5下

（名諱）（六）8下（十）2下（十一）4下（十二）9下（十三）1下（百）1下（百三）2下（百五）1上（百六十）1上（六三）3下（八二）8上（九九）5下（百）15下 筆

（書服）（五）2上（六）9上

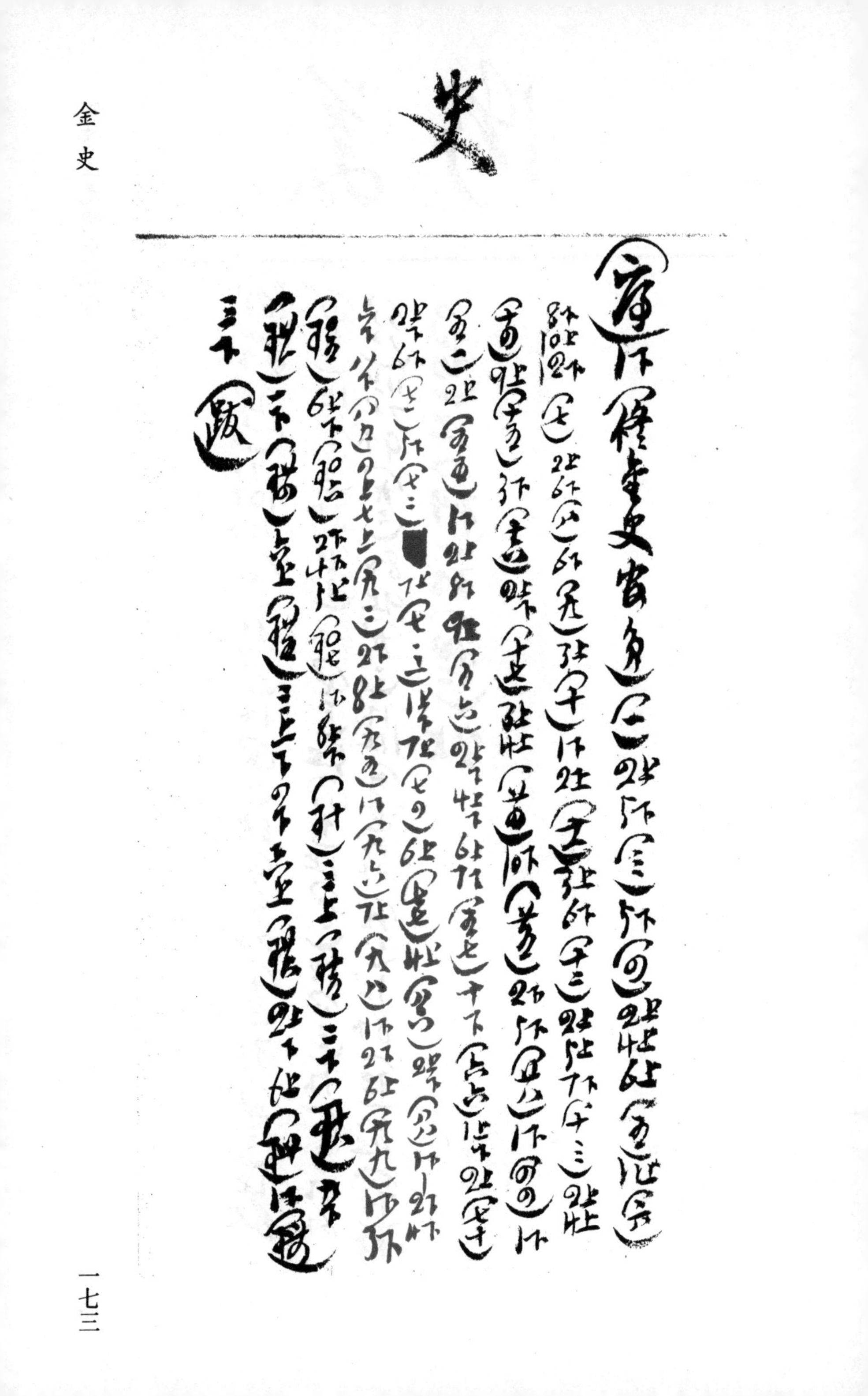

史

[illegible] 金史 官名 [illegible]

[illegible] [redacted] [illegible]

將兵

(四)2下(六)7下10上12下(七)3下(八)1下(卅三)8上(卅四)6上(卅七)3下(四四)12上
(廿五)11上(廿四)3上(廿七)5下(卅三)5上(卅八)11上(四二)8上(四三)3下(四五)3下6下
(卅八)11上13下9下(九三)8下9上(九二)1下11上(九五)1下2下(九八)1上8下(百一)2下4上(百十)7上
(廿五)11上(卅八)3下(四八)3上

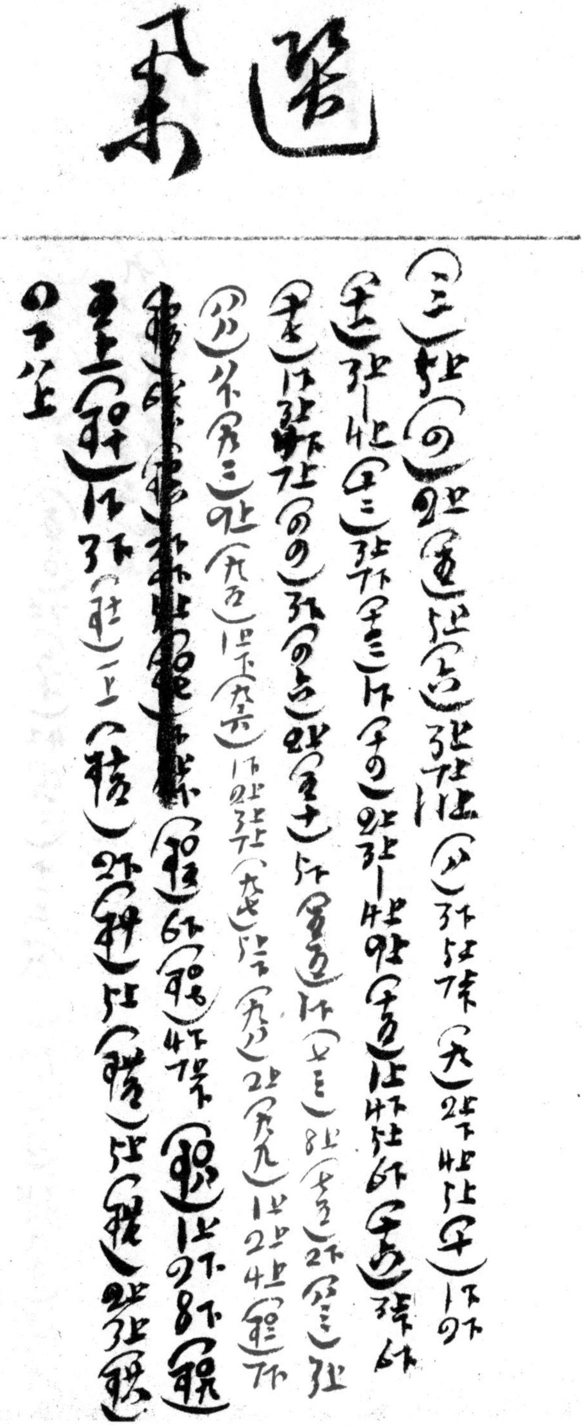

地理

户口

(二)6上(三)4下7上(六)1下(地理志)府州下(四四)3上(四六)1下2下4下

(四五)6上(五十)4上(五三)2下3上—6下(九三)四下(百)4上(百)2下9下(百)5上

(四十二)7下

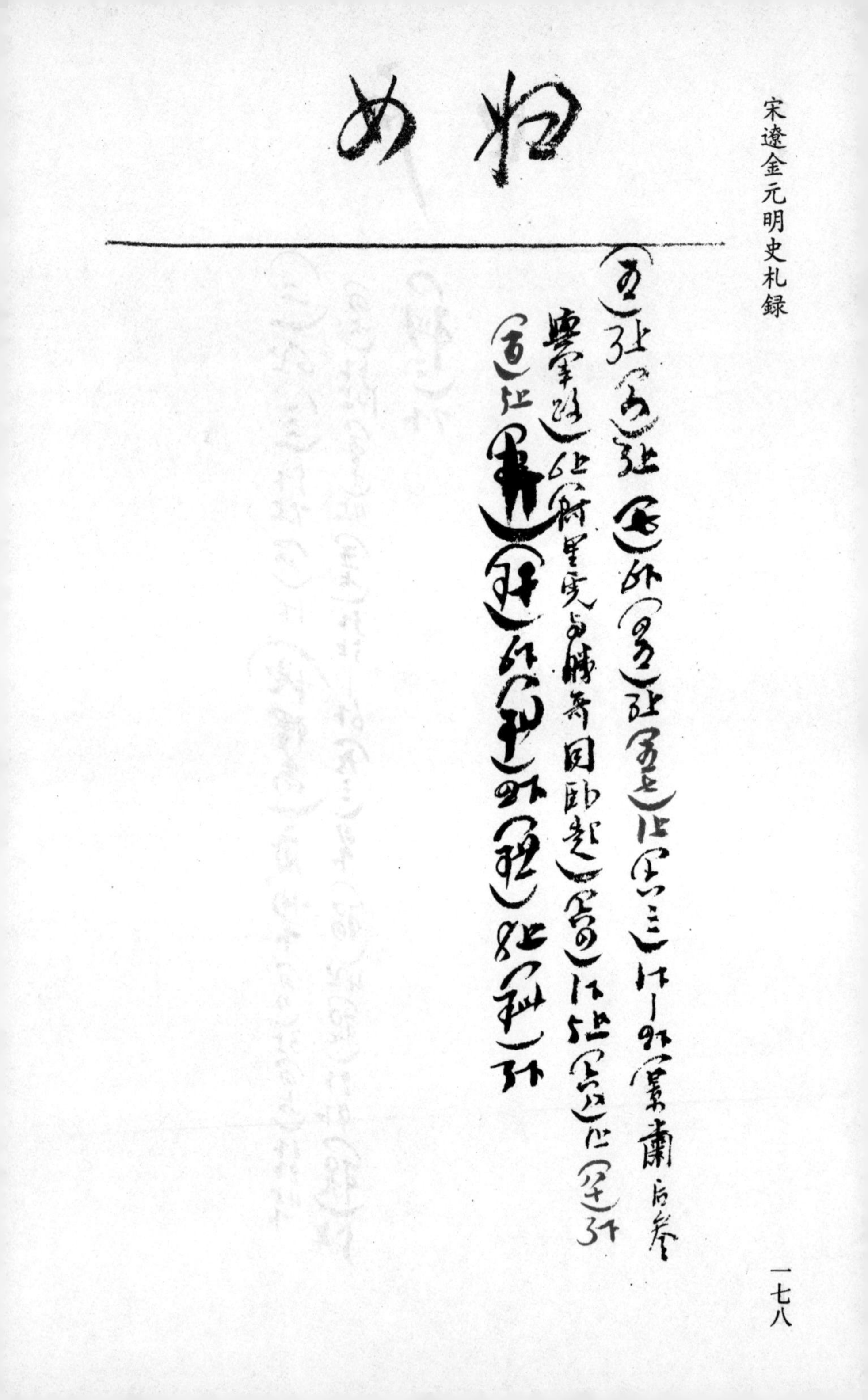

[illegible]

度量衡

（十六）7下（39）1下（五五）6上（五七）7上

役法

(三)3上 4上 7 (六四)3下 7上下 9下 10下 11上 (五七)6下 (八六)2上下 7上 8上 (十)7下 (四五)4下 5上 6上 (十二)
1下 8上下 (卷)7上 (四二)1下 3上 6下—7下 (四五)7上 (四六)9下 4下 (四七)6下—7下 8上 (五七)
3上 5上—6上 (七六)7下 (八五)3下 (十六信兄の頁下一行)(九五)5上 6下 (九二)2下—3下 (九三)4上
(九〇)3上 (九五)4上 (九六)1上 2下 (百)8上 (百六)4上下 (百七)1上下 3上

安税

(五)4上 (四七)6下 (四九)7下 8上 (五七)8上

白撲

(十二)5下 (四九)7下 8上

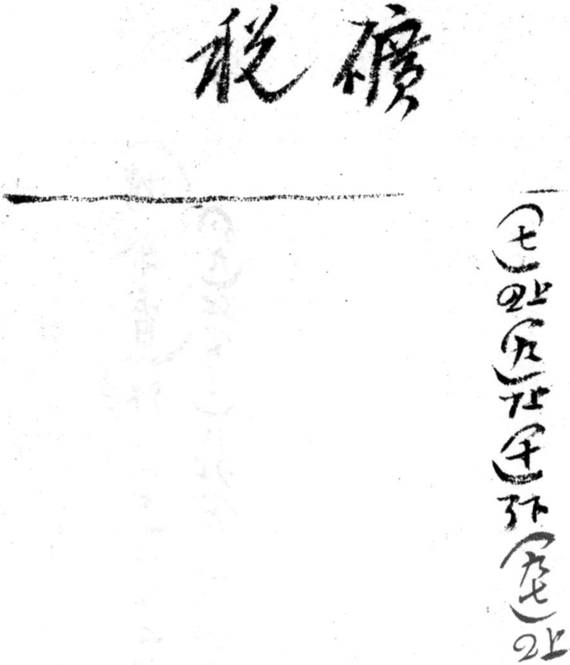

（塩茶香）（五）11下 8下（七）5上（十二）11下（十三）2上 8下（十六）7上（五六）8下（五七）7上

（八九）6上（九二）15上 21上（九六）17下 21下（九九）31下（補）6下

（商稅）（七）8上（五七）7上（食）4下 6上（食三）1下

（醋稅）（十三）1上（食五）6上（租）13下

（油稅）（十五）9上（租）6上（科）1上

(商稅) (三)1下 (四)4下 (五七)4上 (五八)6上下

(關稅) (六)4下 (七九)4下

(抽解) (十五)7下

雜税

(四十七)6下(五十三)2下(九十)2下(九十二)4下(百五)1下(紀)杜詩(程)6下

軍須錢(四十五)3下(紀)(四十七)18下(四十八)12上(四四)7上

外交

(廿一)1上(四八)2上(六二)十上(九十)5上

語路

(八)北

(廿三)4下

(西遼)4下

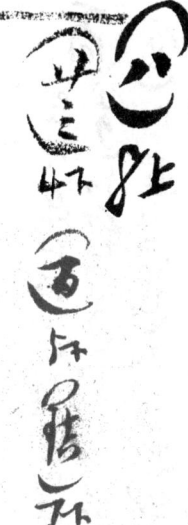

(語)7下

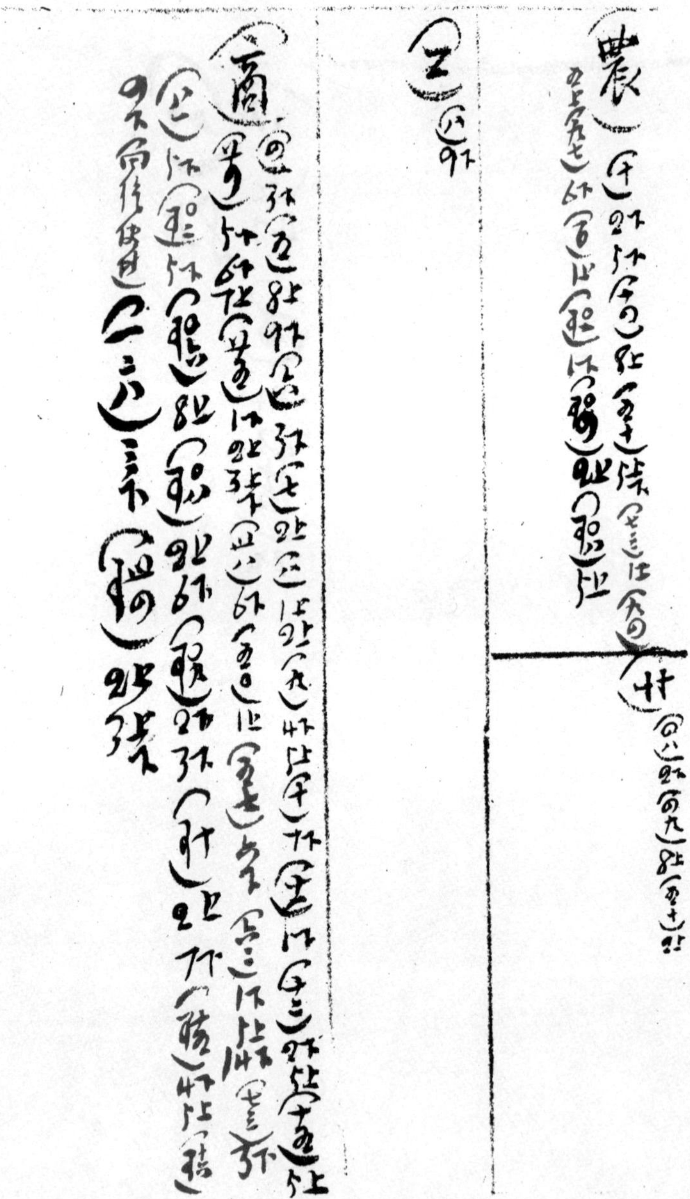

食

(四)1上(五)9上下(八)8上下(十)6上(四三)3下(四四)1上(38)3上—4上條(四九)7上下

(五六)2下(五七)2下(六四)2上(九十)2下(九二)8上(補遺)5下

倉併 釋帝

(三)3下 5上 (四)5上 (六)十上 (七)4下 5下 (九)4下 7下 8上 (十四)1下 8下 (十六)9上 (四六)4下

(四七)7上 9下 (四八)1下 7下 (四九)1下 (五十)9上—4下 (八八)9下 (八九)5上 (九三)3上 4上 (九四)5下

(五七)9上 (五八)2上 6下 (五九)3下 8下 (六十)5下 (六十一)三上 (六十二)二下

飾服

(四) 2下 3下 (六) 8下 (九) 5下 (十一) 3下 (十三) 1下 8下 (廿三) 2上 (四三) 6上 (九五) 1上

(七) 1下 3上 8下

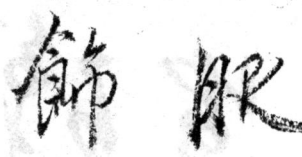

(張) 4下

賞賜

(一)14下(二)8下4下5下7上(三)1下3上5下6下6下8上(四)1上2上(五)6上7上9上(六)2下(七)6上

(九)2上(十一)1上2上3上(十三)3下(十四)2上(十六)3上6下(十七)3下(四〇)1下

(六五)3上(七十)1下3上(七二)1下(七三)1上(七四)1上2上3下(七五)1上4上5下6下(七六)4上

(八十)1下(八四)4下(九八)2下(百)1下(百四)2下[redacted](百五)1上(百六)6下9下(百十)1下2上

4上(國語解)五上一二上

匠董

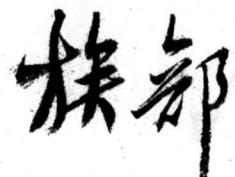

部族

民族

兼言之則見(四五)2上(四五)4下
(二)4上 6上(三)3下(四)2上 6上(六)10上— 11上 12上— 13上(七)1上— 2上 4上 5上 7上 8上(八)1下 2下— 5下 7上
9下(九)1上 2下 3下 5下 6上(十)1下(十一)1上(十三)2下 5下 7上(十四)1下 3上 4上(十五)2下(十六)3上
(卅九)5上(四三)7上(四四)1上— 2下 4下(四六)3上 4上 5下(四二)1上 2下 6下(四四)2上
(五五)1下(五六)2上(五七)4下 5上 10上(六十)2上 6下(六三)7上(六八)2上(六九)5下
(七一)7下(七三)1下 2上 6上— 8上(七九)2下 7下(八十)6下(八二)2上 4上(八三)8下(八四)
9下(九七)4上(四夷見蘇人久歷於異積風俗考論)(九八)1下(九九)1下(一〇〇)3下 8下
(一〇一)2上 8上(一〇二)7上(一〇三)0下(一〇四)1上(一〇五)4上(一〇六)3上 5上(一〇八)5上
(一〇九)1下(一一〇)1下 3下

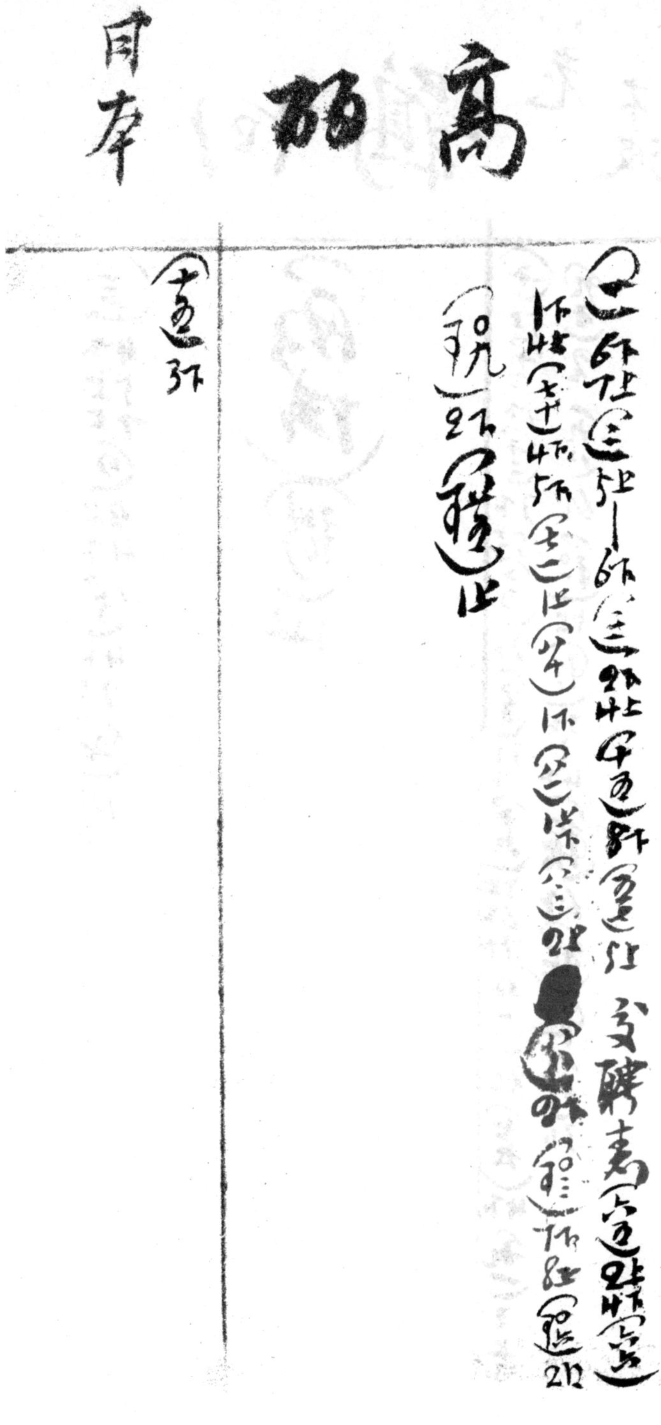

回鶻

老 本波 蕃族

(三)4下5上7上(四)9上4下(五)4下7上(七)15下

(西域)(附)1上

(十一)5上(十二)1下(十三)7下5上(十四)9下(十五)7下(十六)5上6下7下(廿六)8上(廿九)4下(九十二)3上下

(九十五)9下(九十七)6下(九十八)5上(九十九)7下1 4下(一百)6下(百一)9上(百二)7下

奚契丹

(三)4上 5上 6上 7下 8下—10上 (三)9上 (五)9下 10上 (六)1上 2上 3上—4下 5下—6下 8下 10上

12上 (七)1下 2上 5上 6上 (西北路戍兵) 7上 8上 9上 (蒲察旅歟) (八)1上 2上 (十)6下 (十二)4下 (十三)2上 (十六)6下

(十五)2下 (卅)5下 7下 (四四)4下 (四三)7下 (四四)1上 2上 3下 5下 6下 (四五)5下 (四七)9下 (五十)2下 (五三)

1上 6上 (五三)1下 2上 (五三)4下 (五五)3上 4下 (五六)6下 7上 (六九)3下 (六十)3下 6上 (七二)4上 ([illegible]刺)下 1上

6上 7上 (七二)1下 2下—4下 6下—8上 (七三)5下 6下 7上 8上 9上 (七四)1下 (七五)4下 7下 (七七)1下 5下 6上 (七八)

三下 (八十)5上 (八二)4上 6上 (八三)3上 5下 8上 (八三)6上 (八四)3下 4上 6上—7上 (八五)1上 3上—4下 5下 (八七)1上—2下

4上下 (八六)1下 3上 4上 7下—8下 (八七)9下 (八九)1上 2上下 (九十)1下 3上下 4下 5上 (九三)2上—3上 5上下 6上 (九三)

2上 5下 6下 (九三)5下 (九四)1上 2上 3下 4上 (列二)4上 (列三)1下 8上 (列三)6下 8上 老

([illegible])1上 2下 ([illegible])2下

(西遼)(三)7上 (四)5下 (七)2上 5上 (八)1上 (七三)6下 (七四)2上

([illegible])1上 7上 4上 4上 2下 7下

(九四)三上 五下 (列三)3下 (列二)4上

(列二)7上 (列二)4上下 (列三)3下

—8上

渤海

鐵驪

兀惹

女直

(二)28 (三)2上 3上一4上 5上 6上 (三)4上 6下 (四)2上 6下 (五)1上下 (五)8下 (六)10上 (七)6下

(八)2下 (十三)2上 (四九)1上 3上 4上 (四四)1下 3下 5下 (六十)十二上 (六二)七下

(六三)4下 (六七)7下 (七一)1上下 2下 3上 (七三)4下 (七四)3下 (七五)4下 (七六)6上 (七七)3下 4上

(六十)5上下 (八二)4上 (八三)1上下 7下 (九十)2上 5下一6下 (九二)4上 (百)7下

([illegible])4下 4上 5 ([illegible])1上 2上 4上

女直

渤海

女直文件

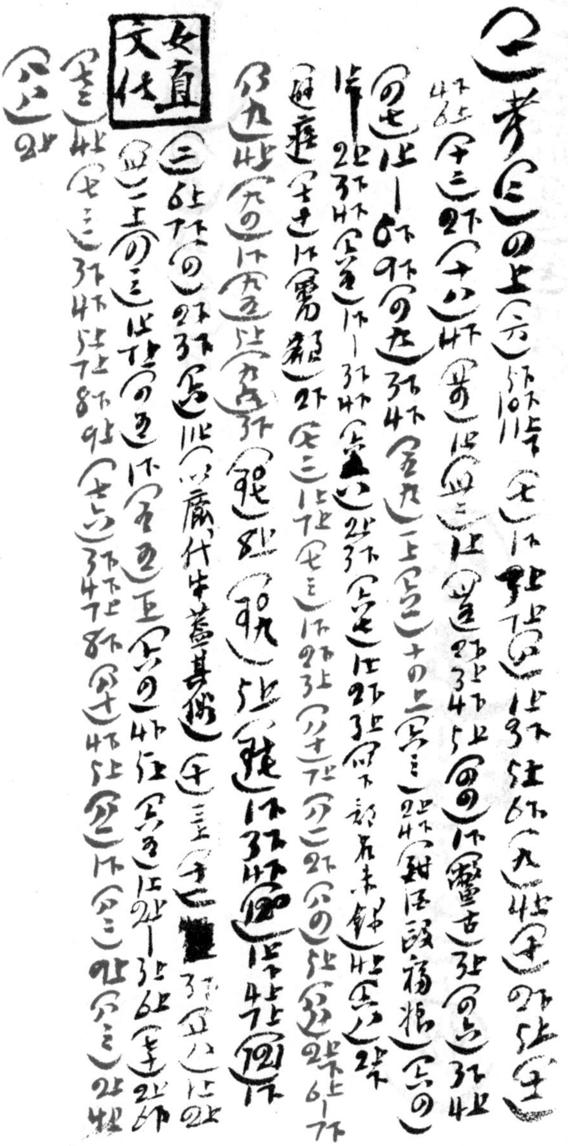

蒙兀

蒙兀（九九）3上（新唐）4下

阻卜（六）10上 11下（遼史）（金）1下（元）1下

室韋（六四）7下（七二）1下 魏

正

鐵勒（七七）6下

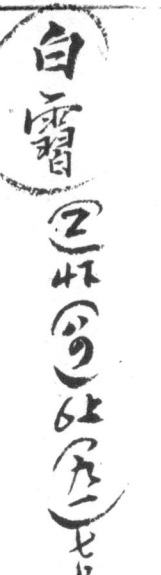

白霫（二）14下（八四）6上（九一）七上（瓖）四上

（烏庫哩）（八）七九（九五）八六

（唐古）（四七）四五（九）五五（陀括里）

（康里）（四七）三九

[redacted]

（土魯渾）（五七）四六下

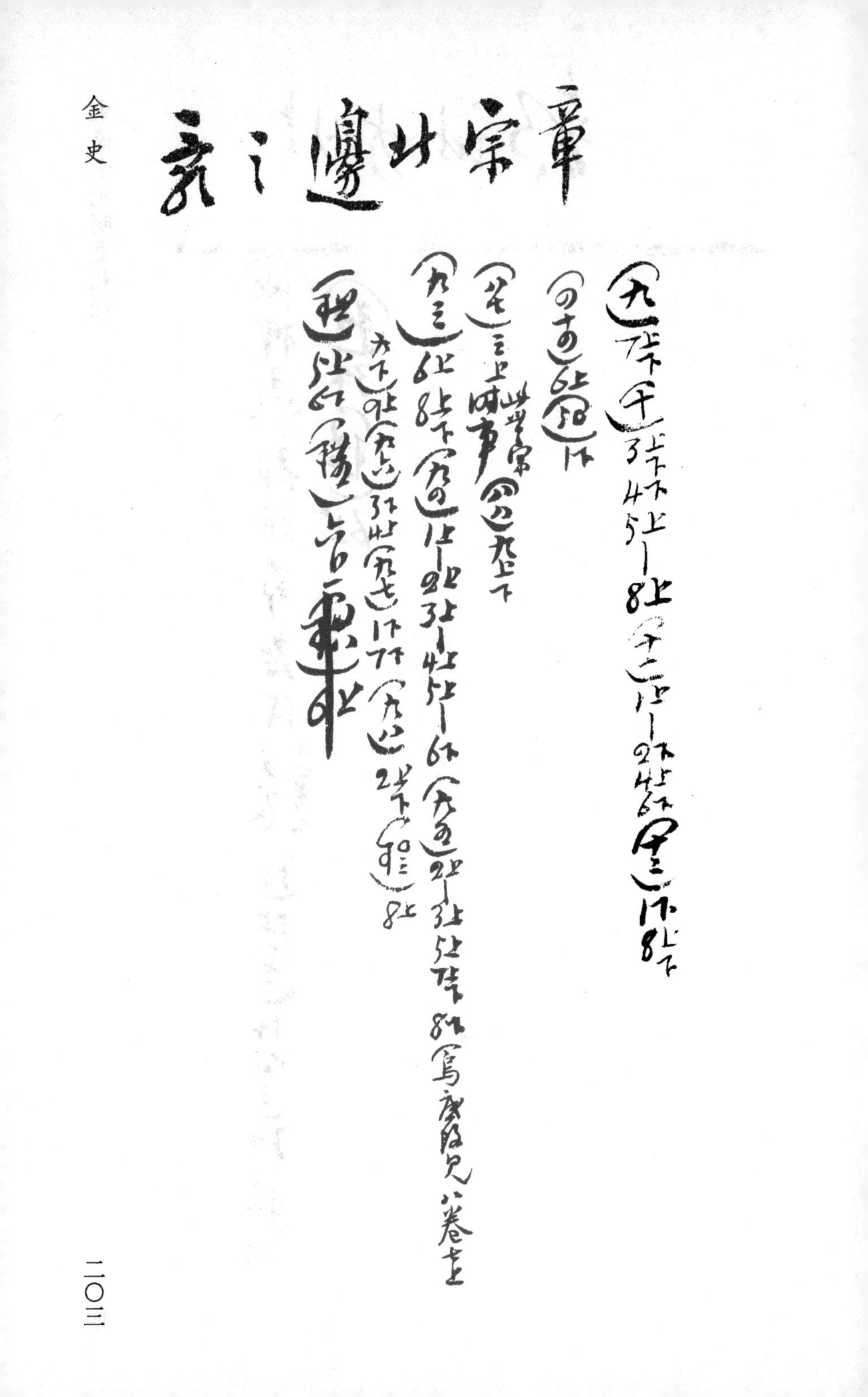

部族方位

（地理志）部族節度使 卅四巻七葉 （紀）遼 （七三）遼 （紀）遼

（冊）遼 （紀）遼 62

(廿三)4上(四)4上(五)3下 6上下 8上(六)5下 6上 8上 9下 10下(八)1上 6上(九)1下 2上 3下 4上下 5上 7上 8下(十)5上 6上

(十二)1上 4下 5上 6下(十三)2上 3上 4上(十四)4上 9上(十五)9上(十七)8下(十八)2下(十九)3上(廿三)4下(廿七)

3上(38)6下

(44)3上 6下 7上—8下(45)2上下 4上(46)3下 4下(四月參政事)(47)4上(48)3上下 4上下 5下 9下(49)2下 3下 4上下

4下(50)3上 4下(五三)4下(九五)3上(九八)百官傳論 宦閣宗論 內附—

[illegible](六三)8下

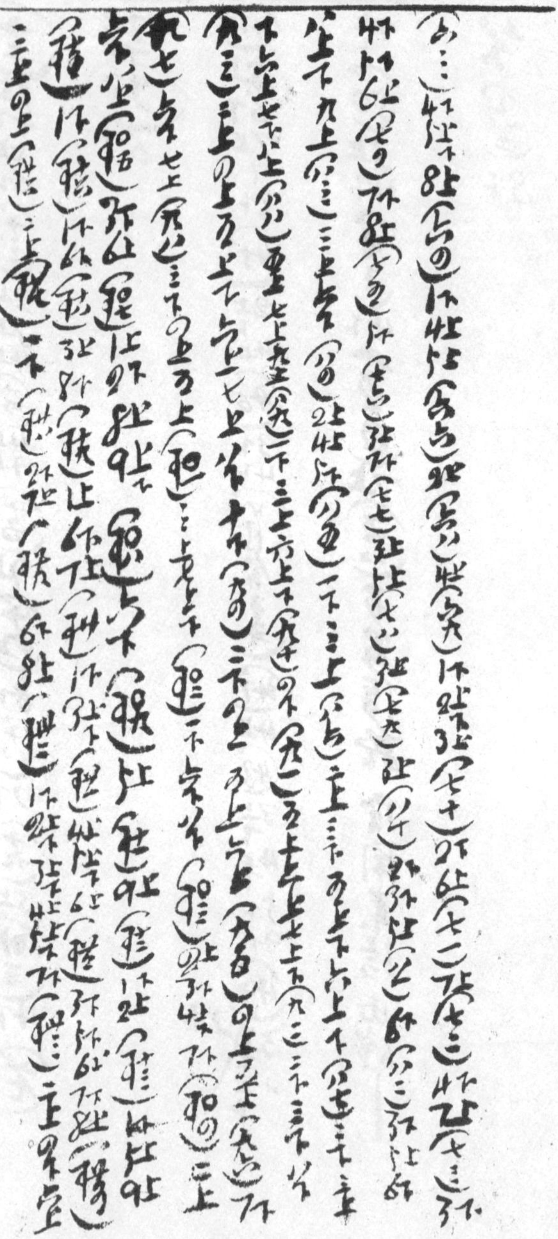

○元

無庸(48)—(80) 除(50)2下

(58)18上(59)1下3上(60)3上 12下(63)15下
(67)1上下(68)1上—4下(72)1上下2上(78)
1上3下

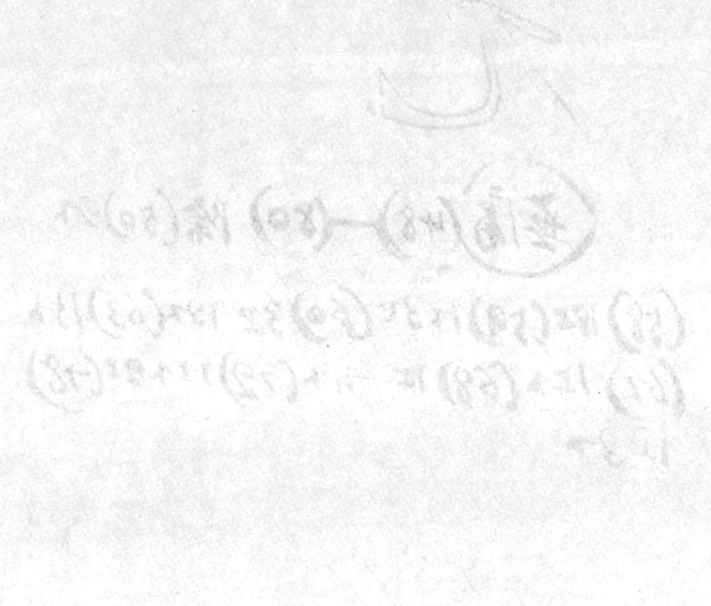

元國號取乾元之義（傳超）（稽遐）85

元順帝[illegible]瀛國公子說不足信（[illegible]）

元宗親世襲王爵可紀（張玉書）

元順帝即位實錄大都（程鉅夫）

宮室建築

(三)25上 (三)98下 (四)94上 (五)27下 25上 56下 (五)73下 81上 年七 98下 97

65上 (十三)71上 (十三)65上 67下 (廿一)97下 (廿四)64上

(廿五)遼 31上 (廿五)67下 54下 (四)31下 54上 (四)24下

(廿)24上 31上 稿 94下 稿 47下 遼 17下 稿

24上 (四)遼 47下 遼 51上 遼 72上 遼 44上 遼 81上

遼 15上 92上 (三)稿 24下

北族建築 (一)15上 98上 98下 (五)81上 (六)41上

續 (緩)遼 37下 (八)遼 104上 (十一)遼 44上

(廿五)遼 81上 (廿四)遼 81上

(五)31上 (廿五)94上 (廿五)72下

(四)遼 97下 (廿)遼 21上 (十)遼 7上 (十六)遼 101下

(廿)遼 94上 (稿)遼 31上 65下 (稿)遼 81上 (稿)遼 51上 (廿)遼 21下

(稿)遼 11上 (稿)遼 81上 (十)遼 95下 (稿)遼 11上

(稿)遼 81上 (稿)遼 44上 (稿)遼 11上 21上 (稿)

21下 (稿)21上

長城

(遼)41下 (稿)遼 11上

寶器用

[illegible]

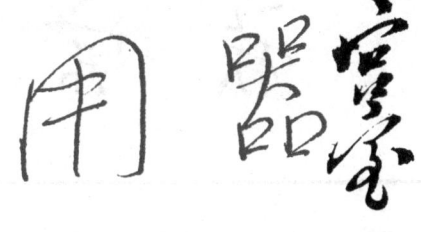

宗族

(十三)1上(廿八)1下2上(卅三)2上(四十)3上(八二)2上(八三)1上(九八)6上(補二)3上(補三)8下(補四)7下(補五)5上(補九)6上7上(補卅)4上(補三)2下(補四)5上(補廿三)4下(補卅)6下(補卅三)6上(補卅六)1下5上(補卅八)2上(補廿三)5下(補廿)4上(補四)5上(補廿三)2上(補廿六)4上(補廿三)3下7下(補四)3上(補卅遺)1下(補廿六)2上(補廿)2下(補廿三)6下(補四)6上(補四)1下(補卅五)6下(補廿)8下(補廿三)1下(補廿六)1下4下—5下5下(補)3上4上(補一)2下5上6下

風俗

(稽)〩下 (稽)〢下

書(五)〢上〦下〥下〧下(七)〡下〥上(八)〢下(卅)〤下
高麗婚嫁非不記(十)〩下(十九)〦下(卅)
十下(卅二)〨上(卅三)〦上(卅六)〥下(卅七)〥上
(卅八)〥上(卅九)十上(卌)二下〨下(卌一)
〨下(〨)〥下(〩)〥下(卌五)〩下(卌六)見〩〥・〧
十(卌七)〡〥上〨〢上(卌九)〡〢下(稽)〨上(稽)[illegible]
〨上(稽)〢上(稽)〢上(稽)〨上

讀麓(稽)〩上

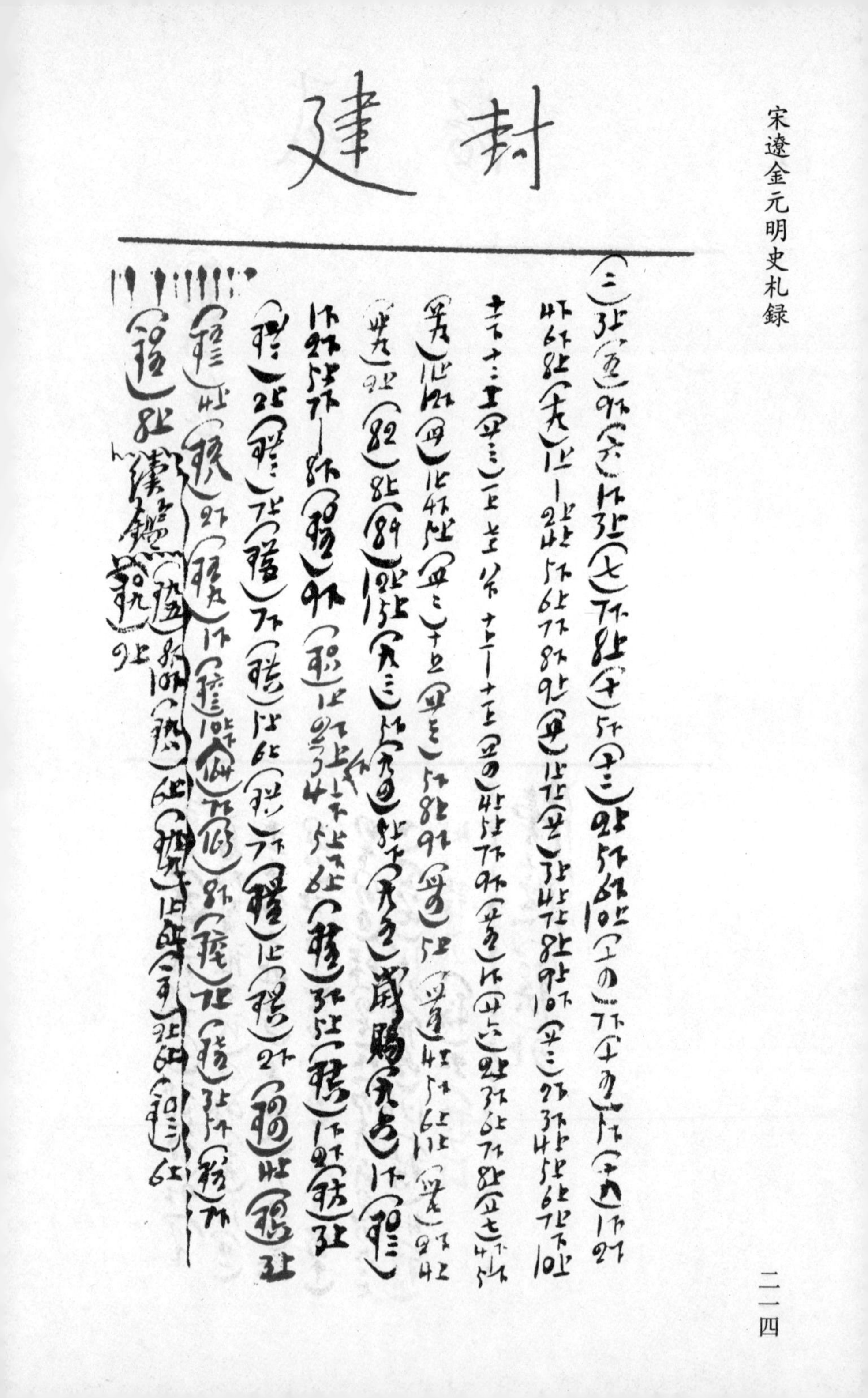

建封

[illegible]

宗教

(百濟以後傳道者教入)

(六)4上6上(七)1下9下2上7上(八)1上1上(九)1下(十)4上10下(十二)1上(十二)4下(十三)2下(十四)1上

(十五)4上(十六)2上(十七)3下7下4 8上(十八)4下6上—7上(十九)6上—7上8下(廿)1下5下8下(廿一)6上

(廿二)6下8下10下14下(廿三)1上2上6下(廿四)10上1上1下八下九下十下(廿六)4上(廿七)1上2下3上4下6上(廿八)

事無不廢見)7下(廿八)2下[illegible]1下(三十)[illegible]2下4上6上8上9上10上11下12下(卅)2下3上4下7上8下9上(卅二)4上

(卅三)6上7上8上9上(卅四)1下6上(卅五)1下2上3上8上10上(卅六)3下(卅八)2上4下(卅九)2上

(四十)3下(四二)9上3下4上(四三)1上(四五)3下(四六)9上10下(四七)10下12上(四七)3下(四八)10上(四九)

10上(五十)6上(五七)2上(五九)12上(六十)1下10上(六二)4下(六三)2下(六四)

3下(五八)9上(五三)1下6上8上9上10上(五六)1下8上(五九)4下(六二)2下4上(六六)5上

(六九)2下(七十)1上2上3下(七一)1上(七五)3下6上(七八)2下(八十)3下4上5下6下(八一)3上

(七四)4上6下(七九)1下(八五)1下4下6上9上1下(八八)3下(八九)9上9下(九二)6上(九三)3下4上5上

(九四)4上(九六)9上(九八)1下4下5上7上(一〇〇)1下(一〇一)4上(一〇五)6上(一〇八)3上1下

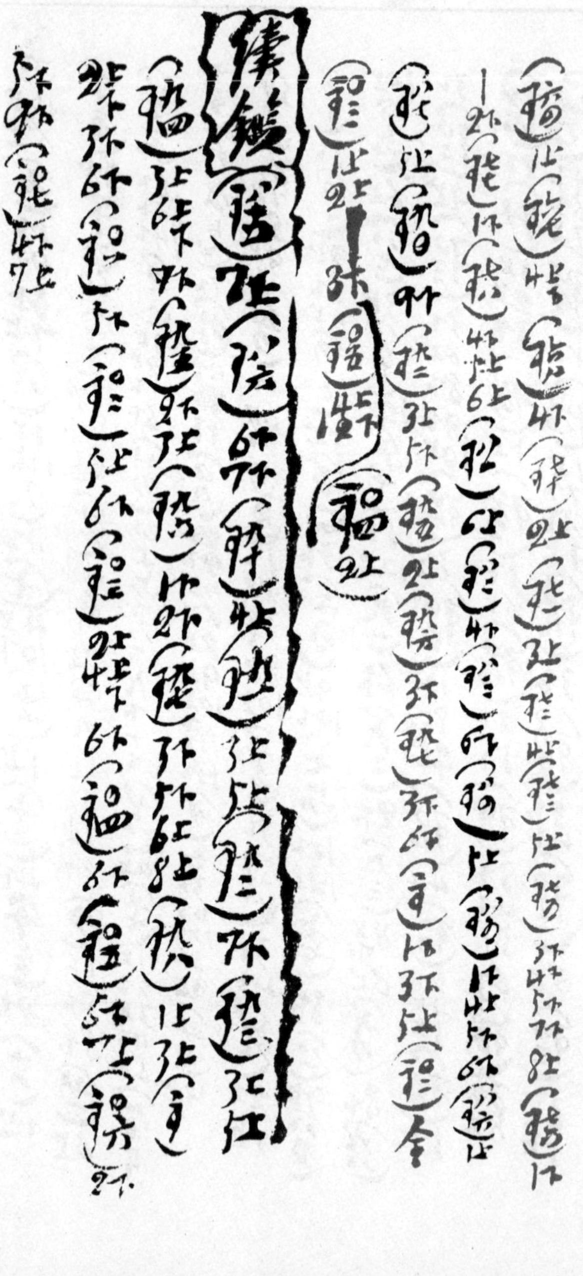

宗教

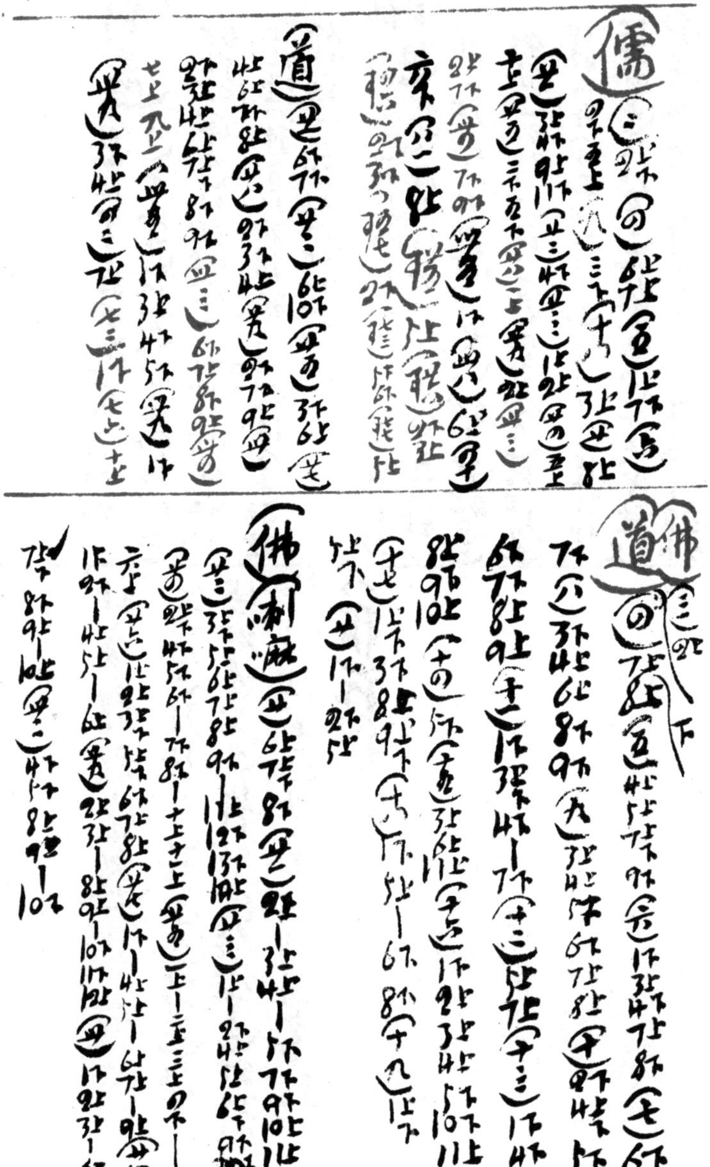

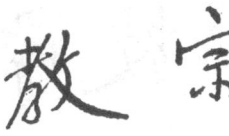

宗教

（喇嘛）遼（四）1上（五）8上（六）11上（九）4上4下5下7上
（十）14下（十二）1下2上4下（十二）の1下1下（十三）
11上5上10上1（十四）1上1上9上（十五）2上11上11下（十六）5下
6上7上8上（禪真羅非橋禪真加）の1下（十七）2下3上
6下7上8下（十六）3上4下5下6上7下8下

（佛刺麻）（五三）1下3上4上5上6下7上8下1下10上（五八）1下2下
3上4上5下6上7下8下9下十十一上（五十）1上2上
3上1上6上1上8上10上（五六）2上1上3上4上（五八）
9上（五九）の2上3上1下8上（五九）2下3上（五九）3下1上（五九）
1上1下3下6上（四二）1下5下（四三）3下（四三）1下3下4上
3上6上の（四）3下（五十）5上9上（五十）十上（五十）1下2上
（七七）8下9上（六五）13下（七七）4上1上1上（八十）6下（八九）1下（九十）2下

（北方部族宗教）（二）4上（三）3上1上（四三）1下（四九）1上（五二）3下（七二）
1上2上（七四）1上3上1上5上6下1上（七五）2下3下4上
1上6下7下8上（七六）1下（七七）七下囯俗尚礼

（拜天）1下（七八）3下

宗教

也里可温 (三)7下 (五)4下 (十二)8下 4下 (十九)4上 (廿三)4下 (卅二)4下 (四三)7下 (卅)

答失蛮 十5下 (卅)7下

回教 (廿七)7下 (卅二)8下

术忽 (十二)4上 (卅)7下

民務

(五)5下—6下 (六)12上·13上·14上 (七)9上·21上·24下 (八)6下·8下 (九)12上 (十三)2上 (十五)10下 (廿三)4下

(廿四)2上 (廿五)11下 (廿六)3下 (廿七)2上 (廿八)11上 (廿九)6上 (卅)3上 (卅一)9上

9上 (卅二)6下 (卅三)7上·9上 (卅四)3上 (卅五)1下

陳總 (卅七)7下 (卅九)1下 2上·4下

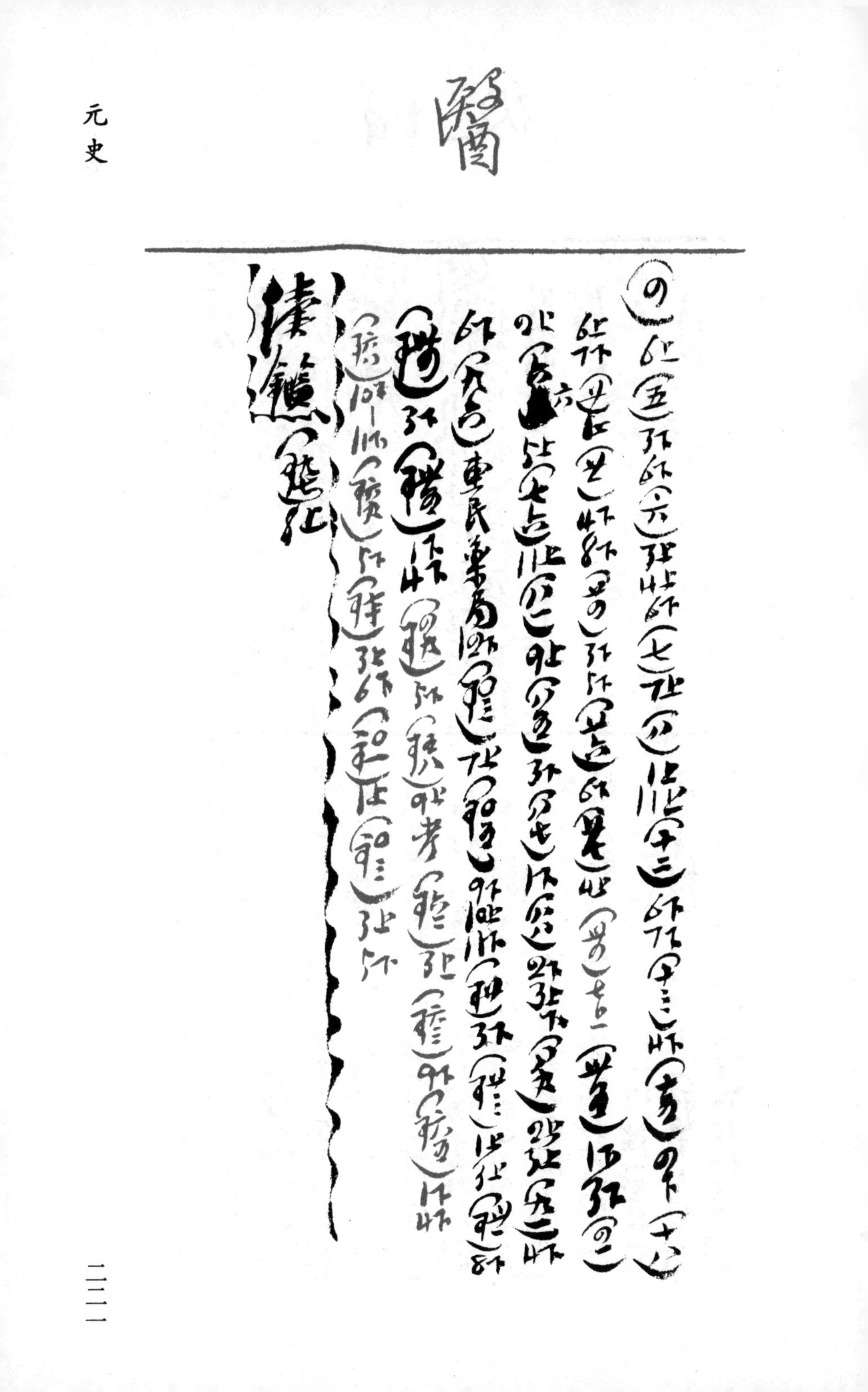

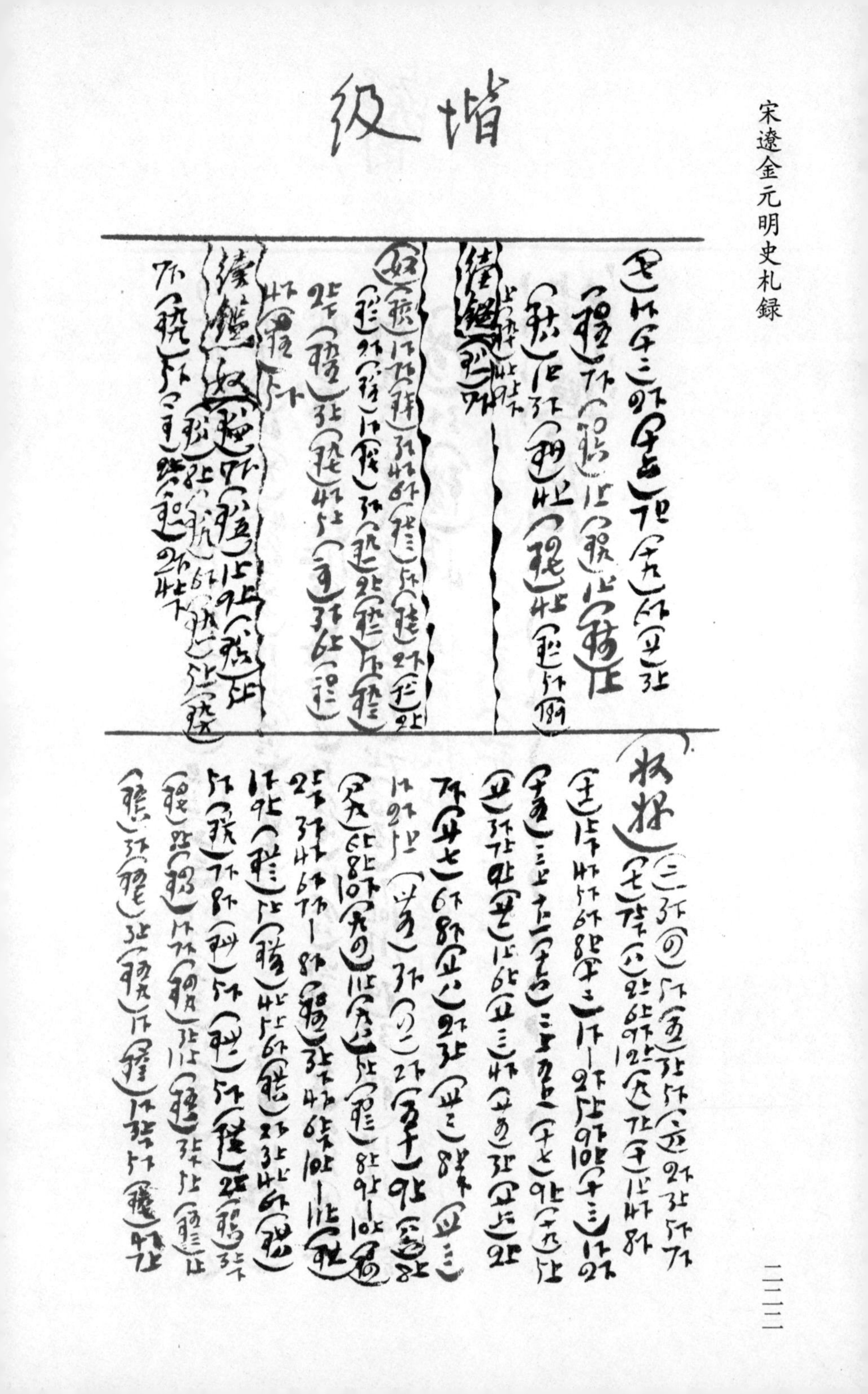

階級

[illegible]

財政

當時人財產內容看

(十三)6下(十二)6上(十四)6上(十五)十一上(十六)十上下(十七)6上(十八)4上

(十九)8下(廿)13上 9上 3上(廿一)1下 9下 13上(廿二)7下 8上 9下 15上(廿三)1下(廿四)2上 6下(廿五)

6下(廿三)1下 10上(廿七)6下(廿八)歲賜(廿九)2上(稅)3下 6上(稍)2上

(稅二)3下(稅三)1下

續錄

(稅三)9下 4上(稅四)8上

倫理

（蔑）宗（移）社

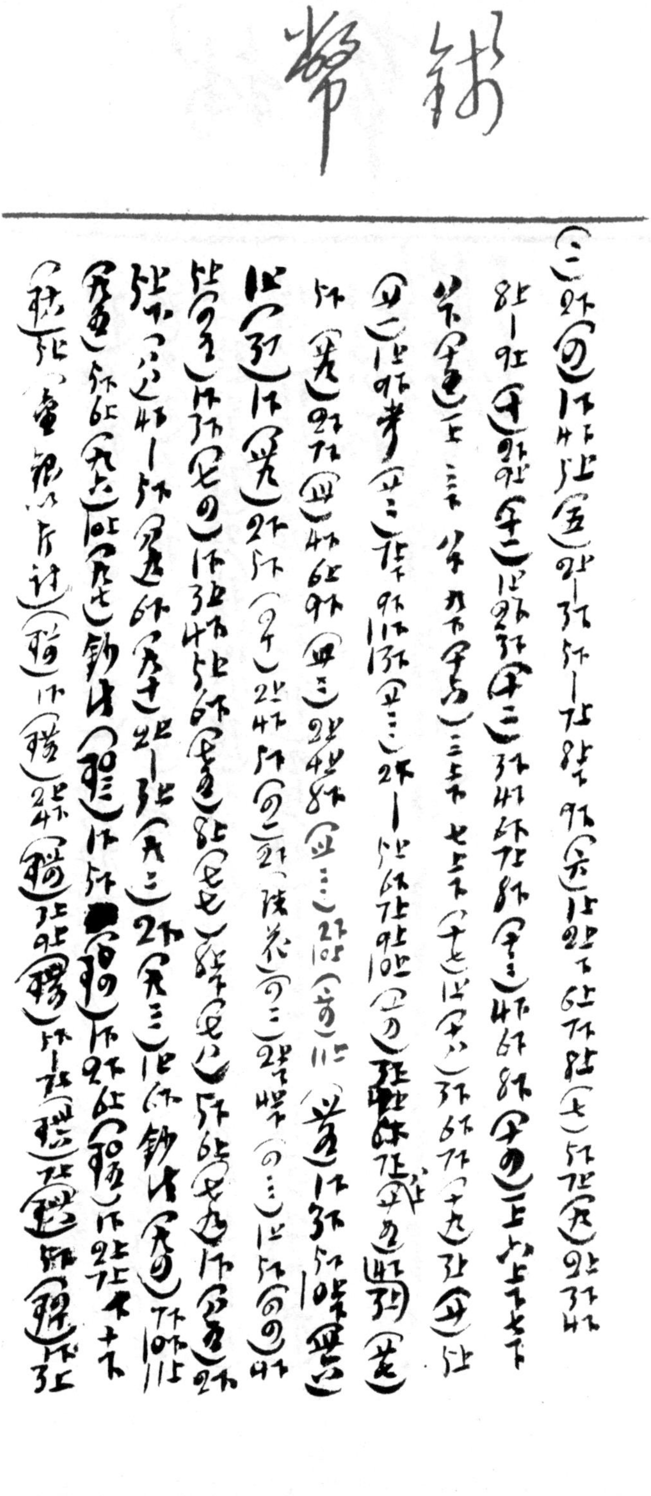

錢帛

(遼)9上 (遼)2上 (遼)1下 (遼)11下 8上 (遼)1下 5下 (金斤計)6上 (遼)斤計 銀以

(遼)2上 (遼)6下 11下 (遼)1上 4上 6下 (遼)6下 (金斤計) (遼)6下 (遼)1上 (遼)9下 4上 11下 8下 (遼)

3上 (遼)4下 3上 (遼)9上 (遼)10上 11上 (遼)4下 4下 (遼)4下 (遼)9上 (遼)7下 8上 (遼)3下 5下 (遼)

4上 (遼)11下 7上 (遼)9上 (遼)11上 (遼)9下 12上 (遼)11上 (金)9上 (遼)9上 9下 4上 14上 (遼)

2下 (遼)9下

續鑑 (遼)11上 (遼)8下 (遼)5上

玄通

(三)1上4下(三)9上(四)3下4上5上—6下7上(五)1下9上—3下7上8上9上下(六)9上3上7下8上6下(七)1上
5上7上8下(八)3上下9上下11上(九)3下7上8下9上(十)9上下4上6上8上下10上(十一)1上9下3下4上5上下6上(十二)1上—9下
3下4上5上7上8下9下(十二)5上7上9下(十四)1上2下7上(十五)9上3上下4下6上7上9上下十下(十六)4上6上8下
九上(十七)3下5上6上7上—8下(十八)4下5下7上(十九)1下(廿)3下4上9上(廿二)4上6下7上9下10上11上(廿三)9上5上7下8上
9上10下14上(廿三)[redacted]1下—2下9上(廿四)3下4下—1下2上下9下(廿六)5下(廿七)5上(廿八)9上7下
(三十四)(廿三)8下(廿五)9下(廿九)3上(四十)1下2上(四十二)4下(四七)2上4上(五十)1下18上(五九)
1上3上(六十)1上5上下(六二)1上(六二)1上4下(六三)1上11上14下(六八)6下7上(七十)2上下
(九三)4上6上下7上(九八)3下(百)1上下(一百二)1上—7下(一百三)4上10上(一百五)9上3上9上(一百九)8上
(一百十)6上7下—9上10上(一一五)9上(一一七)2下(一一八)6下(一一九)2上下7上(一二一)6上(一二五)7下8下(一二六)
1上(一三○)7下8下(一三五)1下(一三七)6下(一三九)1上(一五二)2下(一五九)5下(一六四)4上8上(167)1下(168)12上(169)7下

(卷廿)4下(卷二三)2上4下(卷三三)7上(卷三九)1上(卷四〇)4上(卷六三)3上(卷六三)3上2上(卷七五)7上(卷八九)2上(卷九九)2上

(卷二七)1下(卷二九)1上(卷三二)3上(卷三三)4下(卷三五)4下8下

儀注(卷五五)4上(卷五六)7下(卷五九)1上1下(卷六〇)4下7上(卷六五)1上2上5上(卷六六)1下2上3上4上5上(卷七〇)2上4下8下(卷九〇)9上

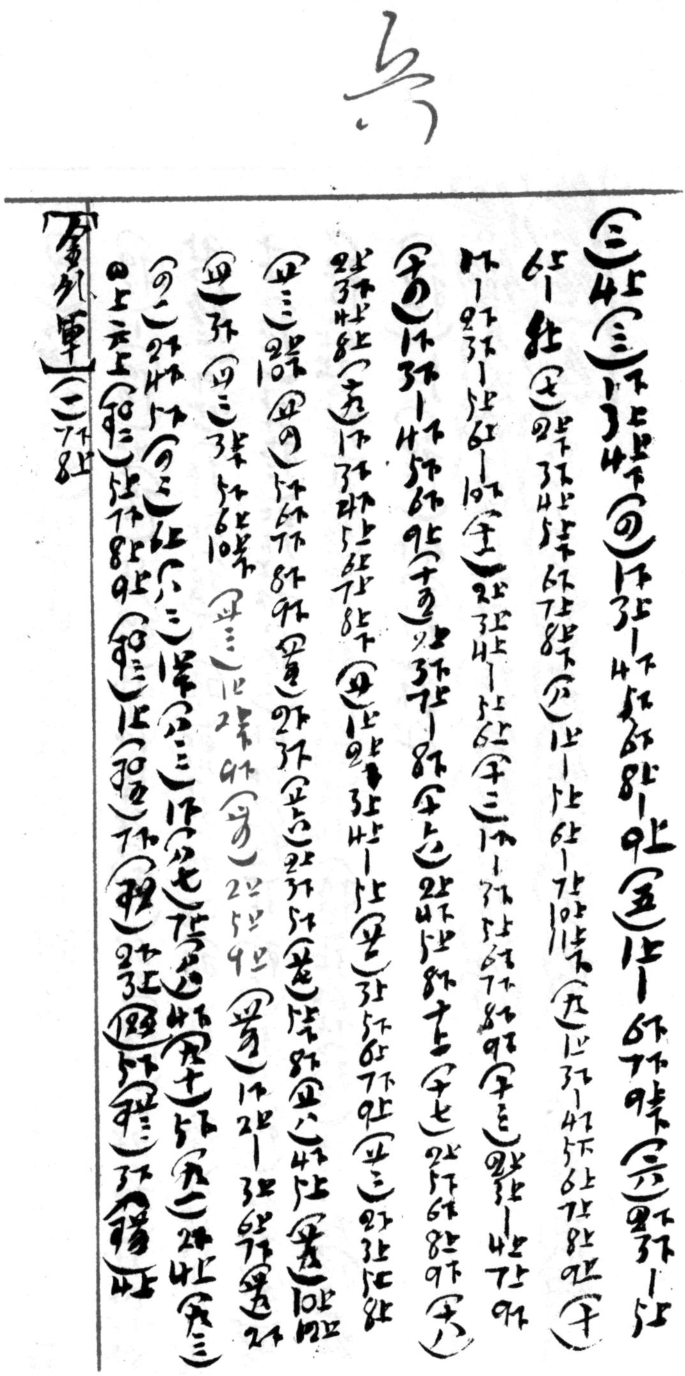

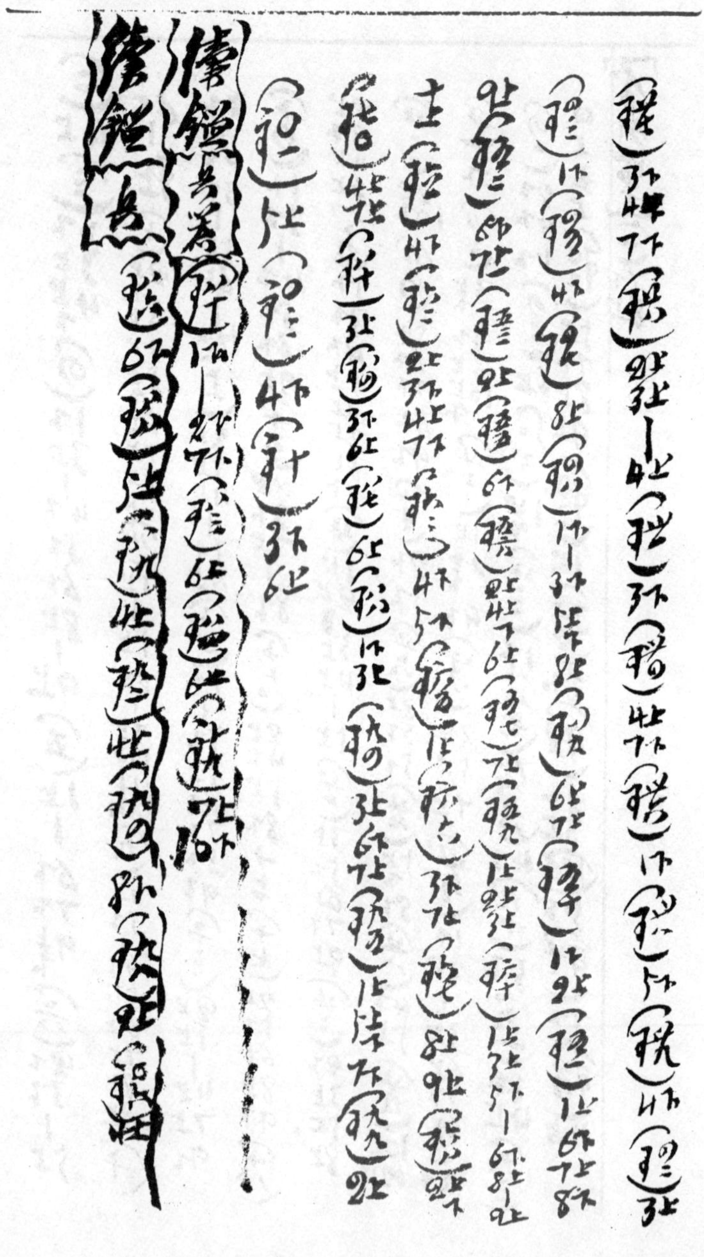

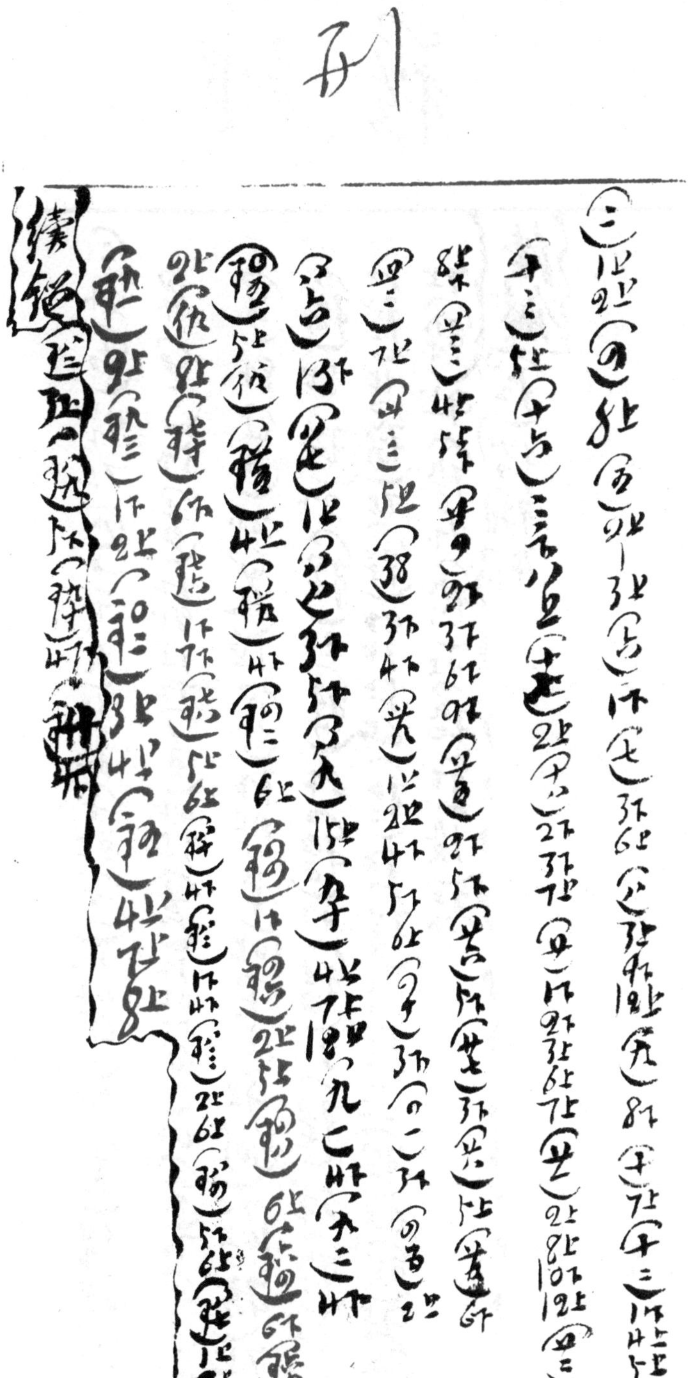

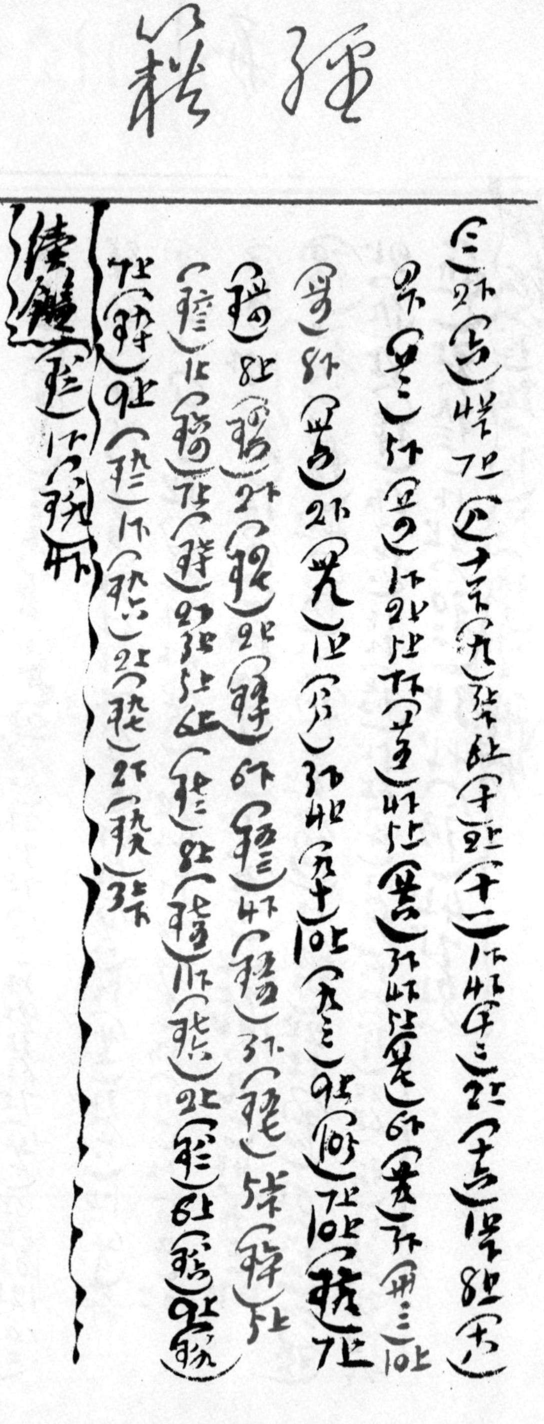

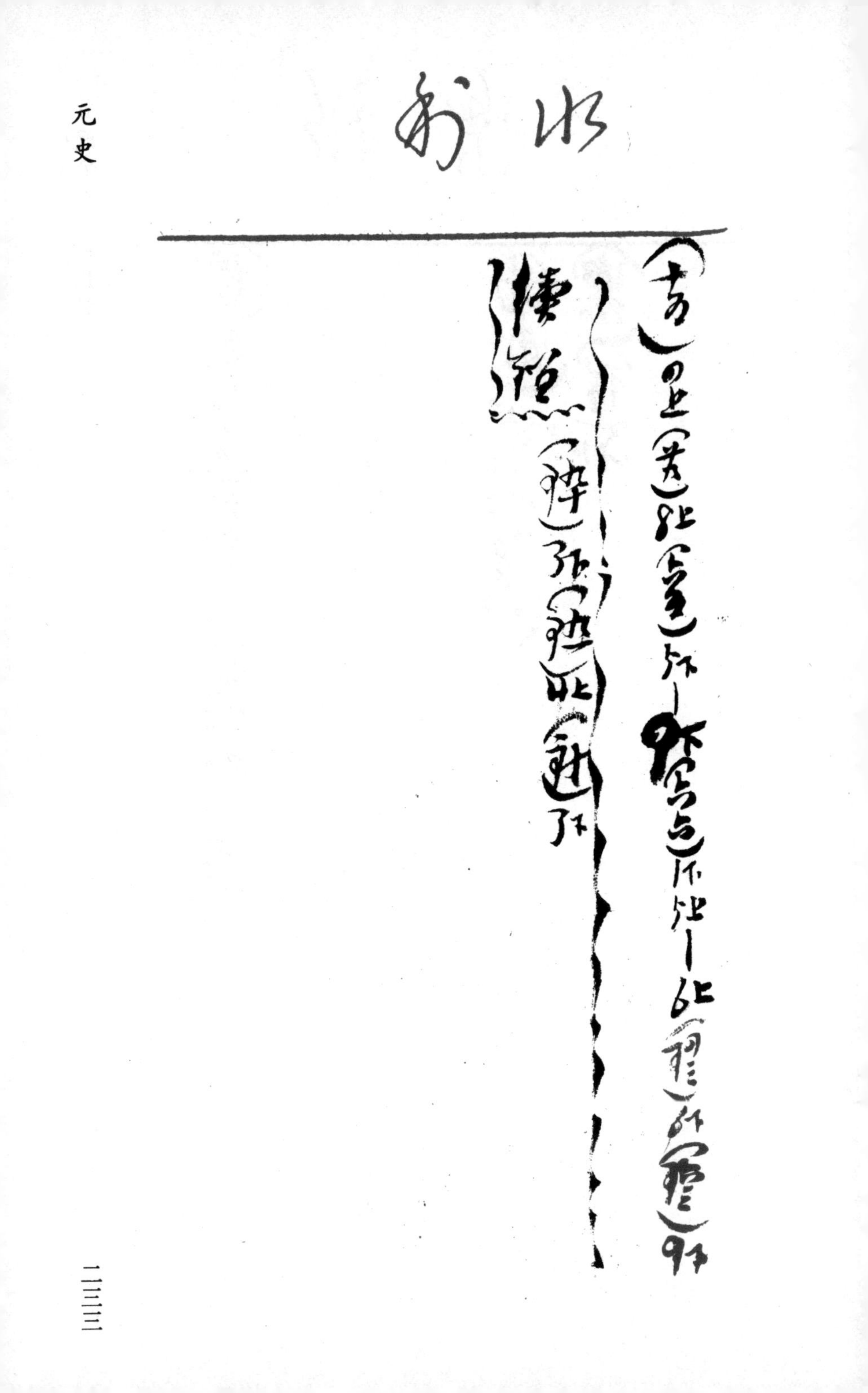

[illegible]

禮樂

(禮)(三)1上(七四)2下下24上1上(十三運)4上(十九運)2上(十十運)7上

(輿服)(四)7下(明志)

(樂)(四)7下

史

（一）十二上（四）6下（五）3下6上7下（六）7上（八）8下3上9上（九）5上（十）1下（十四）5上（十五）1下（十六）

三下五上（十七）8下（十八）2下7上（十九）3下（廿一）5上下10上（廿二）10下11上（廿三）4上（廿四）4下7下9下

十下（廿七）4下5下（廿八）3下5上（廿九）8上（卅三）7上9下（卅四）1上2上5上9下（卅五）6上（卅六）3上

（卅八）6上（四二）1上3下4下5上6上（四八）1下（五九）1下（六三）1下（六五）2下（六六）4下（六七）

1上（蒙錄）等字另補一篇見古寫本（列六）1上（列七）1上3下（列廿）2上（列廿一）

3下（列三）2上（列四）6下（列二）4下（列四）5下（列六）7上（列七）2上（列九）11上（列十）

3下（列八）2上5上（列十三）1下2下6下（列十四）2上（列十七）2上3上（列十八）5上（列十五）1下6下（列十四）3上

（列十五）3上（列十七）3下（列十三）10上（列九）3上（列卅）3下（列十四）7上（列十七）3上9上（列十五）7上（列廿五）3上4下

1下（列廿二）3下（列廿三）9上11上4下6下（列三十三）3上4下（列四十）1下4下（115）6下（177）3上（178）3上6上（列卅）9下1上（列七十）

1下4上1上6下1下7下（列廿三）9下1上3上7上（列廿三）1上9下2下4下5下7上1上8下（列廿五）5下9上3下4下（列廿六）7上9下（列廿七）9下4下1下5下（列廿九）8下3下（列三十）4上

3下1上（列廿九）3上（200）6上（列廿二）1上（列廿四）1上（列十八）8下

續錄（列十八）7上8下9下（列十八）9下

金紀

續鑑（起61

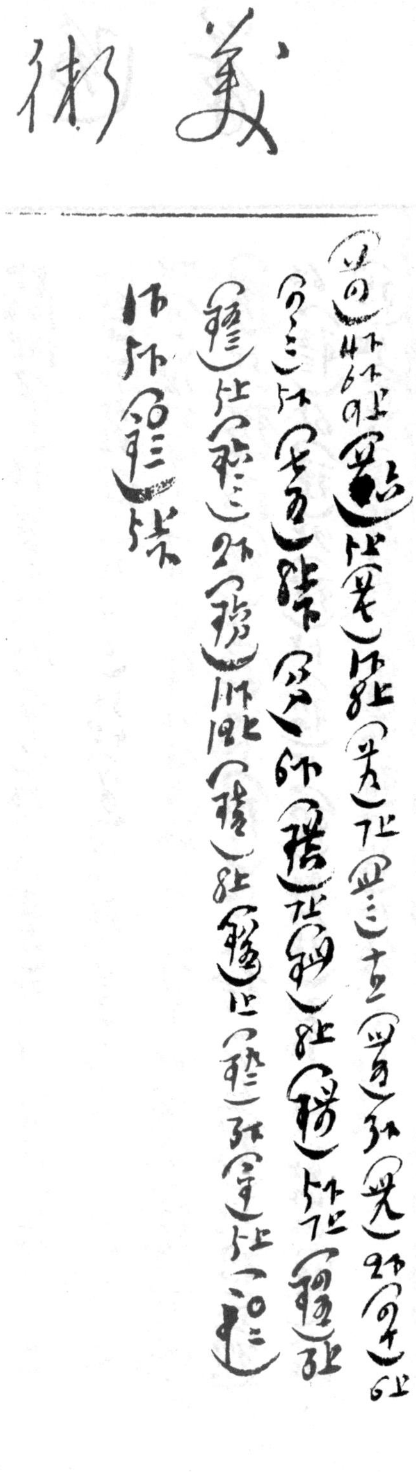

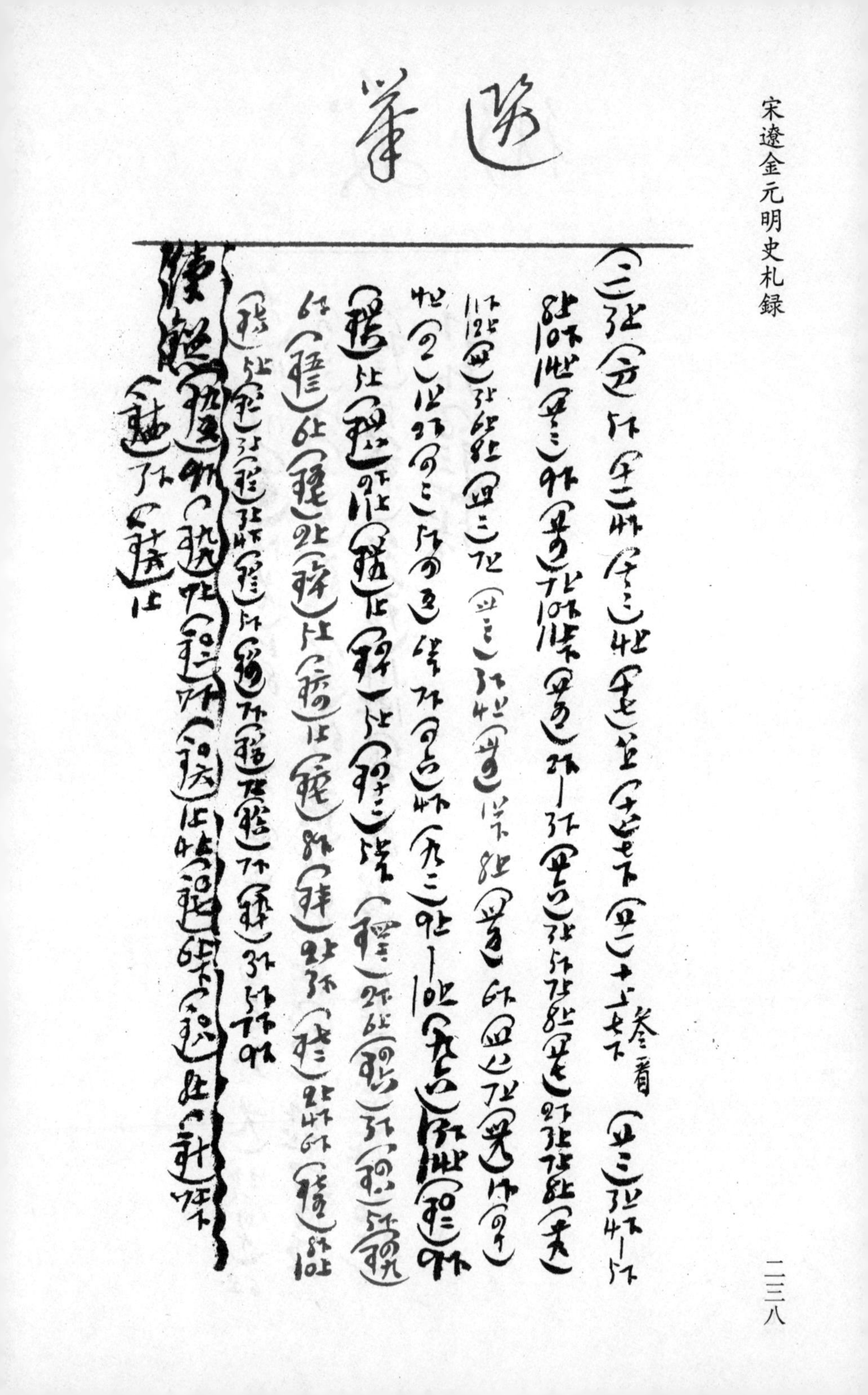

地理

(九)3上(十二)3下(十三)7下(十四)2上(十五)2下(十九)3下(廿)2上(廿三)河源

附錄(四)12上([illegible])6下

續編(八)([illegible])3下

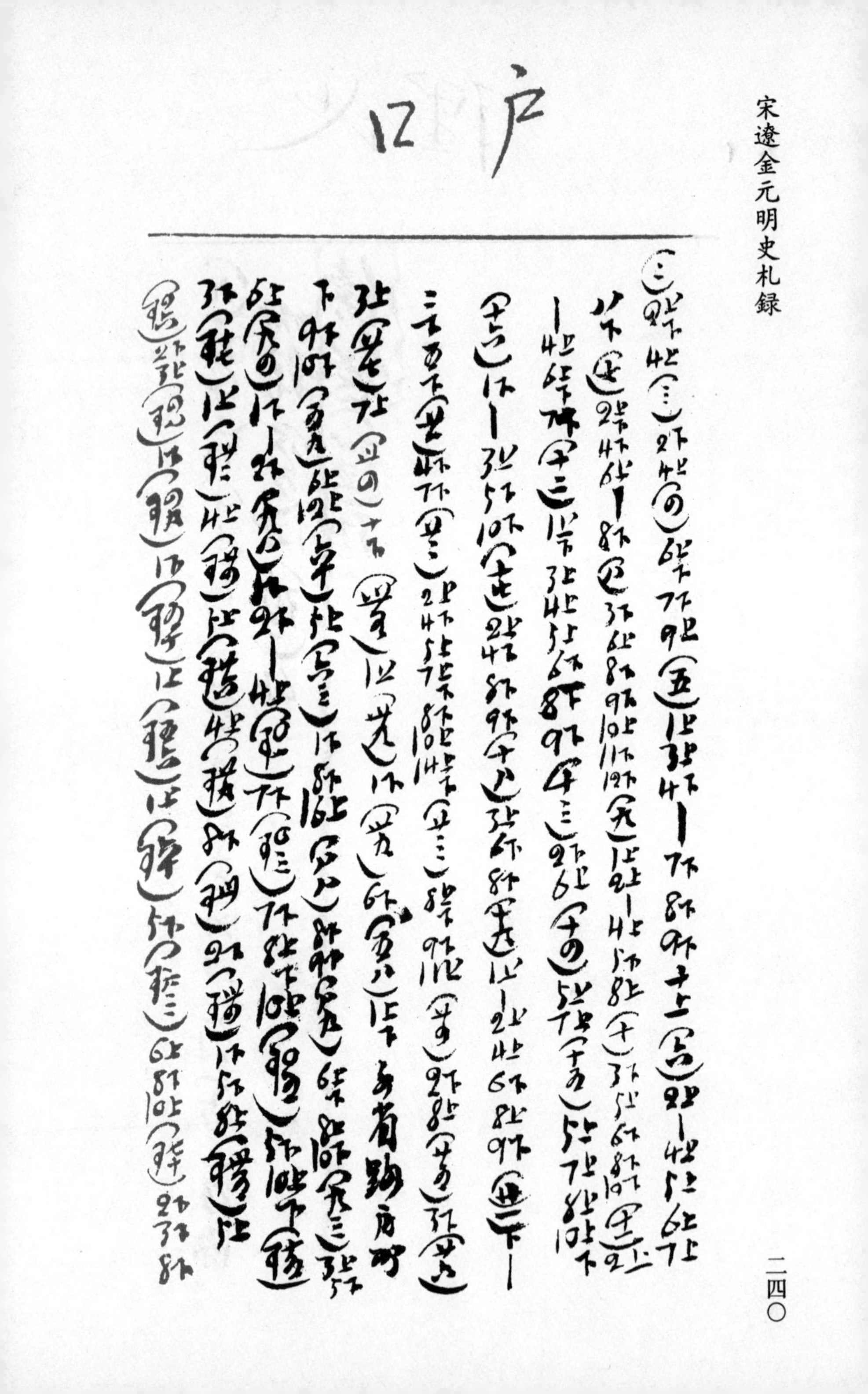

户口

[illegible]

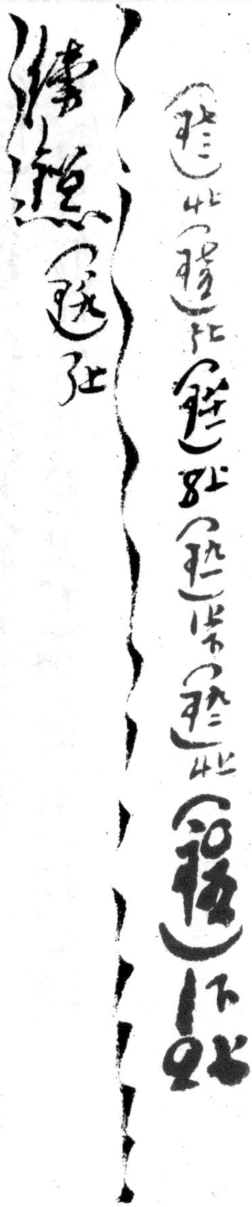

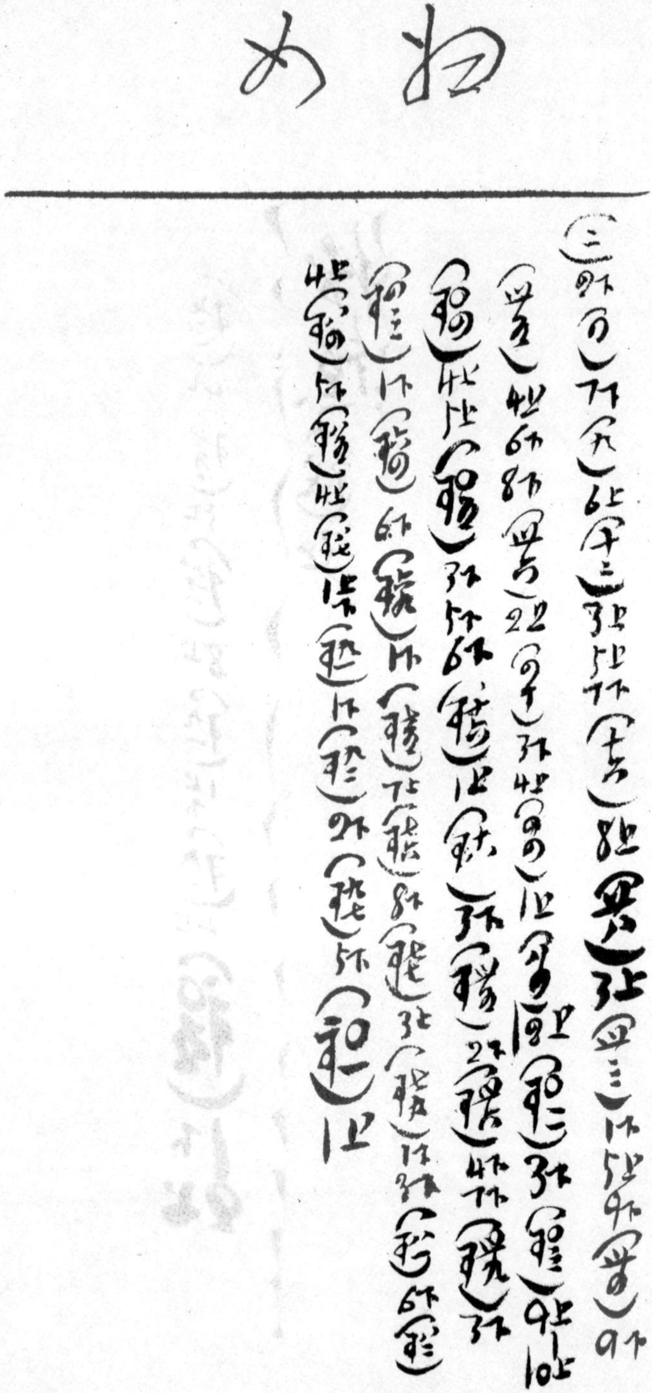

度量衡

(日)7下(天)4上(天)之4下(紀)6下(程)7上(程)4上(程)3下(張)1上(程)4下

【儀禮】(程)2下

役

参看户口

(四) 1下 6下 (六) 2上 3下 7下 8上 (七) 1上 3下 7上 8上 (八) 2上 (十二) 4上 8上 (十三) 4上 6上 (十六) 2上 10下

(十九) 1上 7下 (廿) 1下 2上 (廿三) 1下 (廿七) 2下 3下 (廿八) 3下 6上 (卅九) 8上 9下 10上 (四十) 1上 (四十三)

1上 8下 9下 10上 (四五) 7下 8下 9下 (四九) 2上 3上 4上 7上 (六五) 7下 10下 (七三) 9下 科差 (八十一)

驛户 六年一替 (九五) 9下 (九六) 1下 (九八) 5上 (九九) 1下 (一〇九) 4下 (一一三) 1下

(一〇二) 4下 (一〇三) 3上 (一〇三) 1上 (一一四) 5下 (一一六) 2上 (一一八) 2上 (一二〇) 1上 (一二二) 3上

(一二五) 5上 (一二六) 5上 (一二七) 1上 (一三二) 2上 (一四〇) 1下 2下 (一四三) 4上 (一六二) 3下 1上 (一六四) 5上

儒役

(一四三) 2上 (一五四) 4上 (一六六) 6上 (一七八) 1上 9上 (一八五) 1上 3下 (一八四) 3上 (一九三) 1上

(二〇一) 7上 (二〇二) 6下 (二〇五) 3上

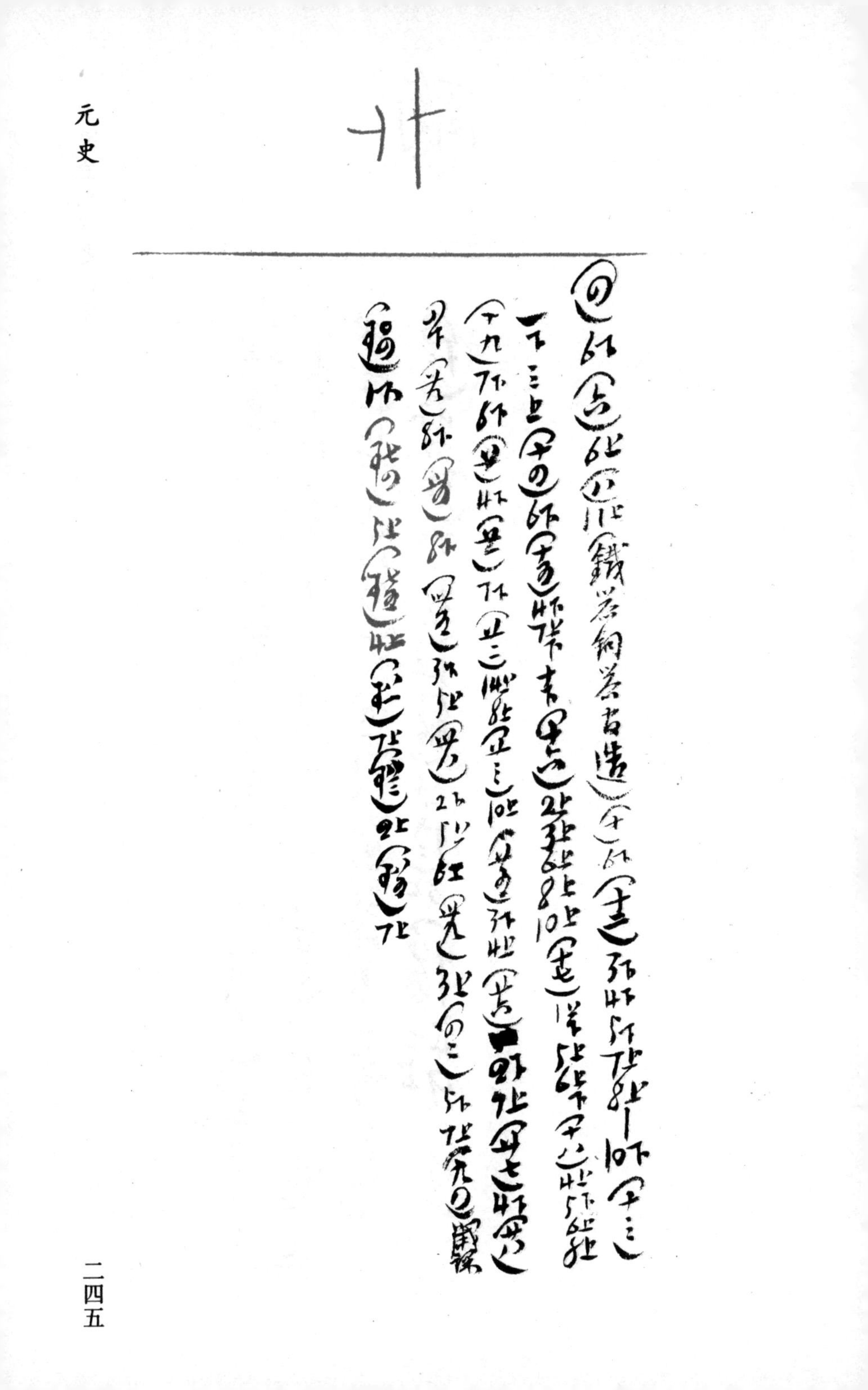

廿

[illegible] 鐵器銅器者造 [illegible]

鹽

(四)6上 (五)3下 5上 6下 8上 (六) 1下 (七)5下 (十二)4下 (十三)4下 (十五)9下 (十七)3下 (十八)

(四)下 (十九)3上 (廿)十五 (廿二)5下 5下 8下 (廿)9上 (廿二)8下 (廿三)1下 3下 5下 (廿四)3上 (廿七)

2上 (卅)3下 4上 (卅九)1下 (四二)2上 (五二)4下 (宋會要)職官 (六九) 食貨(輯稿)1上

(續長)4下 (續通)7下 (續稿)5上 (續稿)2上 (續稿)3上 (續稿)4下 9上

茶

(五)8上(七)5下(十一)2上8上(十三)2上9上(十六)1下(十九)5下(廿四)11上(廿六)1上6下

(卅三)5下(卅八)2下(四三)1下(六七)10下11上(九四)蒙古(九七)蒙古

(百三)4上(百五)3上(百七)5上(百十)6下(百卅)3下(百卅三)9上

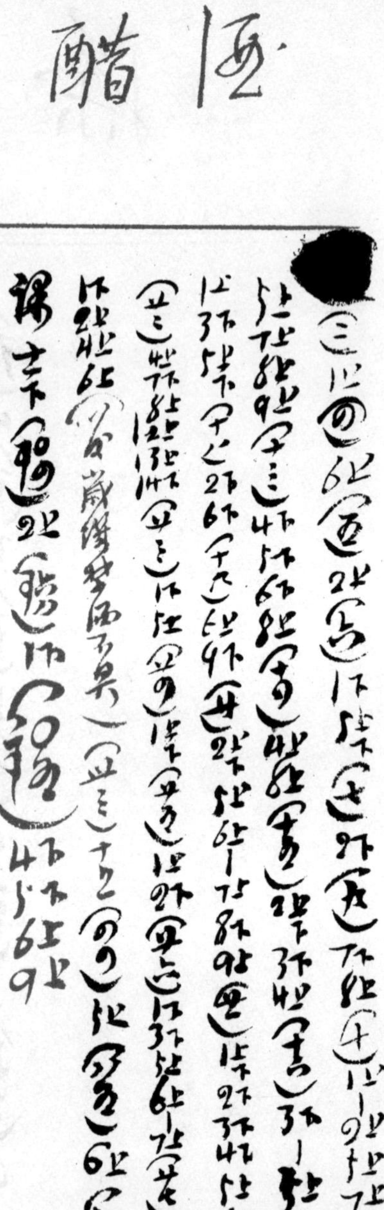

商関

(五)8上(六)5下(九)8下(十)7上(十二)9上(十三)6下—7下(十六)4上(十九)6下(廿二)8下

(卅三)1下(卅六)2上(卅七)5下(四十)8下(四十三)3下5下8下(九四)商船市舶

十下(百四)1上(百七)2上

襍稅

稅総 (三)15下 (三)2上 (五)1上2上3上4下5下 (六)3上 (十)7上下 (十二)7上 (十三)2下の3上10上 (十三)6上 (十六)

官 (十七)3下4上 (十九)十上 (卅)七下 (廿)の上 (續)2上3下4上 (續)4上 (續)2上

續 十上

僧 鈔 (續)4下 (續)2上

襍稅 (三)1上 (四)5下 6上 2上 (五)2下 5上 6上 (十)7下 (七)2上 (九)2上 6下 8上 (十三)2上

(十三)4上 (七)6下 (十七)6上 (五)2上 7上 (十三)4上 (四三)7下 (元)2上 (四十)2上 (八五)

6上 元 (四)上 (九四)2上 4上 9上 11下 (續)2上 (續)12上 8上 (續)6上 (續)5上

(續)2上 (續)1上 (續)1上 (續)2上 (續)2上 (續)4下 (續)1上 2下 4下 5上

(續)2上 宋元方志叢刊 (九四)上

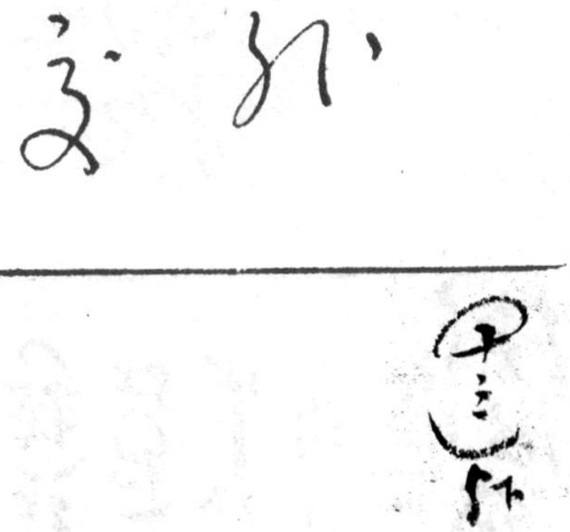

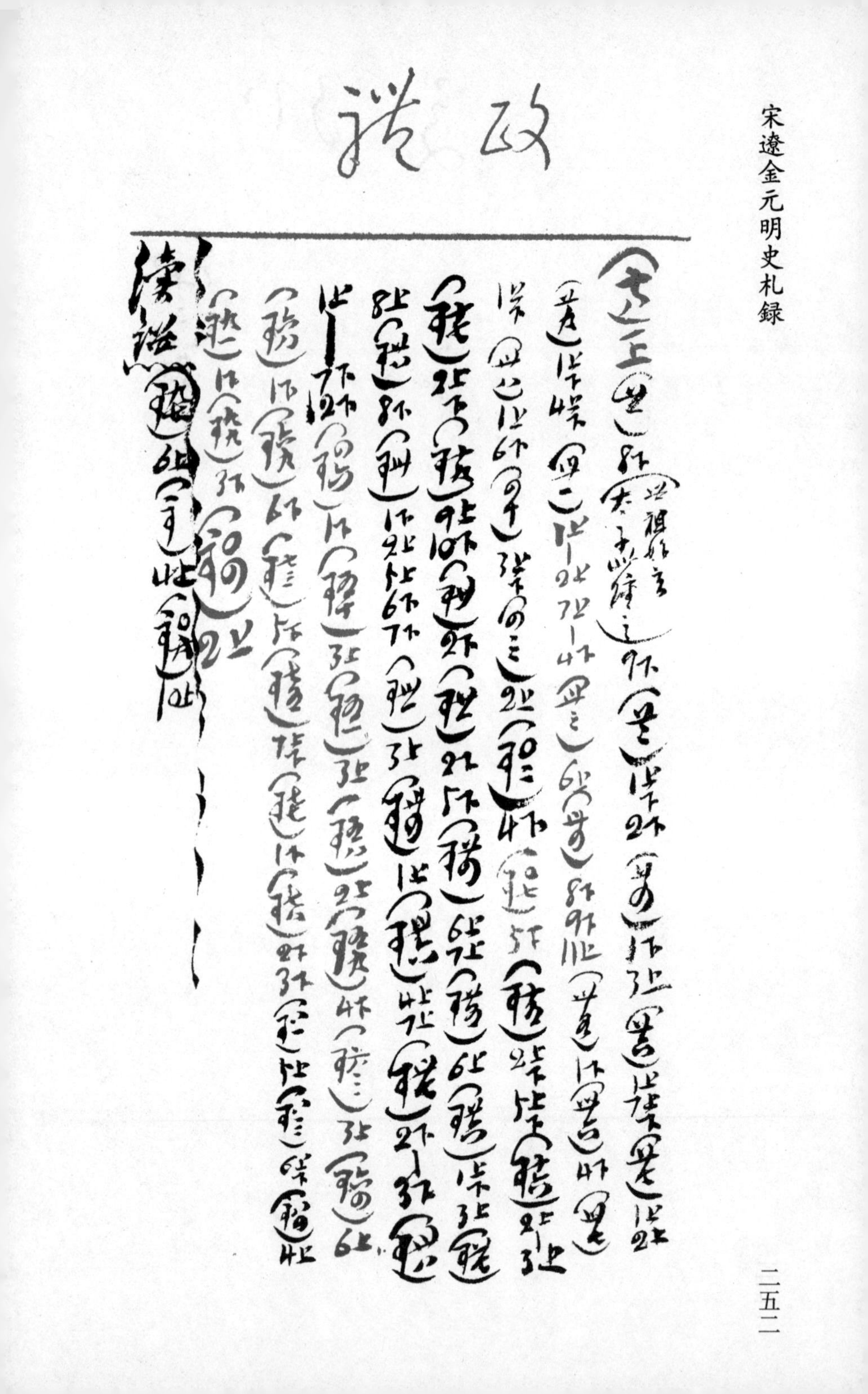

[illegible]

實業

農 (十二)2上 (十四)3上 (四十五)4下 (五十)

(牧)十一上 (牧)十三下 (四十三)2下 (四十三)

6上 (四十三)9上 (四十三)11上 (四十一)2上 (四十四)6下

(百八)6上 (百九十三)4上 (百九十三)

(百五十二)業 (百六十三)4上 (百九十三)

2下 (百四)12上 (百六)8上 (百六)十下

(百九)5下 (百六十三)4下 (百六十)3下

(百八十二)5下

傳 (總)6下 (百七十)3下 (百十三)

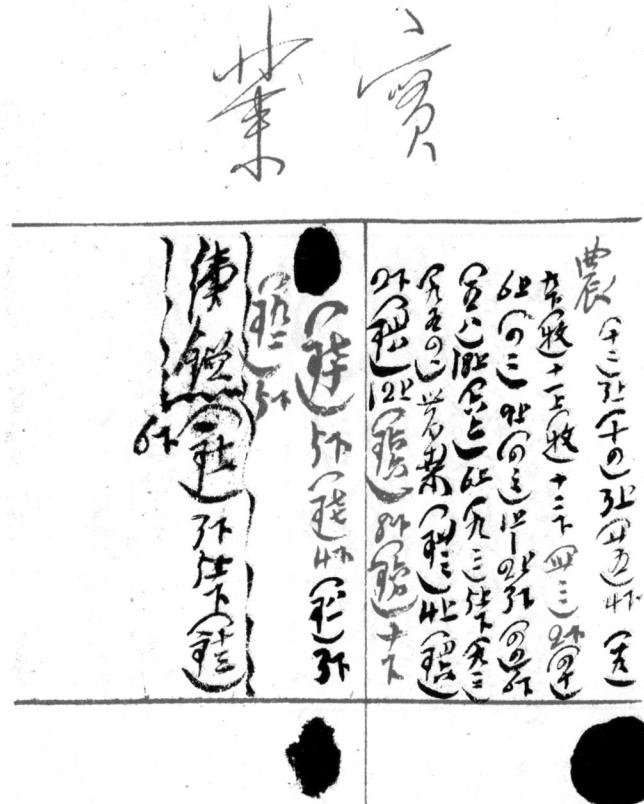

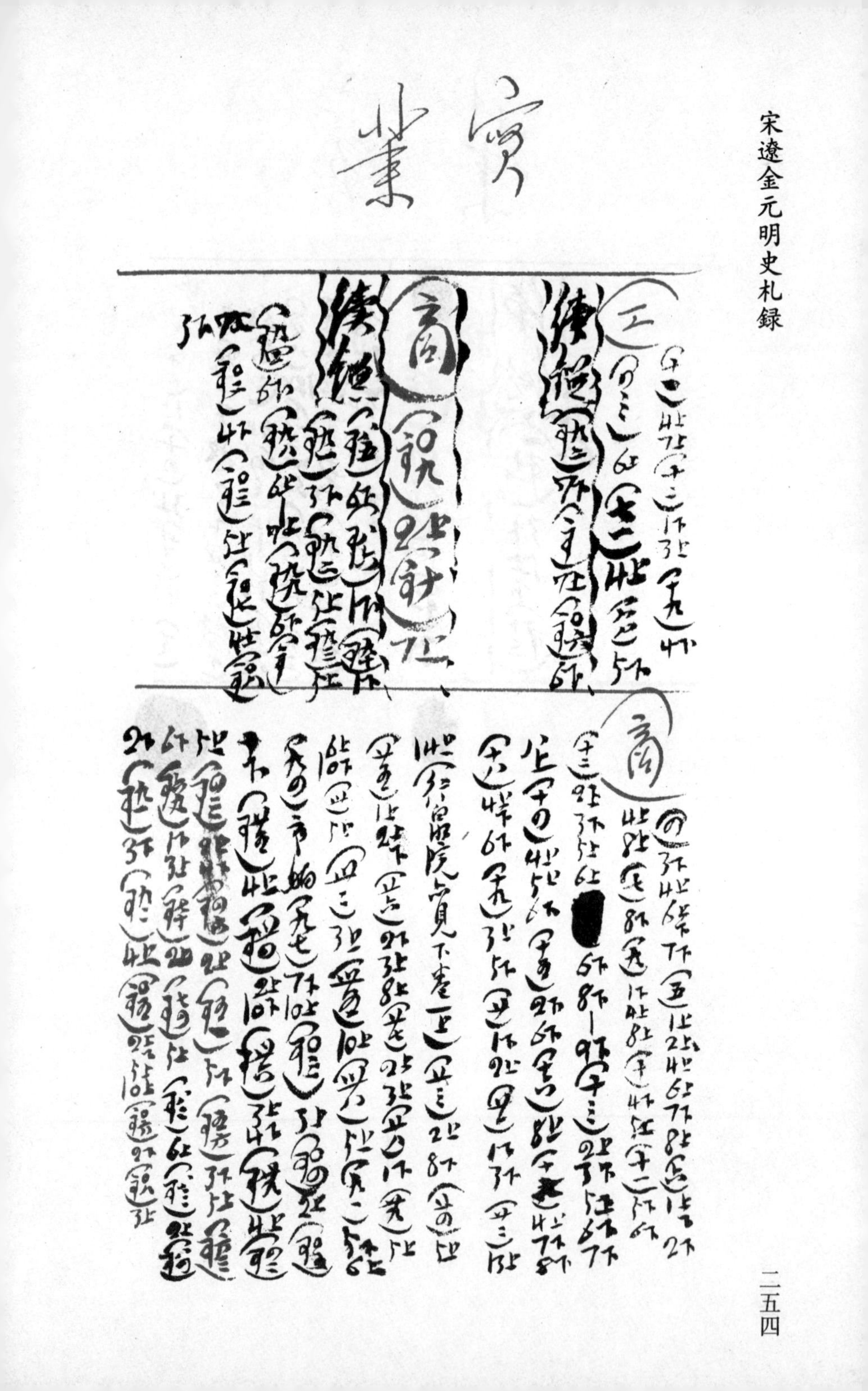

宋業

上 [illegible]

高 [illegible]

[redacted] [illegible]

行宮殿院覓見下卷上 [illegible]

[illegible]

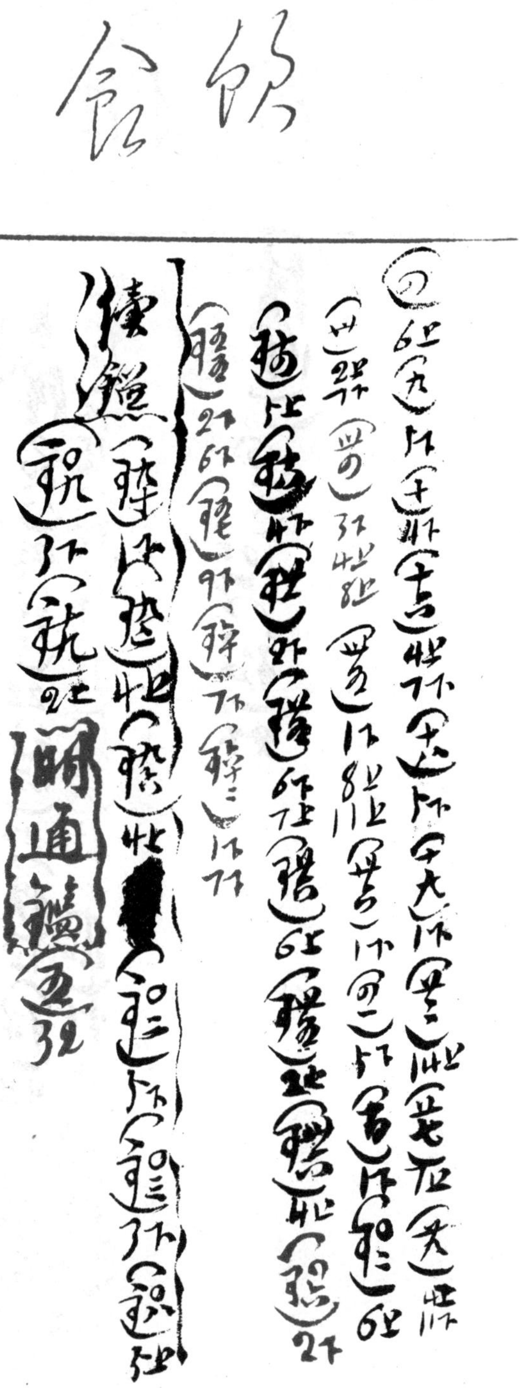

羅

(三十四)8上(四十三)4上(四十三)3下5上(四十二)5上(四十三)9上(四十三)4上8下(四十八)2下

(四十九)2下—3下(四十)4上5上(四十)1下9上(四十)8下(四十九)11上(四十九)

市羅(四十)9下(四十)22(五十)2下(五十)1上(五十)4上(五十)2下(五十九)2下

(四十)1下 1下(四十)3下(五十)10下(五十)上下7下 羅(五十)3下4下(五十)5上

倉

(曹)(四十三)10上(五十)2下

飾服

(三) 3下 (九) 7下 (十二) 7上 (十三) 7上 (十五) 8上 (十六) 1下 2下 4上 9下 (十七) 6上 (十八) 1上 7下

(四七) 6上 (四一) 1下 7下 (四三) 9下 10上 (四五) 1上 (四十七) 1下 6下 (四十八) 1上 3下 1 6上 (五十) 6下

(金石補正) (五二) 7下 (五三) 7上下 (五四) 1下 2上 (五五) 1下 (五七) 5上

(五八) 2下 (六〇) 3上 (六五) 1下 (六十) 4上

續通 (六九) 9上 (七二) 1下 2上 3上 (七五) 7下 (七七) 4下

學術

⊕十 6下 [redacted] (遼[illegible]) 4上 (遼[illegible]) 15上 3下 9上 10下 (遼[illegible]) 7上 (遼[illegible]) 15上 2上

(遼[illegible]) 十三 (遼[illegible]) 6上 10上 11下 (遼[illegible]) 15上 (遼[illegible]) 11上 12上 14上 (遼[illegible]) 2上 7上 8上 (遼[illegible])

2上 4上 (遼[illegible]) 5下 6下 (遼[illegible]) 1上 (遼[illegible]) 4下 (遼[illegible]) 2上—3上 6上 8下 (遼[illegible]) 2下 5下 6下 (遼[illegible]) 2上 4下

(遼[illegible]) 2上 (遼[illegible]) 2上 (遼[illegible]) 5下 (遼[illegible]) 1下 2上 2下 3上 4上 (遼[illegible]) 4上

[illegible]始以伊洛之學[illegible]授 ([illegible]) 文 杜時昇傳 ([illegible]) 2下

[illegible] ([illegible]) [illegible] ([illegible])

曆 天文

(三)3上下 (五)1上下 4下上 4下上 9下 (六)2上下 4上 6上 6下 (七)3上 3下 7下 8上 (九)6下 (以下皆言曆不記)

(十)6下 7上 (十二)5下 5上 (卅三)11下 (卅五)7上 (四八)12上 (四海測驗

測繪招見人五篆 (五三)1上 6下 (五三)14上下 (五四)12上 (五九)1上

(百二)7上 (百五)8上 (百六)4上 (百七)7上 (百八)3下 (百十)3上 (百九)4上

儀鑑 (百?)3下

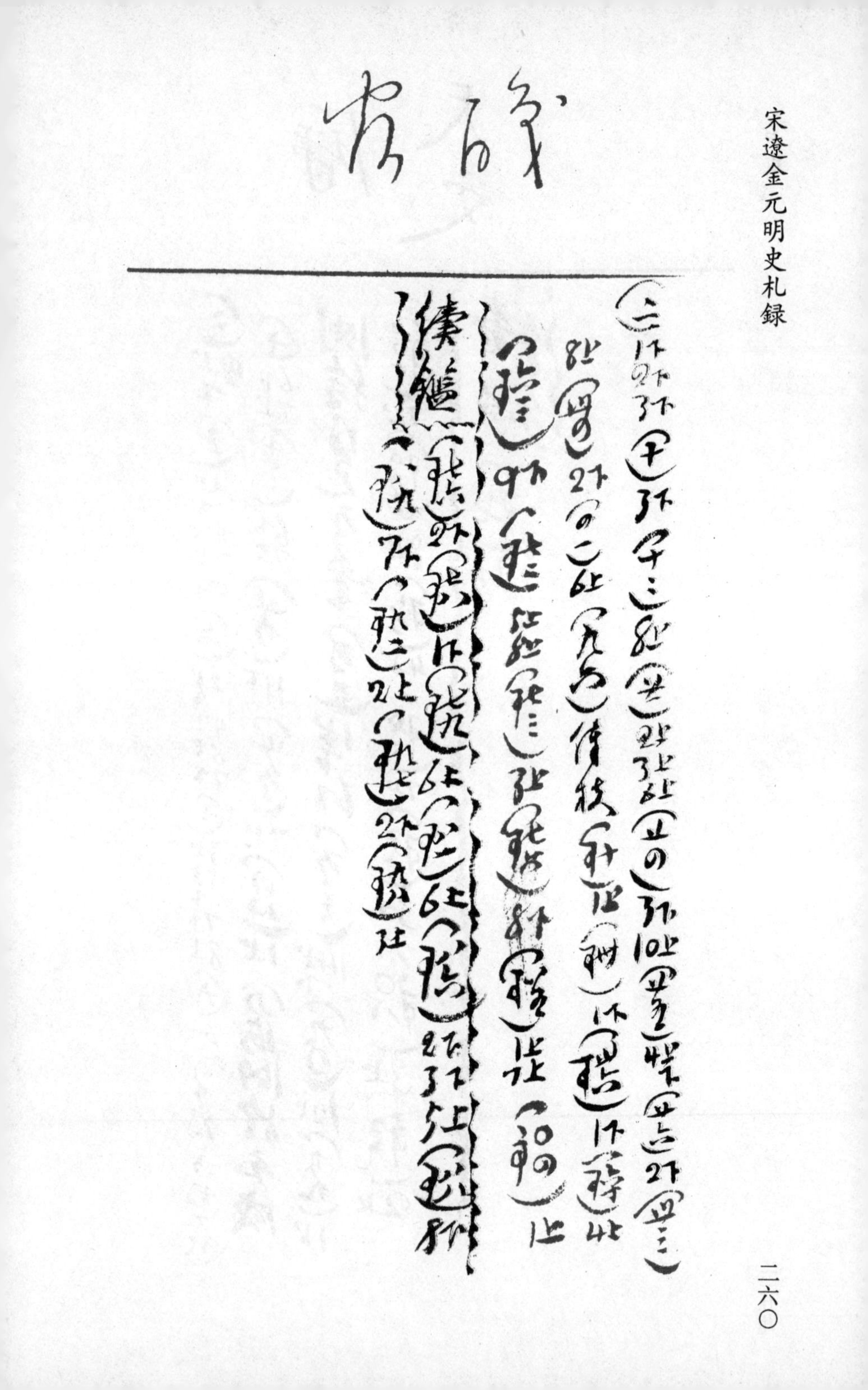

區畫	部族
(六)2下 (八)3上 (十)3下 (十七)9下 (十八)4下 5上 6下 (卅五)4下 (四十一)6上 (五八)14下 12下 (六十二)1上 (七十三)1下 (九一)7下	

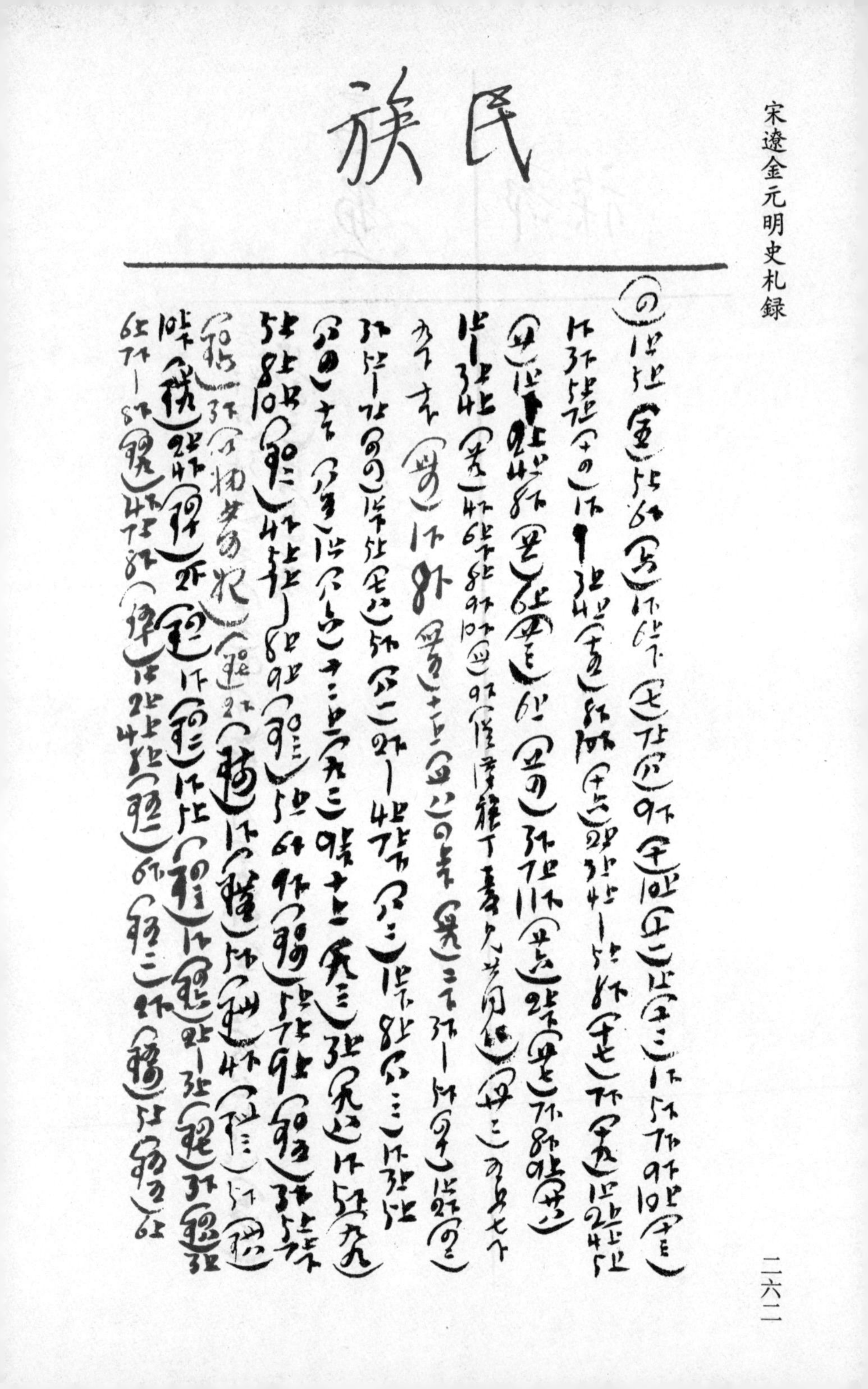

民族

[illegible]

(表)2上 6右下 7下 (表八)4上 (表十二)4下 (表六)2上下 3上 7下 (表二)1下 2下 (表七三)4下 9上 (表六)9下

(表)2上 (表)2上 3下 (表二)2上 (表二)4下 (表三)1上 (表四)2上 3下 6上 (表六)8下 (表七)4下 6上

(193)下 3上下 5 (194)4上 (197)1上下 9下 3下 5下 6上 8上下 (200)3上 4上下 5下 6上 (201)3下 6上 (203)7上下 10下

(二〇八)10上下 (二一〇)2上

續通 (表八)8上 (表九)2下 (表)上 7下 (表五)8上 (表十一)5下 6下 8上 (表十六)

(表九)1下 2上 3上 6下 (表)2下 (表十)1下 (表三)6下 7上 (表三)6下 (表六)

8下 (表九)4下 5上 (表九)5下 (表二)3下 (表三)8上 (表三)1上 (福)7下 (表)3下 7張

8上 9上 (表)1上 2下 (表)2上 3下 9下 (表三)4下

高

百可

(一)8下(二)1下-2下3下(三)2上-4上(四)3上4下6下7上(五)1上2上3上4上5下6下-8上9下(六)1上

-8下(七)1上2下-3下6下-8上(八)1上-3上(以后據[illegible]石記)4上-5上10上-11上12上

(九)2上5下6上下(十)4下[illegible]6上8下[illegible](十二)2上3上-4上4上-6下7下(十三)1上3下4上7下8上(十三)1上下2下

3上4下9下(十一)4上下7上8上(十五)7上下9下(十六)1下3上10上(十七)2上4上5上7上(十八)6下(十九)8上-9下

(廿一)1上3下5下7上(廿二)4下7上11上(廿三)補 三上 (廿三)1下8上(廿四)3下(廿五)1上(廿八)1上2下5下7上

(卅九)6上(四十)5上(四一)7下(四六)4上(五九)2上(六三)13上(八八)6下(九二)[illegible]2上(九九)4下

(百)9上(百二)8下(百九)2上(百十)1上(百十一)6下(百十三)1上(百十八)6下(百四十)9上11下

(百十四)1上-2下2上4上8上(百十九)5下7上(百五十六)1上(百六十九)3上5下(百七十)3上5上6下

(百濟)(六)4下

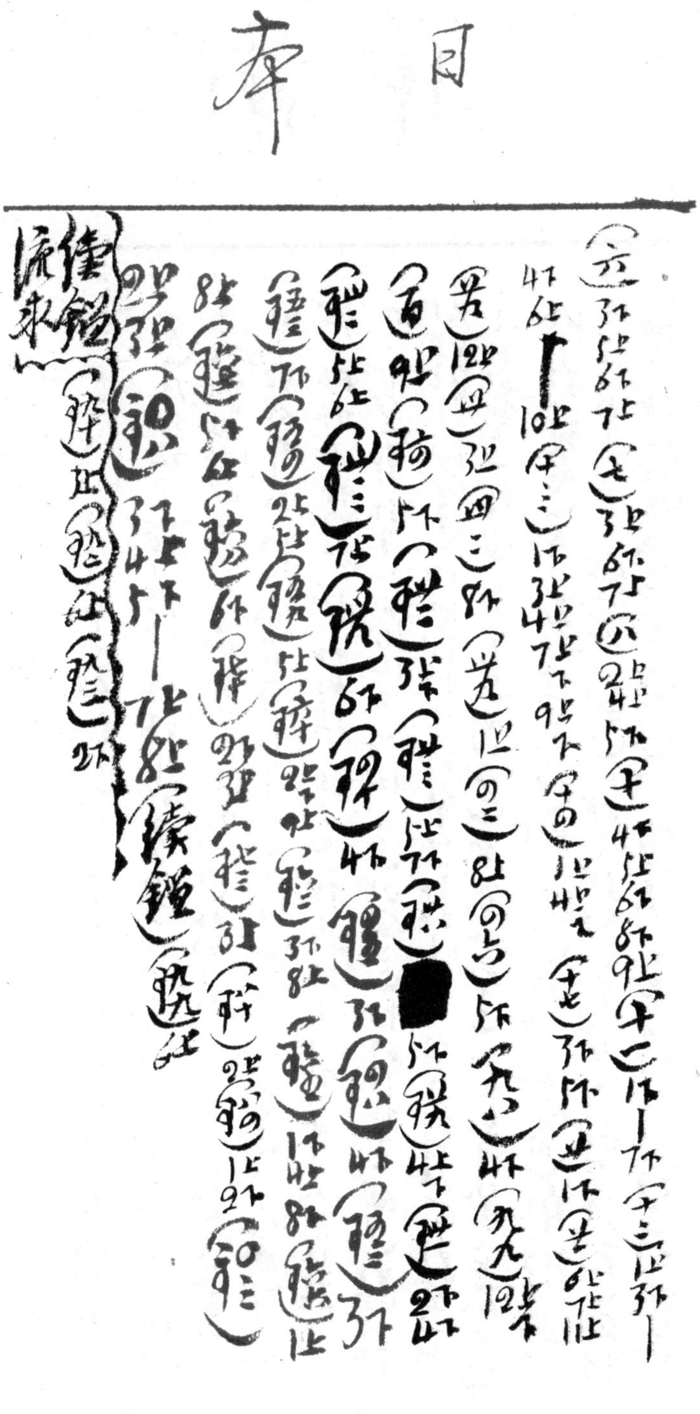

南鄉

(三)3下(四)1下4下—5下6下7上(五)6下8上9下(六)5下(七)3上4下5下(八)1下2下7上8上9上—12上

(九)7下8上9上(十)2上下3下4上—7下8下—10下考(十二)1下—5下6下—7下(十三)1下2下—5上6下

—7下8下9上10下(十三)1上—4下5下7上8上—9下(十四)1下2下—3下5下6上7下—8下(十五)1下2上3上

4上—5上6下—7下8下—10下(十六)1下—4下6上7上—8下9下—10下(十七)1上—2上 3上—4上

5上—6下7下—9下(十八)1下—2下4上5上—6上(十九)9上—4下5下—7下9上下考(廿)1下3上4下—6下

7下—9上(廿一)2上下3下—5下6上10下11上(〇二)下12上(廿二)2上(廿三)5上6下7上9上考下(廿四)9下4上下5下

6下8上9—10上(廿五)1下2下3上4下—5下(廿六)3下4下—6下7下(廿七)2下5上6上下7下8上(廿八)3下

—4下6下(廿九)6上(卅)3下(卅一)10上(卅二)全卷(卅三)5下7上8下—14上(卅七上)18下(卅五)

2下—3下([illegible])(九二)6上7上下(九六)12上(九八)1下4上5上(百)4上([illegible])9上

([illegible])2下—3下考([illegible])6上下([illegible])1下2上—3上([illegible])4下([illegible])3上7上考([illegible])2上5下

([illegible])2上5下6上7上([illegible])9下([illegible])1下([illegible])1上([illegible])1下5下([illegible])4下([illegible])4下

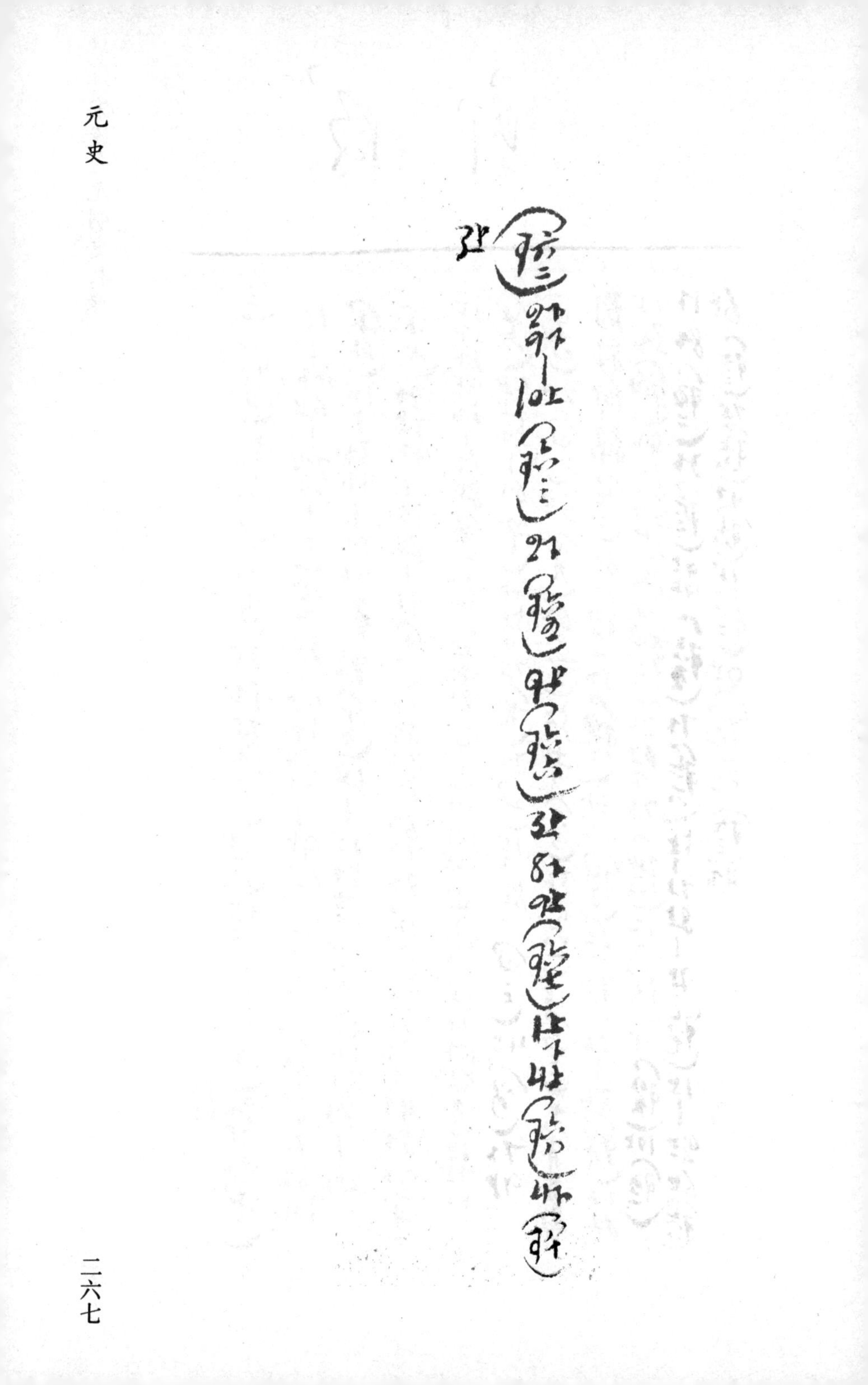

[illegible]

度印

(三)3下4上(四)5下7上(五)3下(六)2上5下7上8下(七)2下(八)1上3下7上8上(十)8下9上10上 3下4上(十一)

1下—4下6上—7下(十二)1上3上—4下5下6下7下—9上(十三)1上—4下5下6下7下—8下10上

(十四)1上—3下4下—5下7下—9上(十五)1上—3上5下7下10上(十六)1上3下8下—9下

(十七)2下3上4下—5下8上—9下(十八)1下3下4上5下6下7下8下(十九)2上3下—4下5下9下(廿)

1上3下4上5下—6下8上(廿一)1下2下4下7上9下11下(廿三)9上10下12上(廿四)6上7上9下10下(廿五)1上4上5上

(廿六)2上3上5下—6下(廿七)4上5上下7上(廿八)7下(卅)1上下8上(卅三)4上(卅四)7下9上

(卅一)2下(卅二)6上(卅五)6下(四二)5上 考(四四)3下(五六)1上(四五)十八頁各篇

郡縣附録(卷三)6上(卷[illegible])3下(卷二)3上6下(卷[illegible])2下(卷[illegible])2上—3下(卷[illegible])1下6上

7上8下(卷[illegible])4下6下(卷[illegible])8下(卷三)2下5下7下(卷[illegible])1下(卷[illegible])1上(卷[illegible])10上(卷[illegible])

1下8下(卷二)3下(卷[illegible])9上10上(卷[illegible])7下(卷[illegible])5上7上8上—9上(卷[illegible])1上—2上6上(卷[illegible])

6上(卷[illegible])7上(卷[illegible])4下(卷[illegible])1上(卷[illegible])2上(卷[illegible])8下(卷[illegible])4下

南洋

(十) 4下 7下 9上下 10下 (十一) 3上 4上 6下 7下 (十二) 3下 4下 5上 6下 (十三) 1下 4下 7下 8下

(十四) 1上 3下 4上 5下 6下 8上 (女人國) (十五) 5下 11上 (十六) 2下 8下 9上 (十七) 2上 4下 11上

8上 9下 (十八) 4上 8上 (十九) 3上 4下 6上 7上 8上 9下 (廿) 1上 2上 3下 5上 (廿二) 10上下 (蘇勞各答)

即蘇祿 (廿三) 1下 (廿四) 1下 (廿七) 2上 (廿九) 9上 (卅) 8下 (卅五) 2上 (卌六) 4下 5上

(卅三) 3下 6下 (卅四) 8下 (卅五) 8上 (卅六) 5下 5上

湊鑑 (卅三) 1下 2下 (卅二) 7上 (卅三) 2下

(卅) 資治通鑑 (卌) 1下 7下 (陳桱蒙古論以廣海南諸格也) (卅五) 5上

滿西

(五)6下 8下 (六)1上下 5上下 6上 7上 8上 (七)2上 6下 (八)1上 3上下 4上 8下 9上 10下 11上 (九)1上下 2下 5下 7上 8上

(十)3上下 8上 (十二)1下 (十三)5下 (十四)5下 (十七)5下 7上下 8下 (十九)2上 5上 8上 (廿三)

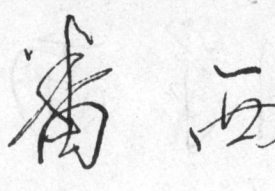

二下 (廿九)4下 5下 (卅七)3上 (廿七)4上 (叢書目錄)4下 一 7上 (卷二)3上 (卷三)4上

西域

自一卷至朝第三卷末一查（七）四8上（八）7上（九）7上7下8下（十）1下4下7下（十二）4下5上6上（十三）十上（十三）21上4上（廿三）十三上（[illegible]）2上6下（[illegible]）1上（[illegible]）1上（[illegible]）十三上（[illegible]）1上7上（[illegible]）7下1上（[illegible]）4上（[illegible]）6上（[illegible]）6上（[illegible]）6上一7下（[illegible]）[illegible]（[illegible]）1上（[illegible]）2上（[illegible]）5下一6下（[illegible]）7下一（[illegible]）1上

（四）曆元（七）4上（八二）4上（[illegible]）7下9下（[illegible]）2上3上（[illegible]）1上（[illegible]）10下（[illegible]）1上（[illegible]）十一上（[illegible]）2上（[illegible]）1上（[illegible]）3上一4下（[illegible]）10下（[illegible]）2上（[illegible]）3下

（參看紅）7下

契丹（契丹）

（二）7上 8上下（六）6下（十二）5下（十三）三下（十六）三上（五九）2上（陵）12上（親）12上 5上

8下（穆）1上（穆）上

安（安收）

（四）7上（五）3上 9下（六）3上 6下（七）5上（八）4上（十）1上 9下（十三）4下 6下 8上 10上下（十三）3下 9上

（十四）5上 6上 [redacted]（十五）3上 7上 10上下（十七）2上下 3下 4上下 6下 9下（十九）4下 8上（廿）2上（卅）8上

（卅）3下（廿七）4上 7上（廿八）7上下（四十）7上 5上（卅九）8下（行事）2上（列見于册）2上（卅二）

一上（多著猾不甚）（四二）二下 三下 四上 五上 5上（四三）三下（四四）三下（五九）1上 9上 3上

直（直…）

（六）3上 6上 7下（七）5上 7下（九）1上（十）1上 9下（十三）8上 9下 10上（十三）7下（卅）5下 6上

（…）6上 9下（十七）3下 5下（廿三）9下（卅）8上（卅）三上（卅）十上（卅三）4上（卅）

9下（八）（…）十三下（八十）十上 5上（九四）1上（九七）9上（九八）7上 4上（九九）4上 8上下 10上（100）6下 9上（103）5上下

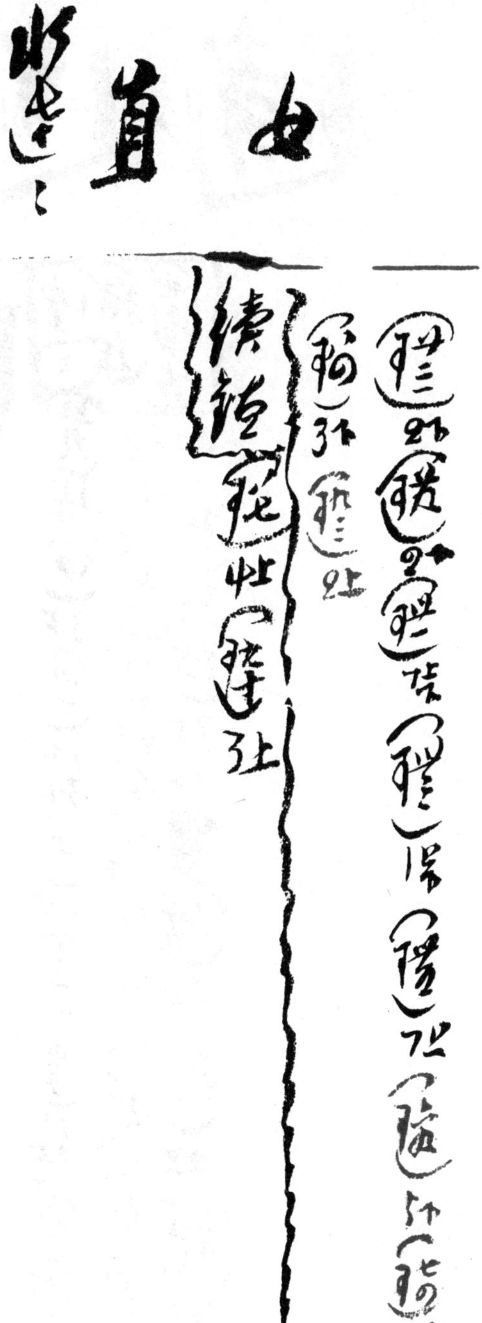

[illegible]

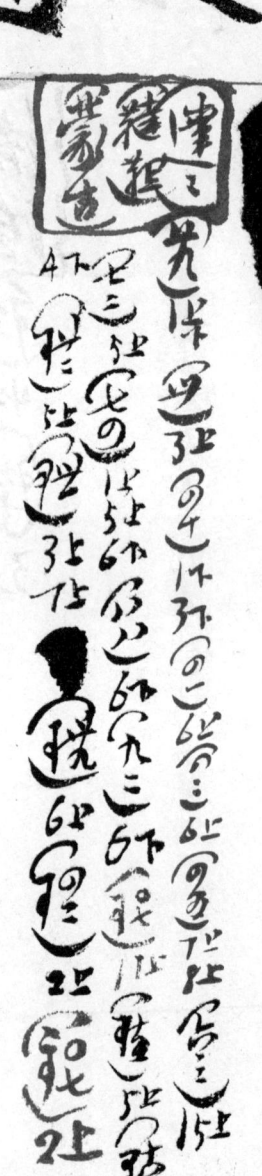

姓族

(卷三)十七上(卷八)十下

(世祖紀)(卷五)四下([illegible]列)

(昌若)([illegible])上

(王直)(卷四三)上

(又見于)(卷121)上 書子又言[illegible]泚名推又名于可(卷三)下

(何勇)(卷120)上(卷124)上(卷三)3上

([illegible])年十(卷[illegible])下

元史幣價考

(三)9下 7下 (四)4上 4下 5上 7下 8下 (五)4上 6下 8下 (七)1下 2下 3下 4下 5上 6上 7上 8下 (八)1下 (九)2下 3下 4下 6下

7下 8下 (九)4上 7上 8上 9上 9下 (十一)王惲の上北下八(宋食貨九上十下(十二)1上 7下 (十三)1上下 4上 5上 6上 8下

十上(十三)7上(十四)5上 6下 8上(十五)1上 2下 3上下 4上下 5上下 8上 9下(楚引一精)十下(十六)一上 三上

の下 五下 六上下(十七)五下 六上 七上下 八上(十八)1下 2上下 3上 4下 5下 6下 8下(十九)1上下 2上下 3上

の上下 の上下 七上下 八上下 九上(廿)三上下 の上 五下(廿一)一上下 二上下 三上下 の上 五上

七上下 八上下 九上下 十上下(廿二)二下 三上下 の上下 [redacted] 五上 六上下 七上(民戚傳稿

千錢)八下 九上下 十上下 十二下 十三上下 十四上(廿三)一上下 三下 の上 六上 七上下 八上下

(廿四)一上 三下 の上 五上下 六上下 七下 八上下 九上下 十上下 十一上(廿五)一上下 二上 一二上下

の上 の上(廿六)1上下 2上下 3上下 4上下 5上下 6上下 7下 8上(廿七)9下 2下 3上 4下 5上(廿八)1上下 2上下 6上下

六下 七上(廿九)9下 12上 [redacted]下 4上下 5上 6上下 7上下 8上下 9下 12上(卅)1上下 2上下 3上下 4上下 5上下 6上下 7上下 8上下 9上(卅一)2下 4上(卅二)

三下 の上 七上 八上(卅三)1上下 2上下 4上下 6上下 10上(卅四)3上下 4上下 6上下 7上 9上下 10下 11上(卅五)1下 2上 3上下 4上下 6上下 8上下 9上下 10上下 11上

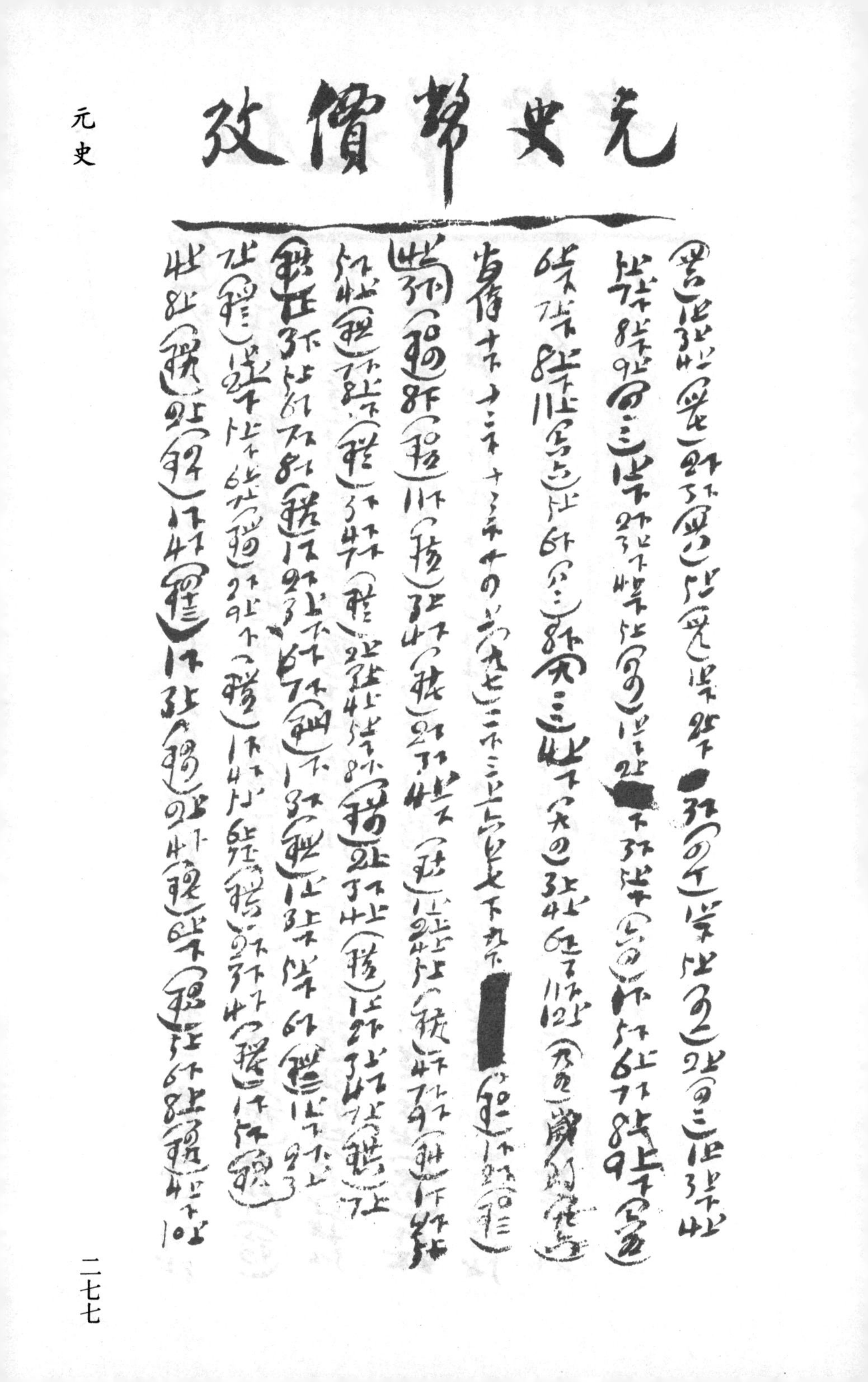

元史幫價攷

[illegible]

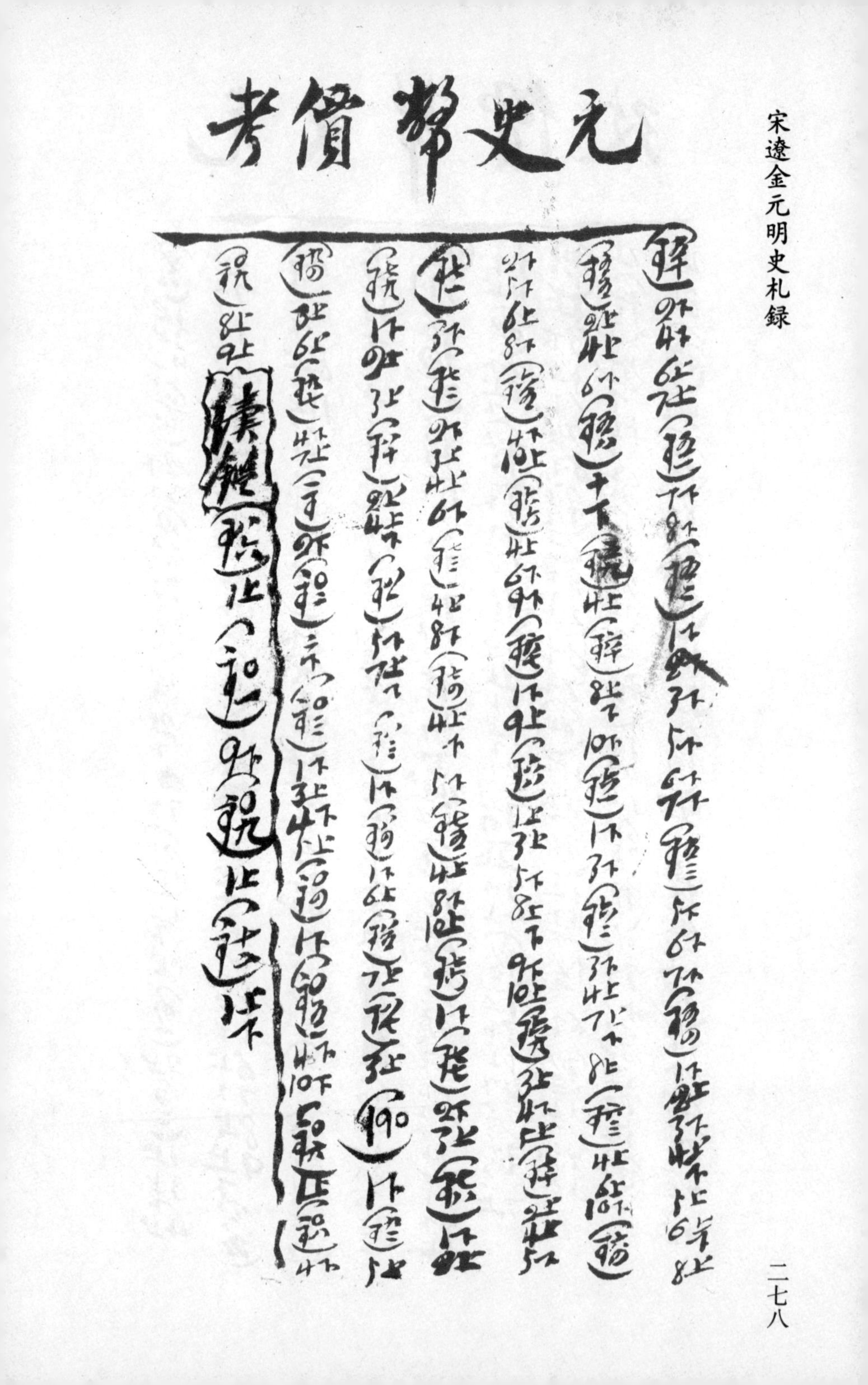

元史幣價考

明史

建文遣諸王就降之（十一30上）

遣國事縣令謝昌出帆見於卷十三、之末（十三45上）

仰許移見（卌二45下）

孔氏傳之之宗（四五）50下

應海灌劉璟等伯李夢陽等藉口（四三48下）

武宗遣郭興取（四九45下、46上、48上）（五十）41上、42上、45下、46上、50上

一（五三）[redacted] 22上 23表下 24上 25上下 26上 27上下 28上下 29上下 、30下 31上 32上下 33上下 34上下 35上下

（五〇）40上

孫宁九子祀之表章申子出應詔太祖鄒像（百五五）33下

崇禎遺稿　4下　8下　明通鑑九十　48下　樹傳一上　7上

康文景平遺稿　上　7上　樹傳一

175至185頁全看

明史本府後閱出

(26) 除11上

(27) 3上 4上 8下

(28)
至
(31)

(32) 1上

(33) 18上

1上

(34)

(35)

(36)

1上下

(37)

(38)

(39)

(62)

(63)

(102) 除30下31上38上

(103)

(104) 除1下27下28上
29上下30上

(109)
至
(112)

量禍

（明）

（紀十六）8上下

（紀十八）14上

（紀二十）14下

（紀廿四）7下

（紀廿五）5下 6上

（紀十七）5上下

（紀廿）6下

鑑

（卅五）42下

（六七）18上

（七十）41上

（七四）19上—20下 23上下

（七五）24下—25下

28上 31上下 32下

（七七）47下

（七八）53上下 56上

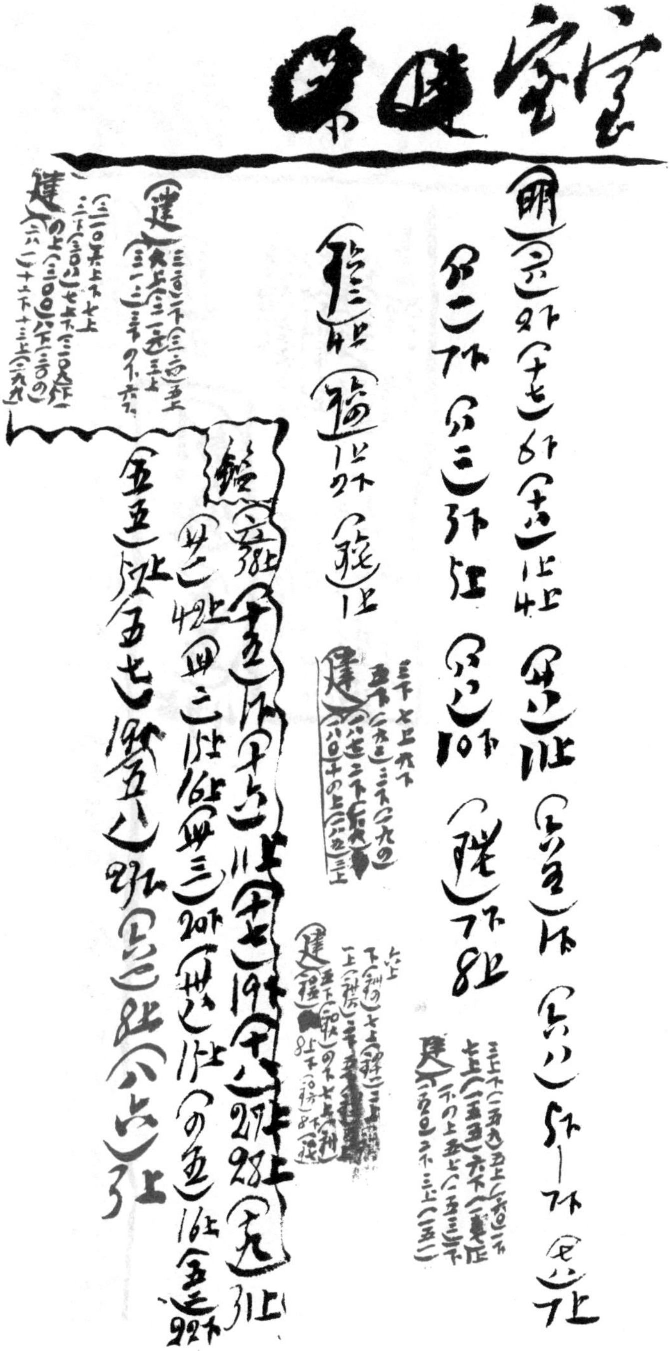

官寧（長）城

明）（元）5上（九）2上（十三）4上（十六）1下（四三）10上（九二）1下 4[illegible] 3下（[illegible]七）3下

（遼）2上

（附録）（金五）49上

三下（四[illegible]）八下（九九）五上 六上 七上（[illegible]）

六下 七下 九下 十一上

九下（[illegible]）二下 三上

十二下（一八七）五下

八下（一八二）十上（一八[illegible]）

長城（四）[illegible] 一 [illegible] 上（一七七）二下 八下（二[illegible]）

（紀[illegible]）9上（[illegible]）6下

（[illegible]）2上（[illegible]）6下（[illegible]）1下

六下 七上（[illegible]）2上 3下（[illegible]）9上

長城（[illegible]）1下 9上 3上 5下 7上（[illegible]）

（[illegible]）9下 11下（[illegible]）6下

宮室　器用　其他

(殿)(午)7上(奉)2上—4下(奉)7下([illegible])2上([illegible])1下

([illegible])3上4上([illegible])1下([illegible])1下([illegible])4上

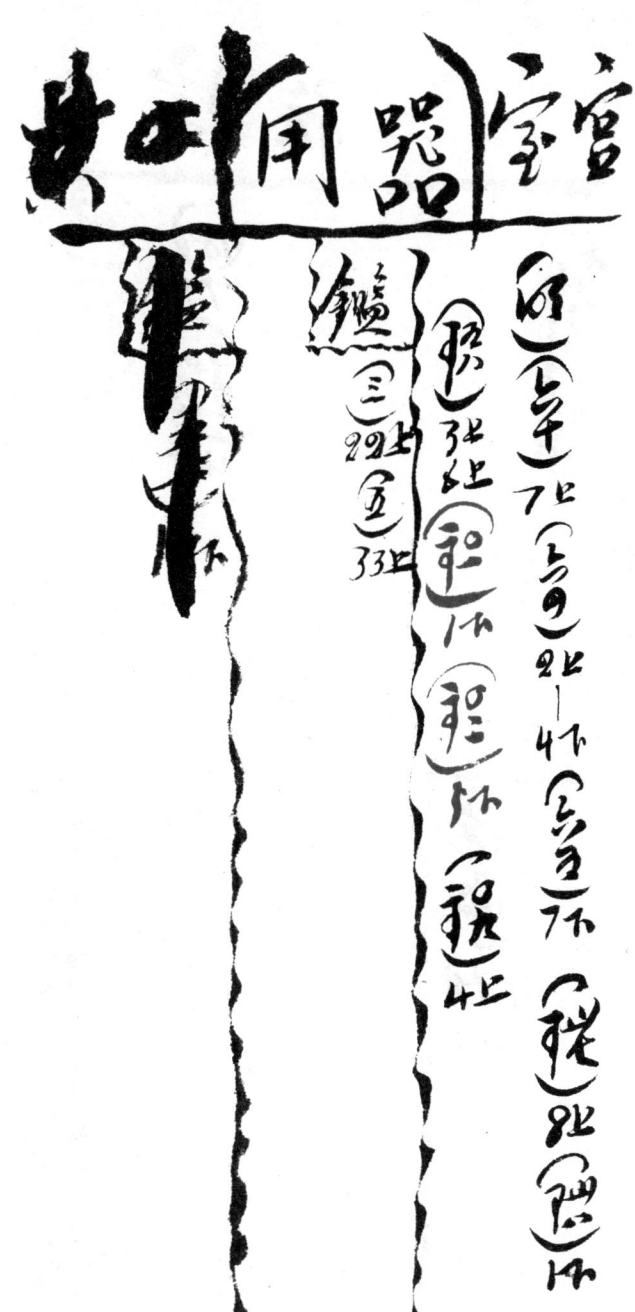

鐘(三)22上(五)33上

宗族

(明)遼

(扶)遼 2上

(瑎)遼 7下

(瑎)遼 1上

(璠)遼 3下

(瑝)遼 4下

(王)遼 2上

(18)7下

(鍇)遼 4下

(宗族)遼(三〇三)五下の五上(三一二)五下 (三〇二)三下の下五上 (二八二)六上(二九六)の上下

(宗族)遼(三一六)一下

(徒丞)遼(19)の2上

封建

(明史)(三)二之下 (四)下 (五○)4下 (八三)8上 (百)1上 (百五)1上 (百三)1上 (...)5上下

7下 9下 (...)2下4上 (...)3上 (...)5下 (...)2上下 7下 (...)4下 6下上 (...)4下

二六五、六上

封建(...)五下 六下 (...)三下 六

(...)三上 (...)四上 三下
封建(...)4(...)十上

(...)4上 (...)上上 45 (...)六上

(三〇〇)7上

鎮 (三)17下 (六)40上 (十三)23上 29下 (四十)7上 24上 (卅八)9下 10下 11下 12上 (四千)25上 (五五)

46下 (五八)28下 30上 (六三)24上 (六三)27上 (六四)42上 (六九)31上 (七五)24下 27上

[redacted] (八二)17下 (八四)5上 52上 (八七)16下

宗教

（明史）（十五）7上（卷四十七）[redacted] 五卷（五十一）（五三）8上下（七〇）8上10上（七五）10下

（八三）9下 9上 4下 1（九三）4上（九六）4上（九五）4上 6上（一一三）8上（一一七）3上

（一一五）4上（一一七）7下（一二三）6上（一三三）12上（一四七）2上（一四七）1下（一二三）5上

（一六八）3下（一七七）5下（一八四）3上 神教（一八三）5上（一九二）7下 5上 5下

（宗教）（一七三）3上 7下 9上 7下

（宗教）（三〇〇）9上（二〇二）4上（一九八）8上 神教 7下 3下

（白蓮）

（四二）2下（二五七）2下（二一二）2上（二〇〇）10上

（白蓮）（三二七）十上下十上 六下九上六

（一七七）十下

佛

(明史 二五)1上下 (十六)下 (五十)6下7下 (五六)2上 (五九)1上下2上下 (六十)3下 (六七)10上

(七三)8上下 (四五)10下 (八十)9下 (九〇)9上 (九九)9上 (傳)4下 (傳)3下4上

(傳三)1上下 (傳十七)1上 (傳)2上 (傳二)8上 (傳四)6下7下9上下 (傳五)9上

七上(二〇三)五上 (一九三)五上下(一九〇)三上 七上九上(一九二)一下九上 (一八〇)十二下(一九〇)二下 二下五上十七上(一八五)三上 (一六〇)五上下二下(一八五) (一八三)三上(一八三)六上 の上二六下七上(一八二)一下 (傳)上十下八下(一八〇)三上 (一七六)下七下(一七七)

(佛傳)五上 (傳四)8下(傳)下 (傳一)(傳) (傳七)4下5上(傳七)七下 八下(傳)六上

(佛傳)(三一〇)十上 (明麻傳)下六上下 八下(三二〇)三上下の上 (三三)十二上(三三九)

(佛)の上(三〇七)三下 (三三九)十上(三二〇の)三上下 (二六九)(三二九の)四下 (二九七)

(傳)十二上 (全二)十下十三下

(明麻傳)十三上(三〇七)五上七下 (六八五)四上(三二〇の)二下

明麻

(傳)4下5上 (傳九)2上 (傳十)3下 (傳十六)3上 (傳)8下 (傳四)5下

宗教明鑑（五）33上（七）51上 53上（廿）23下（廿五）21上（廿五）23上（廿八）42上

（廿二）7下 10下（廿三）17上 19上下（廿三）22上下 25下（廿五）37上 43下（廿六）47上 51下

（廿?）10上 15上（廿九）16下（四十）24下（四三）48下（四五）16上（四六）18上 20上（五十）75下

（五二）25下 27下（五五）54下 55上（五六）8下 10上（五七）17下 ｜ 18下（五八）22下

（六二）（六三）24下（六三）26上 32上（七八）50上 51上 53下

｜ 23下 24下 27下 28上 30上 ｜（六十）42下

神仙

(明史)(七)9下(十五)1上(十六)1下(十七)2上4上6上(十八)1上1の2上上下5上下
(十九)1上(の三)11下(の十九)6上(五十)6下7上下(五十九)1下2上(六一)1上下(七三)7下8上下
(七の)10上(七五)10下(百八)8下(百三)7下(百六)11上(稗遺)の2上下4下7上(積遺)
2上6下(秘遺)1下の2上(稗遺)6下(秘遺)5上(稗遺)8上(積遺)4上(稗遺)1上
(積)5上7上(積九遺)1下2下(稗七遺)4下

(神仙)十一下(大上)(一九七)上(一九三)の上(一九九)下(一九七)三上(一八三)の上七上(一九五)三上(一九四)の上下(一八五)の下(一八三)の上(一八九)十五上 一上下三下(一八三)の下(一九)[illegible] (一八〇)十下 十二下 十二下(一八二) 二下の上

(神仙)(三〇五)十上(一九九)五上の上 九上(二一〇の)下(一九七)八上(一九六)一上(一九五)六下 十上(一六七)三上(一八二)十一下(二八三)七上

(稗遺)6下
(209)10上

(神仙)五上(三〇七)七上下 山上下 十三下 末(三六)一 五上下

(神仙)(三三一)9下

[illegible]上七上下(稗遺)5上 2下(秘遺)2下の上 五上(秘遺)(秘遺)二下 2上4上下(積遺)6上(積遺)1上 1下 7下(稗)(秘遺)三上下 九下(稗遺)1下9上 下の上 五上下 七上 十上下 十三下 [illegible]尺208(秘)三上(稗遺)一上
(神仙)(稗遺)1下(崔文見)206 11下(遺)5上下 9上(稗遺)1下5上

(積遺)2上

(積遺)9上(稗遺)8下

移民

(明史(三)3下4上6上(三)3下4下(五)4上(六)1下2上(七)2上(七七)2下(七十?)3下

(七十)2上(七十一)2下(七十二)5下(七十?)1下(七十?)5下(七十五)8上(二八九)5上

(八十)4上4上9上(八十二)5下(八十五)1下(八十七)4上(三二七)1下

明鑑(三)19下(四)23上25上(六)39上(九)13下(十)17上(十三)4上(十四)4上1下5 53上

(前紀(四)36上)(十五)15上(廿二)50上(廿五)22下(廿六)33上(卅三)16上

(参看1上)

鬱

[illegible]

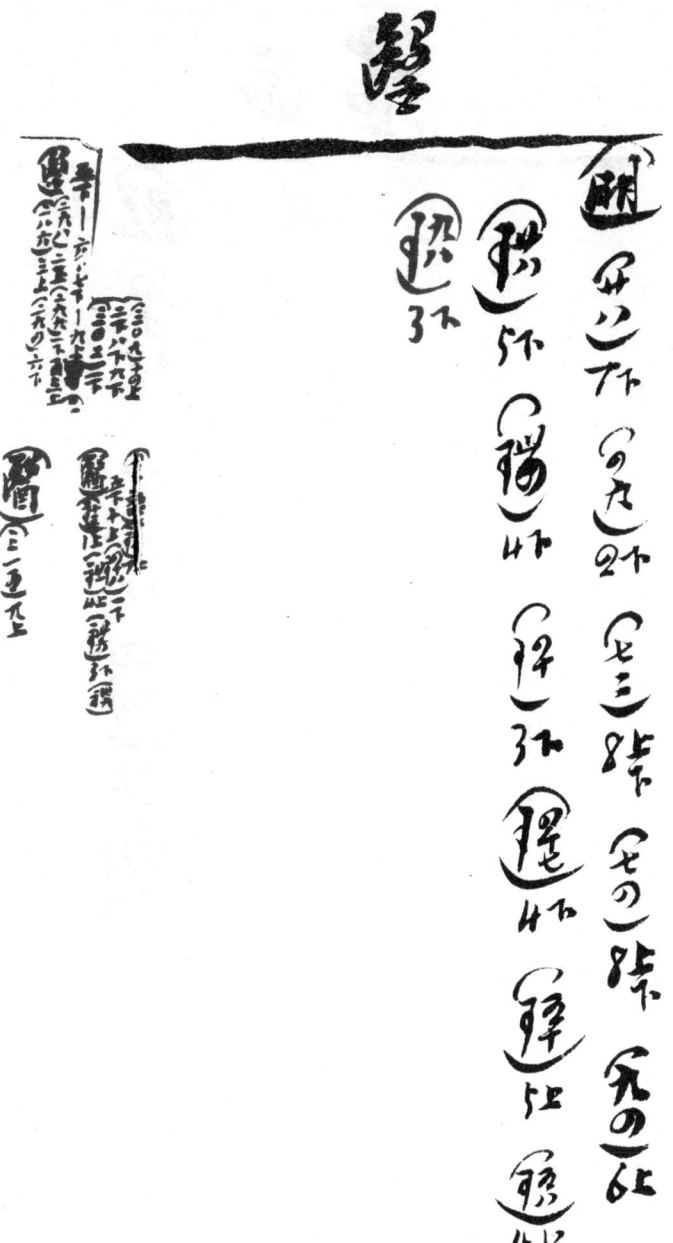

畫區

遼（四三）下（七九）上　遼（四）上　遼（二八一）下

階級

奴

（明）（三）4下（巧）2上（[illegible]九）1上 3上 7下（[illegible]）5下

（[illegible]）5下

階級（[illegible]）[illegible]

（[illegible]）六下（[illegible]）七上（[illegible]）一上

（三〇九）十一下

階級（[illegible]）

（[illegible]）五上（[illegible]）十一上（[illegible]）六上

（三）4下（三）2下（[illegible]）4上（[illegible]）3上 4上（[illegible]）6下

（[illegible]）6上（[illegible]）8下（[illegible]）1上（[illegible]）6上

（[illegible]十三）3下

錢 階級

（[illegible]七）4下

錢 奴婢

（[illegible]三）2上（[illegible]五）4上（[illegible]）1上

（[illegible]）9下（[illegible]）4下（[illegible]）3上（[illegible]）1下 3下

（[illegible]）4下 9上（[illegible]）9上

階級（[illegible]）

財政

加派 （六十）49上

明鈔

（明）通（七）3下 （五七）1上 （五八）4下 5上下 6下 7上下 （五九）6下 7上下 （八三）全卷

鈔 （四）通（四）31下 （四五）39上 （五三）32下 33下 34上

（十）六八通 25上 （五〇）19上 （七六）33下 （八二）18上 （六十）42下

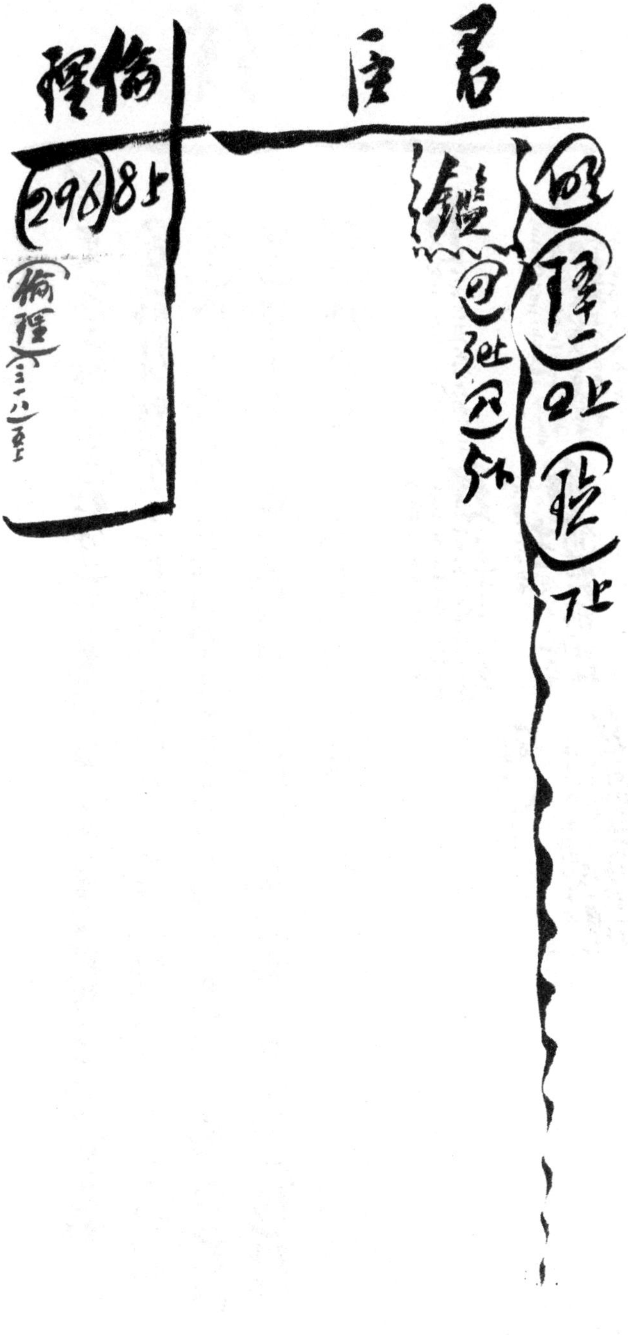
君臣
倫理
(296)8上

銭

(明史)(三)5下7上(8)2上(9)0下(五?)1下(廿三)4上(卅?)2上(五二)1下(五五)2下

(六四)2下3上4上(六五)1下3下4上 5下6上7上下(六七)4下5上下 7下8上(六八)1下2上下7下

(七二)1下(七三)7下8上(七四)11上12下(七五)1下(七八)1下2上(七九)6上一完(八二)7下8上

(八三)5下一7下(九三)5上8上下9下10上(九四)4上(九?)2上(九?)7下(九?)3上4上

(列九)3下(列?)2上 (列?)3下6下(列?)4上6上

(銭)四上(一六六)六下(一六八)四上(一六二)五上(一六四)三下

(銭)(二〇三)九上(一九三)一上(二〇三)八上(一下)(一八七)十三上(一九五)十上(一八〇)十三上(二〇五)(一九三)三下

(銭)(三〇〇)九上(三〇九)九下十一下四下七下八下(三〇七)七上八上下(三〇四)三下(三〇五)三下(三八二)四下(三七七)九下

(銭)(三三)一下三下(31)2上4上8下(3のろ)三下(14)4上下8下

(列十九)3下

(銭)(一列十二)十上(列?)七上 6上(列?)十上(列?)4下(列?)3上(列?)3下[illegible]3下

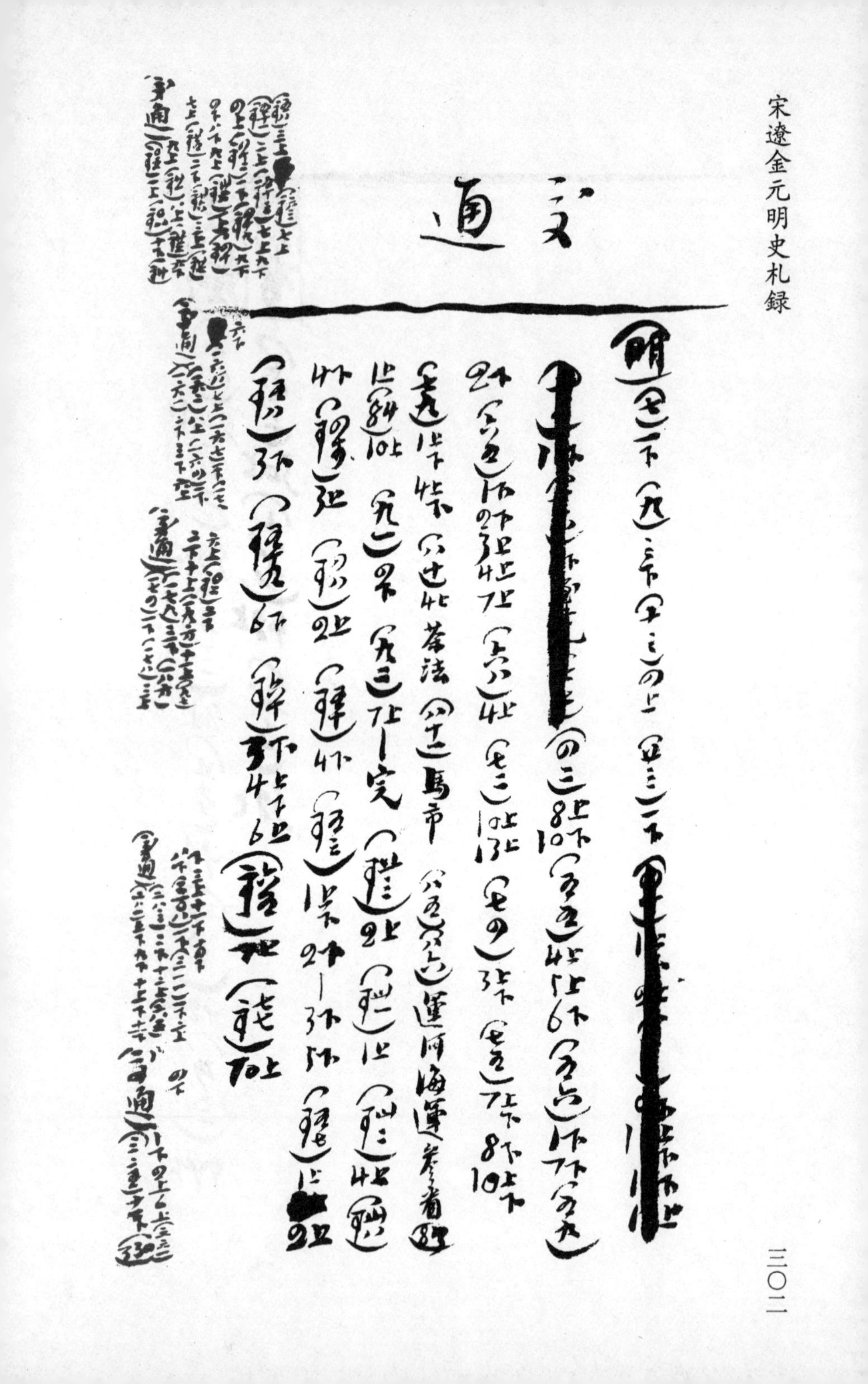

交通

高道 (七) 58上 (九) 10上 (十四) 14上 (十五) 24上 7上 (十六) 9上 14上 (廿) 25下

時鏜 26下 (廿七) 34上 (卅四) 35上 (四二) 37下 (四六) 9下 (六二) 15下 (六三) 27上

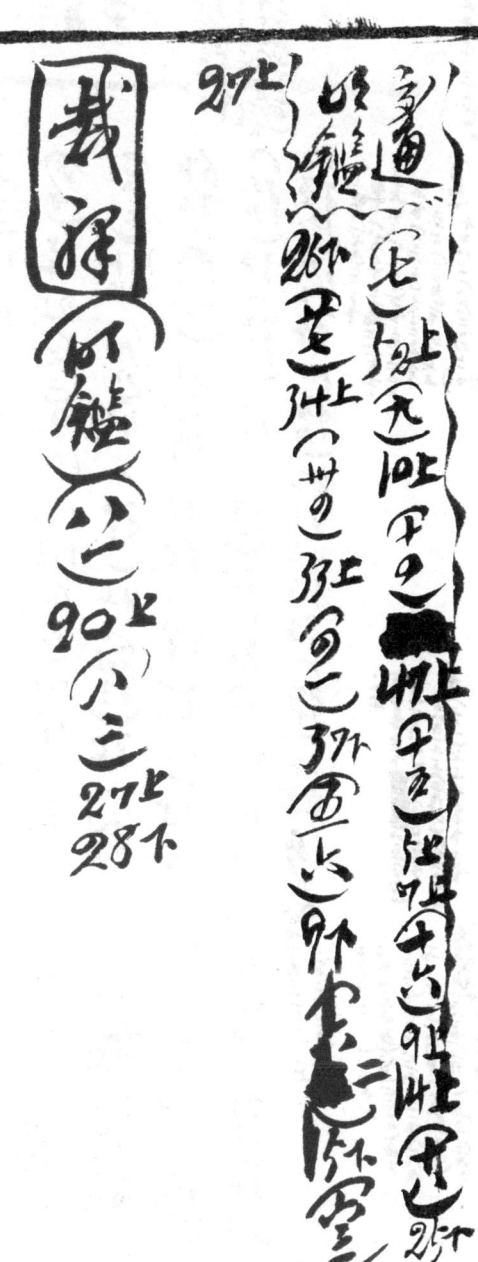

戴擇 (時鏜) (八一) 90上 (八二) 27上 28下

兵

（明）一 5上（三）7下（三）2下 5上 6下（四）1下（六）6下（八）2上（九）1下（十二）3上（十三）3上

（十三）1上下 2上（十五）3下（十六）3下 5下（十八）2下 4下（十九）2上下（廿三）1下 2下（廿四）1下

（四十）1上下 2上（七三）9下 10上下 12下 13上（七四）11下（七六）1下—完（七七）3下—5上（八三）7下

（九三）10下 11上（九八）4下（遼[illegible]）4上（遼[illegible]）3上（遼[illegible]）2下（遼[illegible]）1上（遼[illegible]）2上

（遼[illegible]）6下（遼[illegible]）1下 6上（遼[illegible]）2下 3上 4上（遼[illegible]）4下（遼[illegible]）4上（遼[illegible]）4下

（遼九）3下（遼[illegible]）1下 5下（遼[illegible]）3上 5上 8上（遼[illegible]）2上 4下 5上下（遼[illegible]）5下（遼[illegible]）1下 8上

（遼[illegible]）1上 3上 5下（遼[illegible]）2下 3下 4上 5下 8上（遼[illegible]）1下 2上 兵器（七一）五下（七二）二上（六六）の上（一七）三上

[illegible]

兵器 [illegible]

[illegible]

兵 五上 七上 十二下（三一）十上 [illegible]

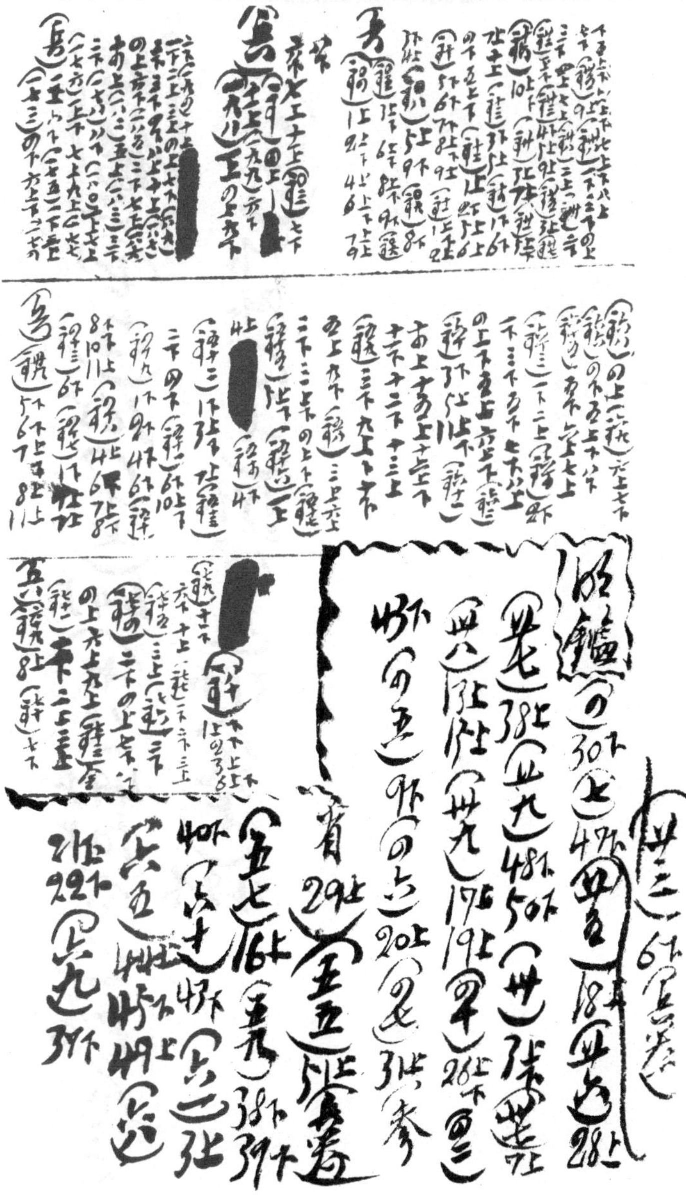

岳

【鵬】（七六）36上（七七）44上（七八）49下 50上（八一）17下（八三）34上

（八六）7下 8下（八七）18下（八九）31下（九十）42下

刑

(明通)(二)6下 (三)5上 (三)9下 7下 6上 (四)1上 (七)7下 (八)2下 3上 (十二)1上 (十三)2上 (十三)4上

(十四)1下 4上 (十五)7下 4上 (十六)4上 (十九)2上 (二十二)1下 (二十三)1下 7下 (二十四)1下

(二十六)4上 (八十九)6上 (九十七)7上 (百二)1下 (續通)1下 (續通)2上

(續通)4上 (續通)2上 (續通)1下 (續通)9下 (續通)1下 5上 (續通)5下 (續通)5上

(續通)1下 (續通)4上 (續通)5上

[illegible]

(續通)4下

刊時錯

（七）5上下（八）4下 6上 7上（九）9上 14下（十二）24下 26上（十七）18下（廿二）44上下

（卅三）9下—10下（卅四）7上（卅八）11下（卅九）17上（四十）27上（四二）37下 38上

（五二）23下（六四）43上（樹編一上）1下 9下

经籍

(明)(一)1下 (三)2上 (六)2下 (五九)3上 (四三)9下 13下 (四三)18下 (七三)10上

(五六)13下 (九九)10下 (十四)6上 (十七)4下 (十八)1下 5下 (十九)1下

(经)5下 6下 (十五)4上 (十六)2下 3上 (十八)1上 4下 4下

(经籍) [illegible]

(十三)1下 (十五)10上

(经籍)(一八八)七上 [illegible]

(经籍) [illegible]

(经籍) [illegible]

(经籍) [illegible]

(经)(七)4下 (四五)4下 (五七)2下 (五八)

1上 (五九)19上 22下 (五四)39下

(五六)9上 (五八)24下 (五九)37下

(六二)21上 (六四)37上 (六六)9上

(七四)19下 (七八)5上 (八六)25上 (八四)45下

(八五)9下 (八七)15上 (八八)25上 (册一上)6下

〻、（三）21上（十五）4上（十六）19下（十七）16上

安南、

明鑑、

〻〻〻

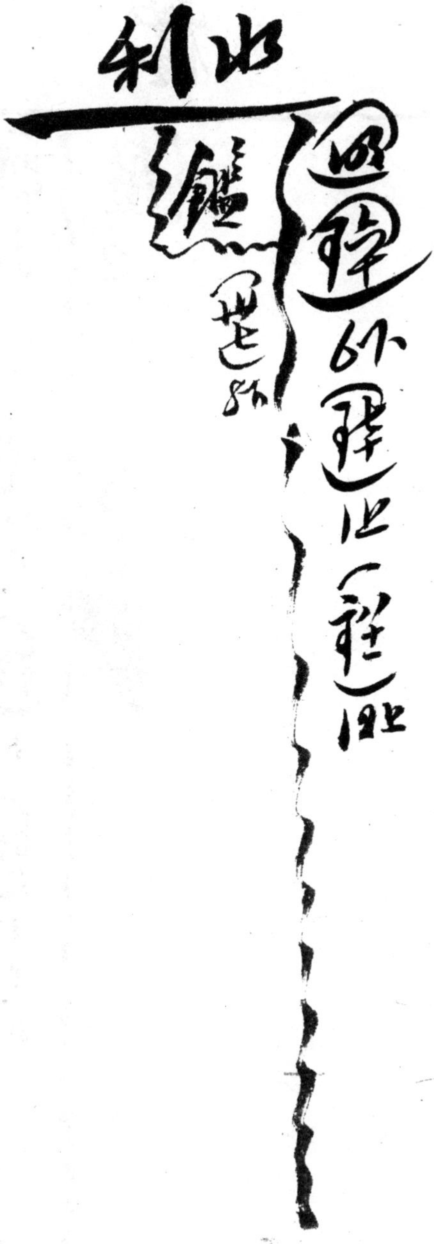

禮

(明)(三)4下 (明)3上 (元史七)6下 (遼)1下 (遼)1下 5下 6下

鑑 (明)26上 (已)3上 (宋)26下

禮（諱名）

國（四）2上（三二）7下（百）1上（十二）23上

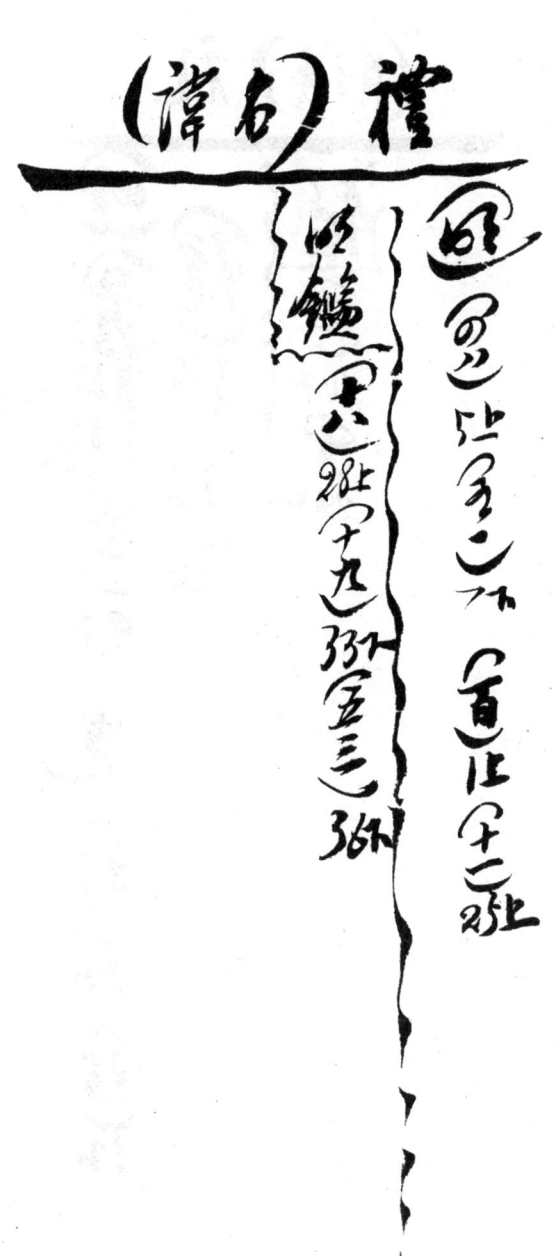

明鑑（十六）28上（十九）33下（五三）36下

札（服表）

（四）（宋九）3上 5上 6上（宋元）9下—史（十三）3下（續）3下

（遼）3上（元秘）10上

鐵（五）3下（甲）22上

樂

明 (301) 6下 (304) 7上 (306) 11上

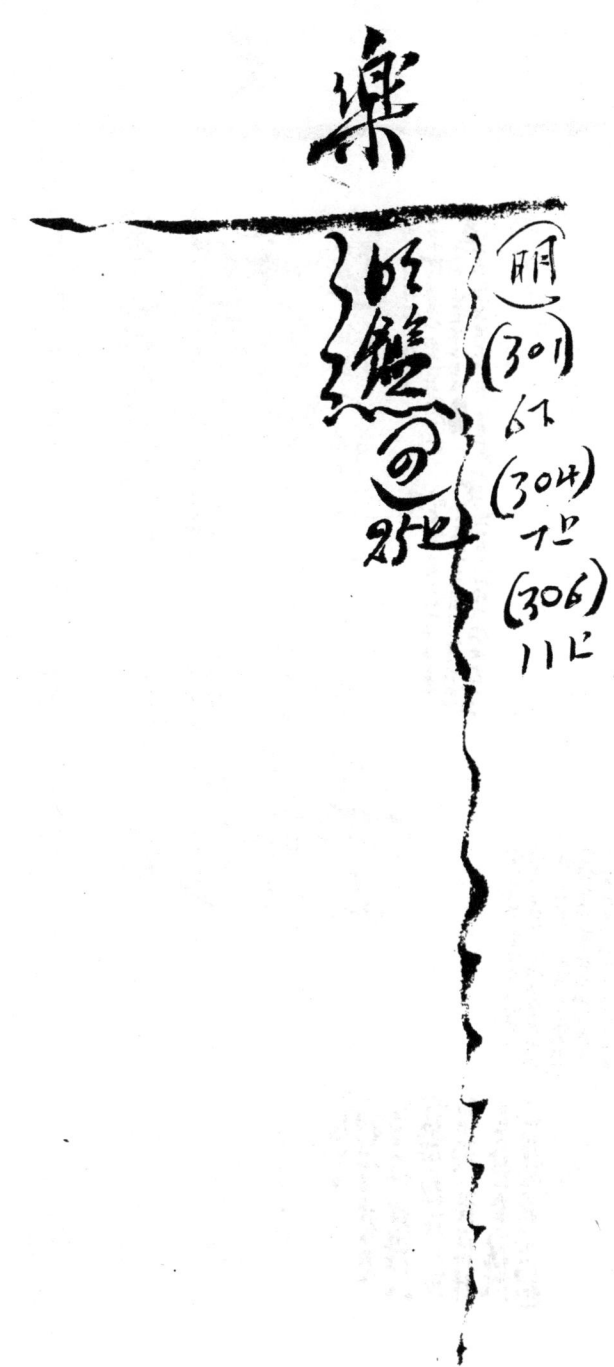

明鑑 四 25上

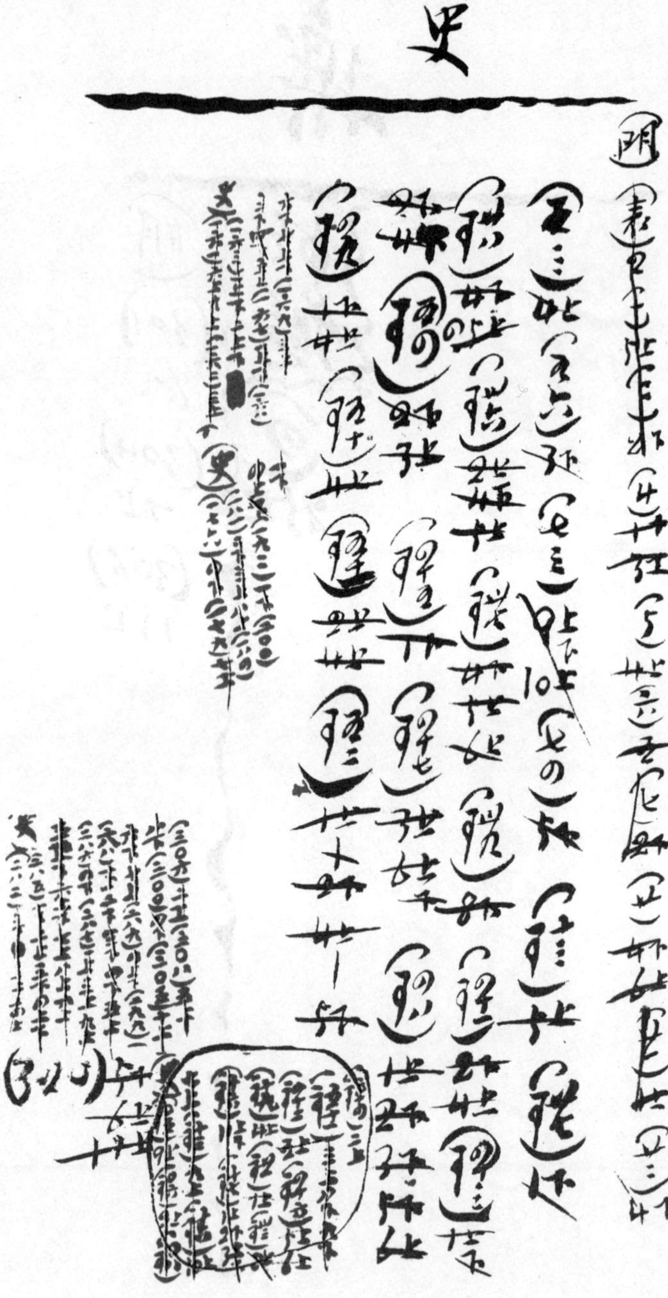
史

史鑑

年紀

明韓（六八）27上（七十）44上（七六）39上

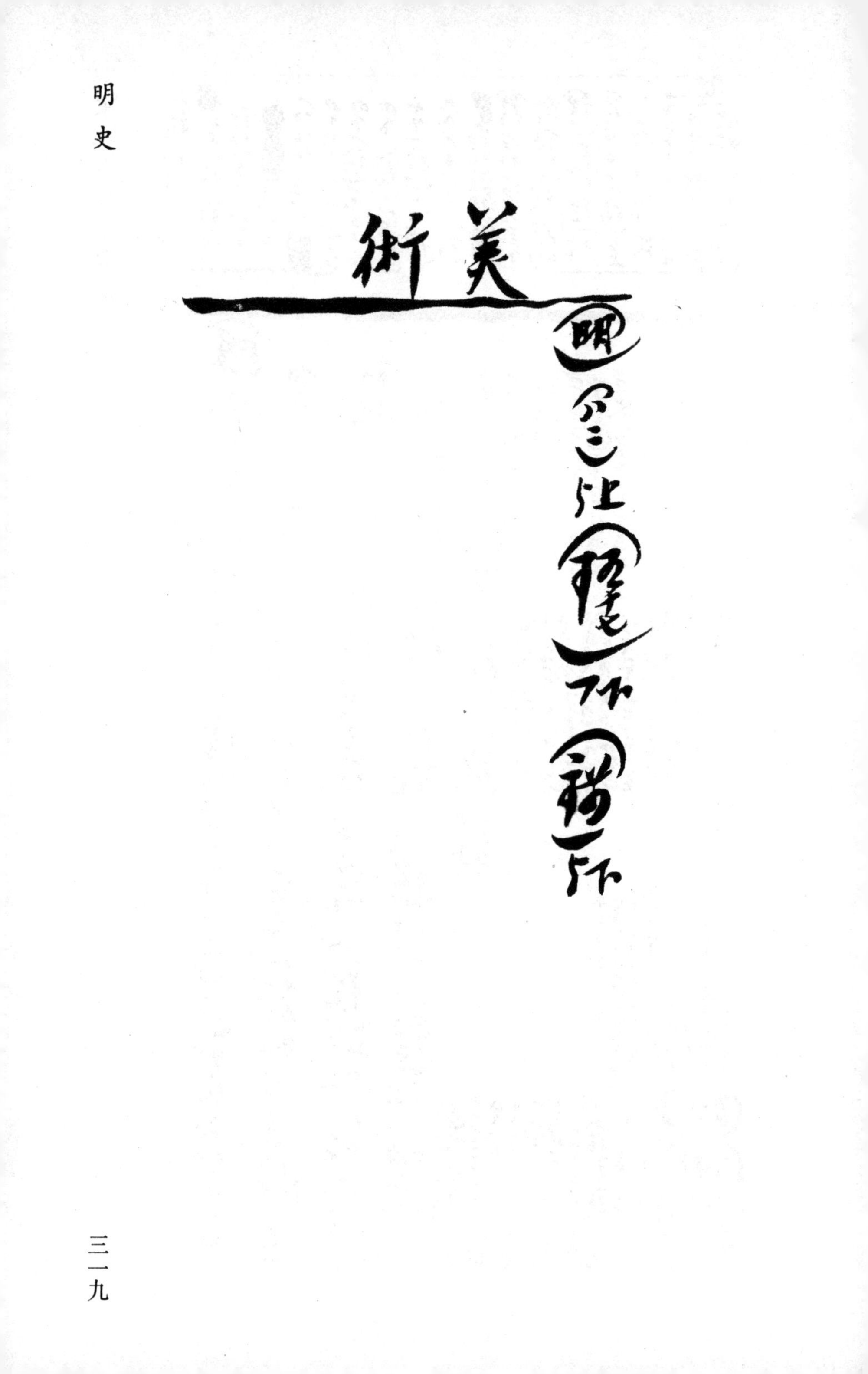

美術

（明）（六三）3上（[illegible]）7下（[illegible]）5下

(稗九)1上(稗)1上
[redacted]十上(稗)5上 8上
(稗)9下(稗)五上
[redacted](稗)五上
(稗)三上 1下[redacted]
9下 上(稗)三上 十下 十上
四下(稗)一下 五上 三上
四下(稗)四上(稗)
十下(稗)五下(稗)
五下 九上 十下 十上(稗)
(稗)六上 六上(稗)
(稗)1上 4下(稗)三下
6下 7下(稗三)3上 8上 6下
(稗)8下 3上 3上(稗)3上 下
(稗)三下(稗)五上
十下(稗)1下(稗)1下
三下 一 七上(稗)1下
(遼)五下(稗)五下(稗)
(稗)3上 1上 7下 8上(稗)

(明)(二)六上(三)7上 4上 5下 7下(三)1上 2上(四)1上(七)3上(八)2上(十二)1下(十三)1上
(十五)1下(五六)1上(廿)1下 2上(廿三)3上(六四)1上(七三)3上 4下 6下 9下(七三)1下 10上(省)
4下 9上下(七六)1下(七八)8上(九三)3上(九四)7上(稗)4下 5下(稗)1上
2下 3上 3上 5上(稗八)1上 1上 2上 5下 6下(稗)2上(稗)1下 4下(稗二)5上(稗)2下
(稗八)4下 4上 5上 7上(稗九)4上 4上 6上 7下(稗)5上 6下

[illegible]

[illegible]

[illegible]

[illegible]

地圖（地理）

明通（三）3上 （嘉通）4下 （72通）65上 97下 （90）1下 （輯通）6下 （一神）2下

（二八二）2下

鐵

昆通35上 （廿八）42下

戸口

明(三)3下(三)4下6上 地理志有嘉下—自山東以下限有兵之 關閣

手保郭其知雲南廣西鎮從稱庸 (七四)6上 (七五)2下3上4下9下

(七七)1上2上下 (七八)1上6上 (一五四)一下 (一五七)一下 (一五九)六下 (七一)3下 (鍵)1上

鍵(三)2上

戸口(三二)二の巳 (七七)二下 九下(三〇)八上 (三八)二下十二下(三〇)二下

(206)6下
(225)1上
(233)7下

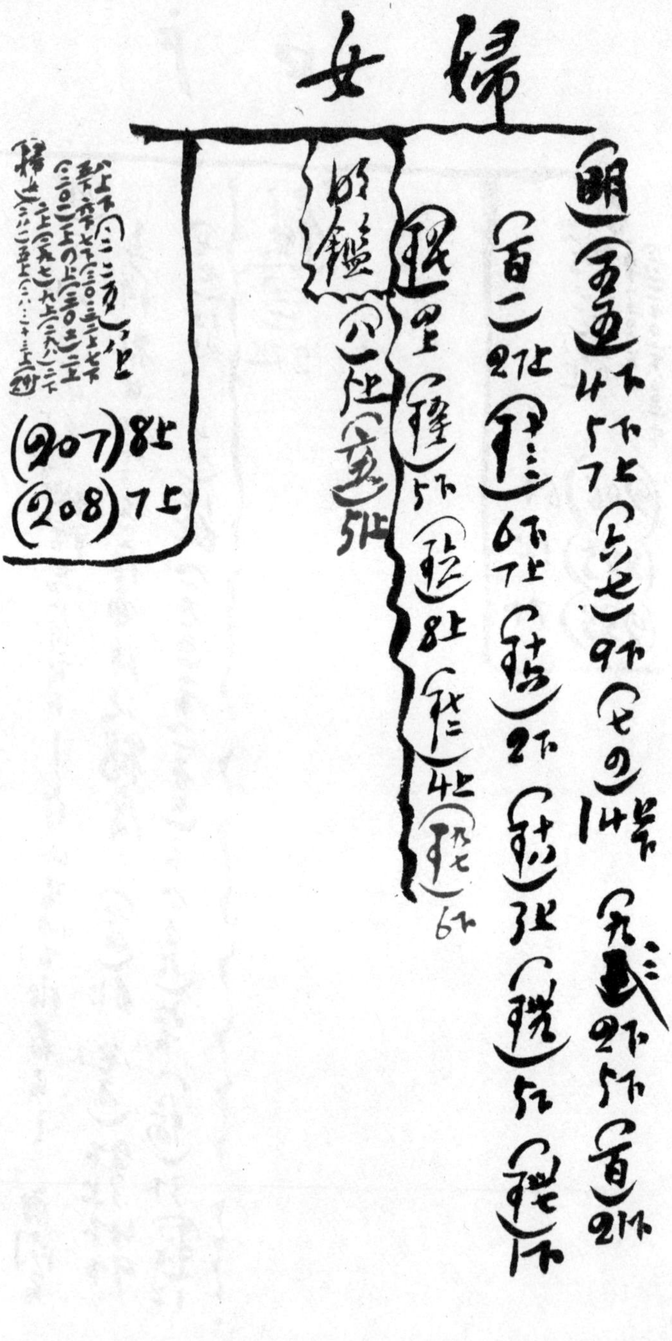
婦女
(207) 8上
(208) 7上

度量衡

[illegible]（七三）13（七〇）9上（八五）7上

（三二〇）7下

賦役(總)(雜)

(明)(五)4下 (七三)6下 11下 13上 (七四)9下 (七五)3上 10上下 (續)8下 (續)2上 3上

(續)2上 (續)5上 6上 (續)11下 13上 (續)6上 (續)4上 (續)11下 (續)4下

(續)8上 (續)6下 (續)11上 長編三5下

[illegible]

鑑 (六)48上 (七)48上 (卅九)18下 (四六)23下

鎧

管麻秋供及每歲 25上（七六）37下

（七七）41上（七二）46上 47上 48下 51上（七二）11上—35上 41上 41下

6上 7上—8上（七三）10下 13上 14下 16上 17上（七四）20上（七五）

常稅每歲（八五）52上

取米加賦（七七）42下（八二）27下

鑄

（七五）32下—36上（八五）37下（八六）9下（八九）37下

役

（明）（三）7下（七）1上 3下 4上（十五）9上（七三）11下（孙）9上 5上（理）1下（穆）1下

（隋）（九）4下

唐 六下（一六七）一上（一七二）の下 六下、（一六一）一下の上（一六の二）上 三上 上（一六二）五下 六上 七下（一六三）

唐 六上（一六八）九上（六四）上（一八の）七上（二二〇）七下 ...（一八〇）下（一八二）...（一八三）...

（鐵）1下（四）4下（三六）4下（卅二）5上（五八）4上（卅四）7上（四五）3上（五七）16下（六十一）
18下 2上 4上（五四）3下（六七）12下 16下

宋（一六七）三下 五下（一三二）二上（一六五）十九（二九六）七下 八上（三八二）五下 十上下 十二上

宋（遼）1上（金）1上（元）二下（明）二下（遼）1上

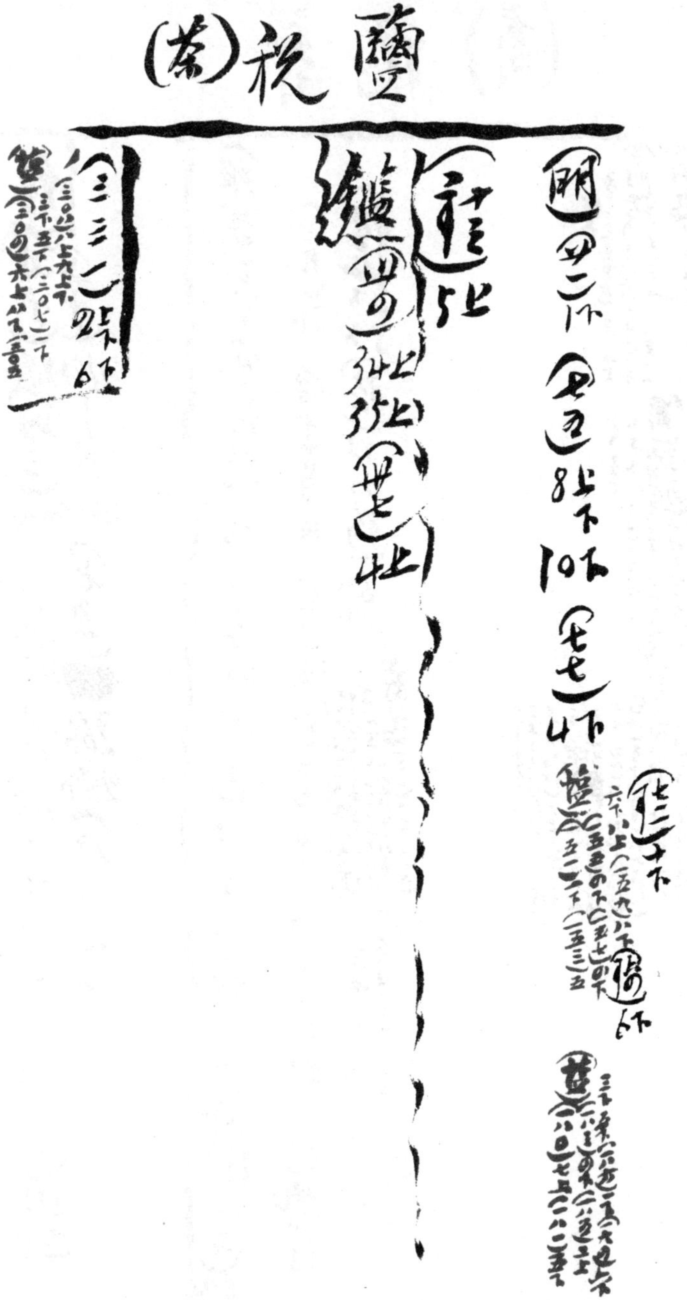

商税（商）

遼（卅六）27下（卅三）27下（卅五）遼40上（卅八）11上（四九）遼21上（六十）遼21上（五二）遼23上 26上

（六十）遼42下 一 45下 47上（七五）遼 [illegible] 26下 29下（八六）11上

明（四）21下（卅二）1下 2上 2上 5下（卅二）4下（六七）7下（五八）遼7下（四）9上 11下（表）遼8下

（七九）遼21下（八十）遼茶法（八二）遼市舶 馬市（八三）遼1下 2上下（魏）遼6上

（遼）4下 4下（張）遼7上（韓）遼6下 10上

（二七下（六八）遼六下 九上（八七）六十五上（八十）遼三上（八四）遼十六下（八三）遼十六（八四）遼）商税遼（表）（八四）遼の二（七七）遼十下（二七六）

（乎）遼2上

一 十七上 五下 六上（三四九）遼 三下の上 （商）遼 六（二九七）八上（二〇〇）遼 三十（六八五）遼 三上（三九）遼 二上 （商税）（三八二）遼 七上

（商）遼（三三七）遼 十の上（三三七）十一上（三三二）遼（三三五）遼 九上（三二〇）遼 二十下 五上 十下

二上 十五上下（[illegible]）遼 二上 二上の上（[illegible]）遼 十七上（[illegible]） 未（[illegible]）遼 二上（[illegible]）遼 二下（[illegible]）遼 の下（[illegible]） （[illegible]）遼 上 [illegible] 7下（[illegible]）9上（[illegible]） 七下（[illegible]）7下（[illegible]）遼 8下（[illegible]） （[illegible]）遼 5上（[illegible]）遼 7下（[illegible]） （商）10下（[illegible]）遼 8下（[illegible]）8下 （[illegible]）遼 1下（[illegible]）遼 1上下 4上（[illegible]）

葬 悝

明 (三)3下 (三)1下 2上 (六)1上 1上 (七)5上 (九)1下 4下 (十)1上 4上 (十二)1上 3下

[illegible]

世廟

(明通)(三)5下6上7下(六)1下(八)2上(九三)7下8上(六九)11下12下(九二)3下(四)2上

[illegible]

(明鑑)(牧)(齋)10上

(習)(四六)22下25上

(牧)(程49下)(禮7上)

(叢)(三八二)十

礦

閉銀場及封閉(三)3上 (四)[illegible] 閉採礦銀場

9下 12上 15上下 17下 20上 24上 (廿六) 27下 29上 31上 (廿八) 44上下 (四九) 48下 (四四) 6上 (四二)[illegible] 1 6下 7下 8下 (四四) (四三) 17上 (廿三)

2上 (卅五) 37下 (卅五) 47下 48上 50上 51上 (卅七) 45上 (四十) 27上 (四二) 40下 (四三) 44上 (四五) 15上 (四九) 45上

開(三)1上 (十)3下 4上 4下 5上 (十二)2上下 (十三)2上 4上 (十四)1下 2上 (十五)

1下 2下 5上 (十五)1下 3下 (十七)1上 2上 3下 6上 (十八)0 2上 4上下 5下 (廿一)3下 6上 (廿二)4上 6上 3下

6上 (廿二)4下 (廿三)1下 6上 (廿八)2下 阮冶 鐵冶 銅場 (列傳三)2上 (列傳四)1下

(列傳)6下 7上 (列傳)3下 (列傳)2下 (列傳)3下 5下 8下 (列傳)9上 (列傳十九)2下 (列傳)1下

(列傳)8下 (列傳)10下

(列傳)2上 (列傳)2上 (列傳)6下 (列傳)8下

(四十一)1下 (列傳三)9下 (列傳)10上 (列傳)4下 (列傳)1下 (三八二)3下 10下 (三〇五)3下

銀場 (五十)1上 3上

[redacted] (七二)4上

鑛 (七十)1下 2上 (廿三)19下 (列傳)9上 (列傳十九)2下 (列傳)1下

(六二)4上 6上下 8上 (列傳)(六六)9上 (七七)4上

嘉靖卅

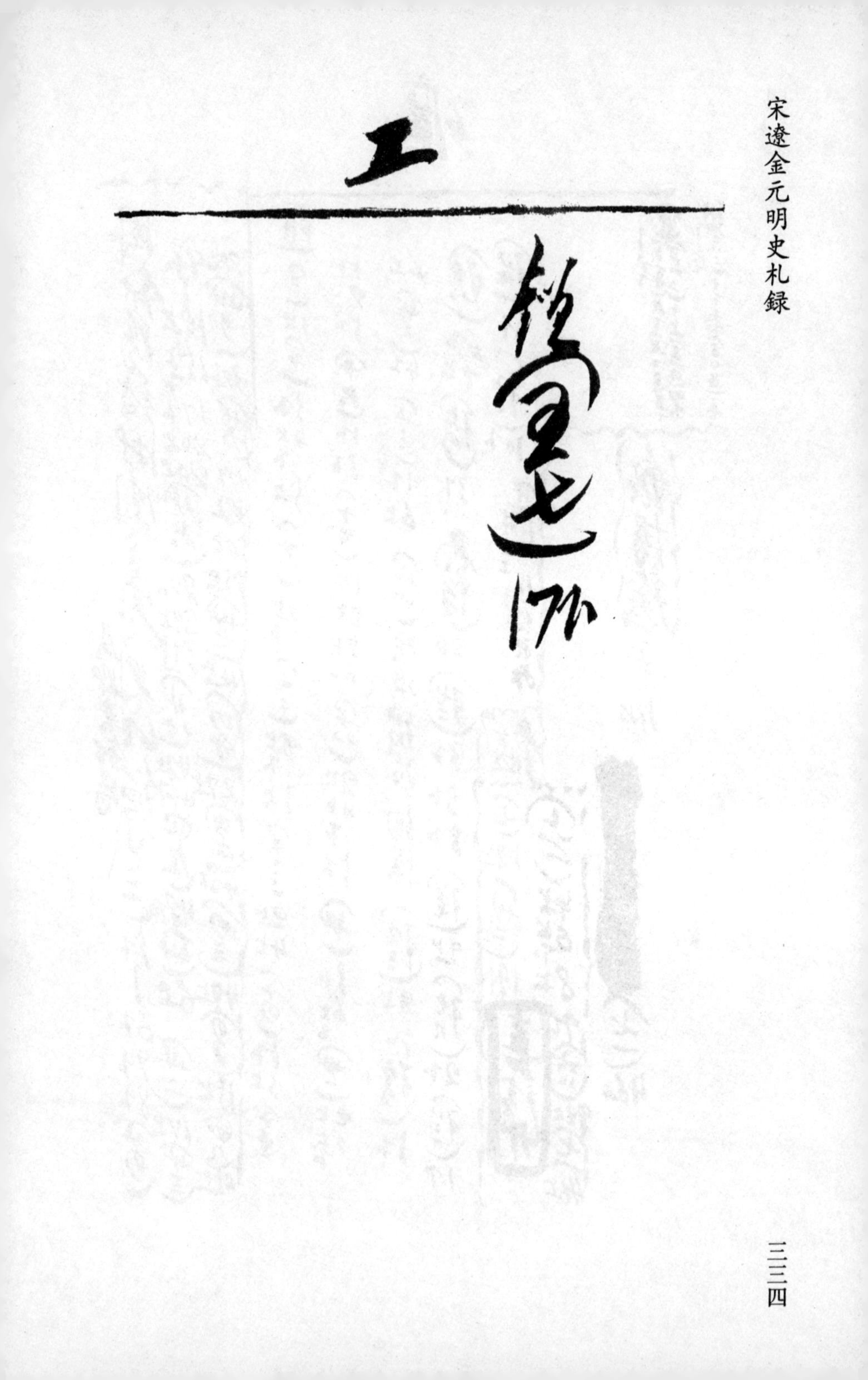

工

錢選[illegible]

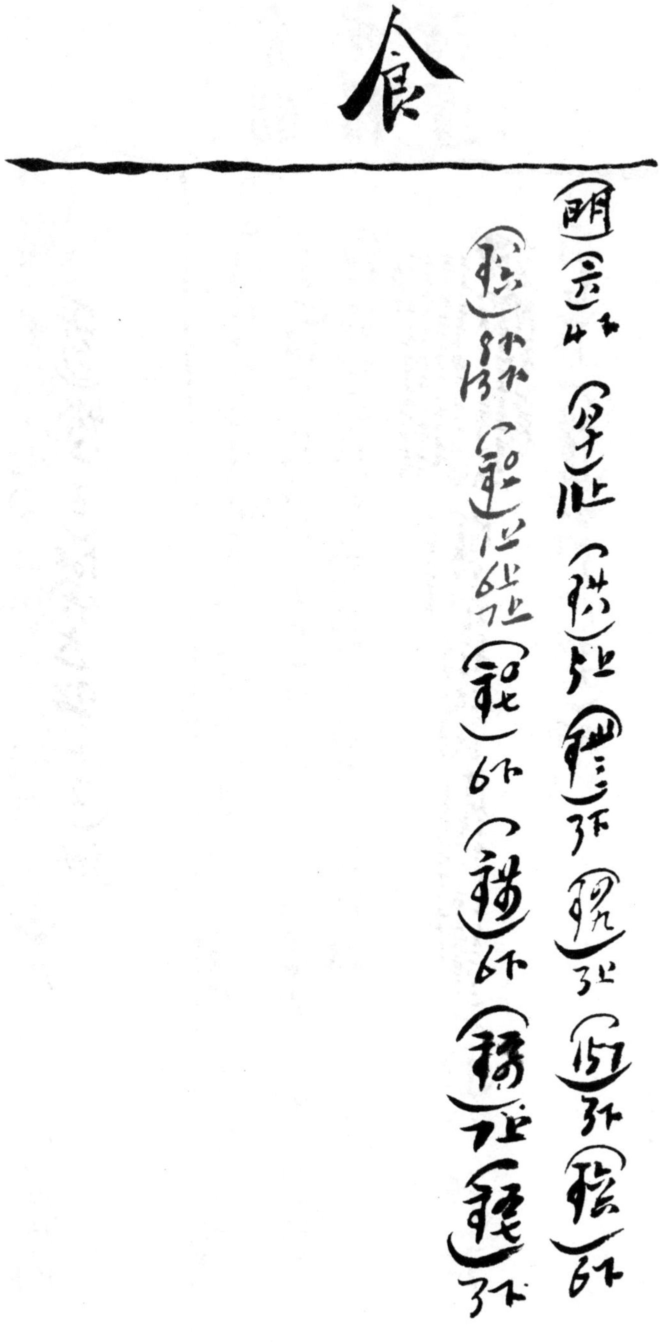

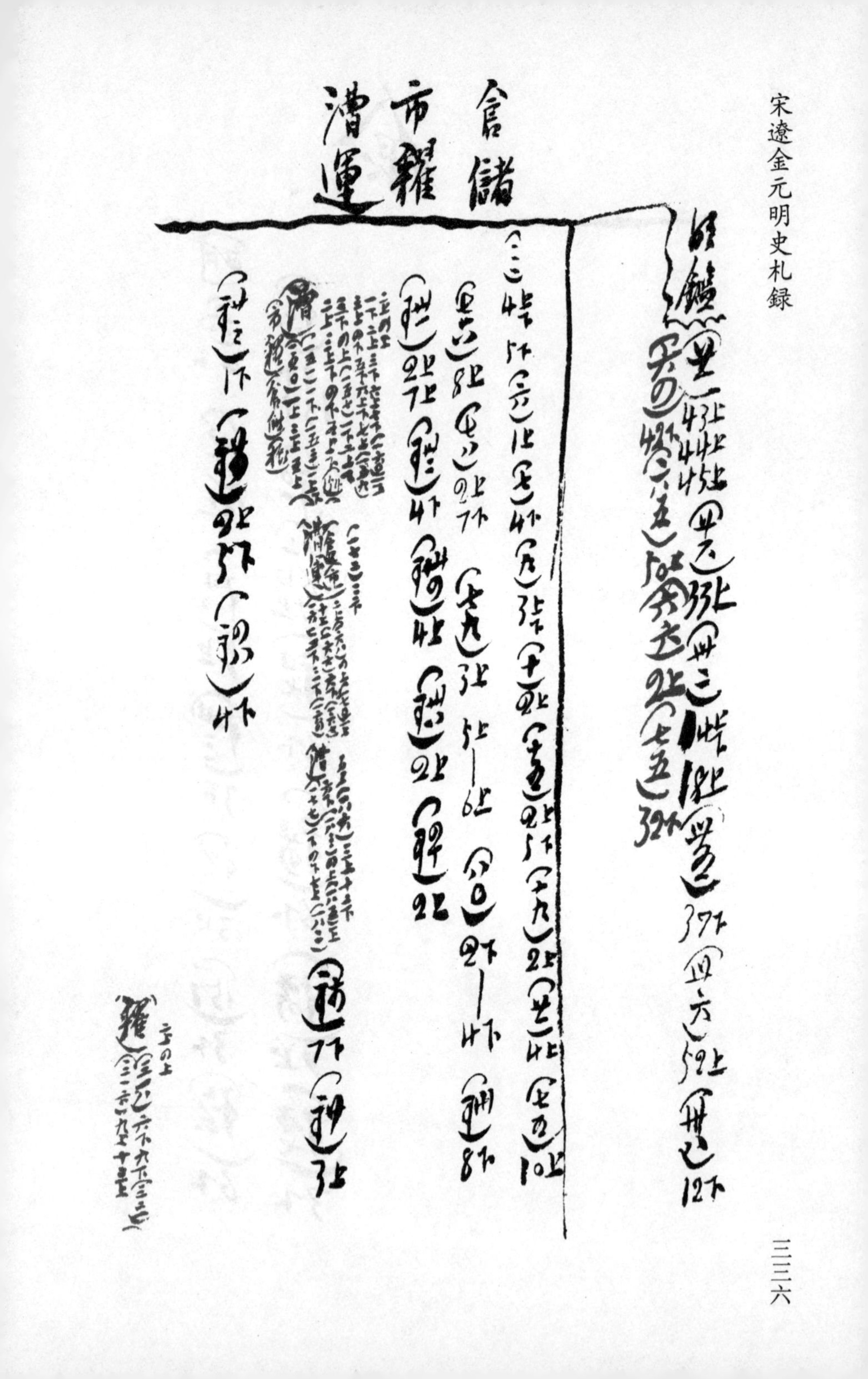

鹽鐵（廿一）4上3上4下4上5上（卅六）3上（卅三）1上1上（四十）3下（四六）5上（四七）12下

（卅四）4下（六五）5上（六九）2上（七五）3下

倉儲

（二）4上5下（六）1上（七）4下（九）3上（十）2上（十五）2上5下（十九）2上（廿七）4上（七五）10上

（五六）8上（五八）の2上7下（七九）3上5上—6上（八四）2下—4下（食貨）8下

市糴

（糴）2上7上（糴）4下（糴）4上（糴）2上（糴）2上

漕（一五二）一上

（一七二）三下 漕運（十五）

（糴）7下（糴）3上

漕運

（糴）1下（糴）2上5下（糴）4下

糴（三）六下 九下

服飾

(明通)(三)一上(十五)9上下 7下(四九)8上(四七)9上(四三)7上 5上 6下(四〇)7下

8下 9上下(四五)7下(四七)3上(四八)1下(五六)1下 2上 3上 4上下 6上 7上下(六〇)

2上—10下(七の)4上(續通)6上(續通)8上(續通)5下(續通)1上(續通)8下(續通)4上

(續通)8下(續通)2下(續通)7下

通鑑(十)15下 16下(五三)5上(卅八)1上(四二)3上下(四六)2下(八七)1上

服通(三〇)六上下七上(六八五)二上(三〇七)六上下 二八二二十二下十三・十三・八(三)六上

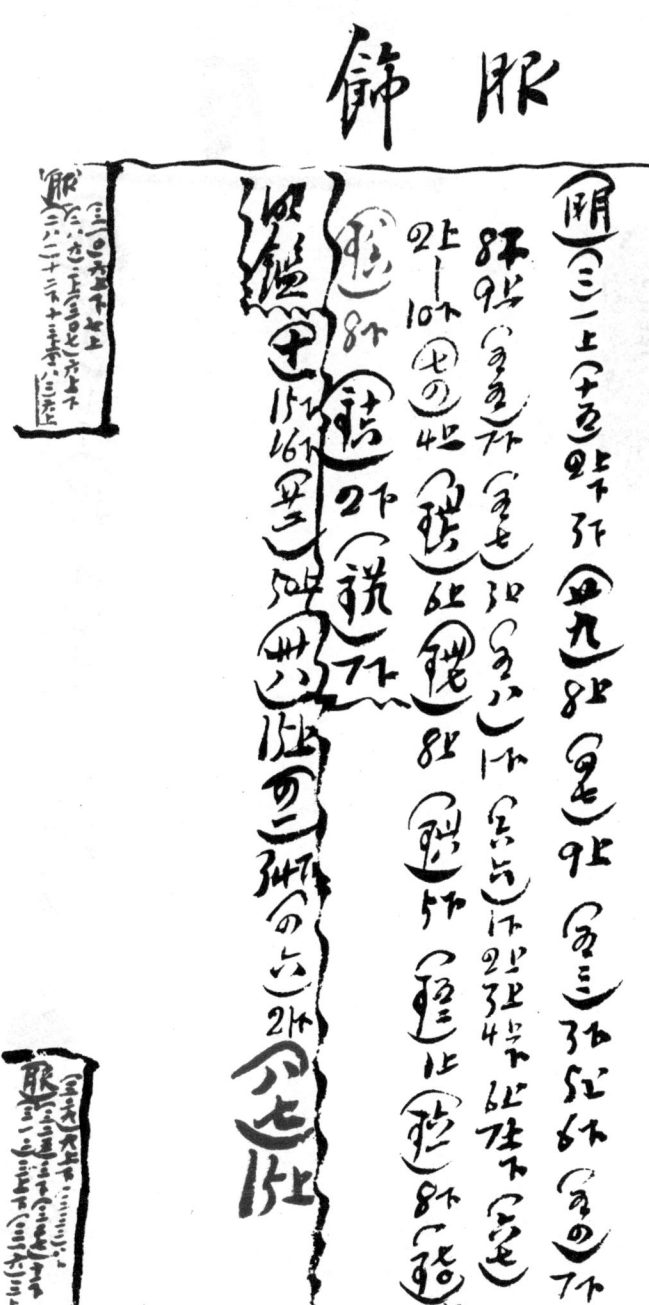

服通(三九)六上下(三三)二上 二・三下(三三七)三下 三・三上下(三三六)三上

曆上

（四）（考）九上下（報）作（三二四）5上6上 参看 （三二三）6上

学術

明鑑（十四）卷（五十）卷（五四）卷（五五）卷（五七）卷（五九）卷

明史卷九八　列傳宗賢（卷二八二）　儒林傳序

（卷二八六）　東林書院（卷二三一）　高攀龍（附）

講學（鑑五）卷（鑑五）卷

官職

(明)(二)2上 (三)1上下 2上下 3上下 4上下 6上下 7上下 (三)1上 1下 2下 3下 5上 6上 7上 (四)1下 3下 (六)1上下

(八)1下 (九)1下 3上下 (十二)1上 2上 (五二)7下 (六三)3下 (六五)1下 2上 (八三)4上

(一百九)1上下 (一百十二)1上 (補遺)3下 (補遺)2上 5上 (拾遺)1上下

(補遺)1上

補遺外

二下 宋(拾遺)七上 (補遺)二下 (補遺)

(職遺)1下 3下 (補遺)4上下 (補遺)4上下

(職遺)7上 (補遺)3下 (補遺)7上 8下

(補遺)(二八七)一上下

(職)六上 六上下(一六〇)上 [redacted](五九)上の下 五上

六下(一五七)七上(一五八)五下

六上下(一五二)の上 五上

(一〇七)三上 六下(一五〇)

(職)(一七三)三下 三上の下

五上(一六八)[redacted]の下 (一七〇)三下

七上 八下(一六五)一下 二上 五下(一六八)

(一六二)六下 八上(一六二)三下 五上

(職遺)(一九七)三下(補遺)六下

(一五五)の下(一九の)七上

(一七三)の上 五上 六上

(續)(五)36下 37下 38上 (六)41下 42上 44上 (七)47下 49下 52下 53下 54上 (八)3上 (十)16下

(十二)24下 (十三)43下 44上 46下 (十四)47上 49上 50上 52上 (十五)8下 (十六)24下

26上 27上 (二十八)29上 (二十九)31上 (三十)39上下 41下 (三十六)26下 28下 30上

弟の

(明)周書紀△本（一六二）止

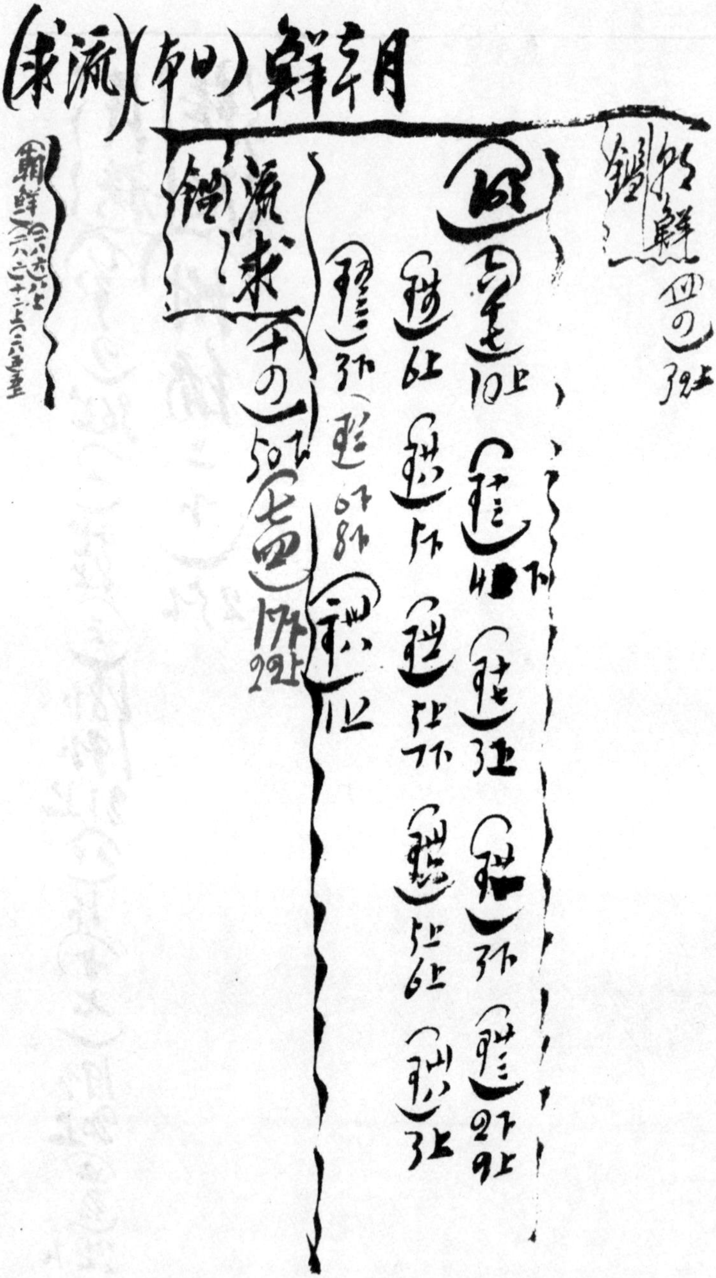
朝鮮
琉球
朝鮮
琉球

倭

(明)(三)の2下 3下 4上 5上 (三) 1下 3上 4下 5下 (五) 2下 3下 4下 5下 (六) 2下 3下 4下 (七) 2上下

3上下 (十) 2下 3上 5上 (三) 市舶 (九二) 4下—7下 8下 (三) 6下 7上

(三) 5下 (卅) 8下 (卅一) 2上 (卅三) 2上 (卅三) 4下 (卌) 4上

(三) 4上 (三) 6上 (三) 2下 (三) 7上 8上 9上 (三) 3上 (三) 8上

鑑 (二) 1下 (三) 1下 (四) 2下 (五) 3下 3下

附上 (七) 1上 4上 (九) 8下 (十) 1上 (十四)

4下 5下 (十) 1上 (十六) 2上 (十七) 1下

(廿) 4下 (廿二) 3上 (廿七) 3下 (廿八) 4上

(廿) 9下 (廿三) 4上 (五十) 2上

(鈔九) 二上
二三 十七下 六 十七 十二上
日本 (鈔三) の下 (鈔七)

(鈔) 五下一 六上 八下 (洪) 上
(彙) 三上の 三 (洪) 三
寛文 (鈔) 十上 (洪) 2下 (洪) 4下

倭 (三〇八) 八上
(天) 三上 (三〇二) 三下
(六) 三下

倭 (天) 三下 (十〇二) 二十三
(六五) 五上 [illegible] (六六) 六下

倭 (三) 八 十七 十一上 (三) (三三)

倭 (鈔) 8上 (鈔) 全 (鈔) 1下
一上下 十七 (鈔) 八下 (鈔) 1下
8上 8上 9下 1下 (鈔) 6下 (鈔)

宣

通(宋)7上(宋遼)7下(七八)2上(九二)8下(十三遼)8上(十七遼)2上

(三遼)1下(十三遼)1上下4上下5上6下8上下11下(十九遼)1下(十八遼)4上下6上下

7上(十二遼)1下2下3下4下—(134遼)巻(十五遼)6上(十七遼)1上(十八遼)2下3下

6上(十四遼)1下(十二遼)5下(十三遼)2下(十四遼)3上下4上下5上

[illegible]

倜 明鐘 （八）4上 7下 （九）10下 11上 14下 （十二）97上 98上 99下 （廿二）15下 64下 65上 76上

明鐘 寧 （十五）1下

理才

經理 5下

理 8上

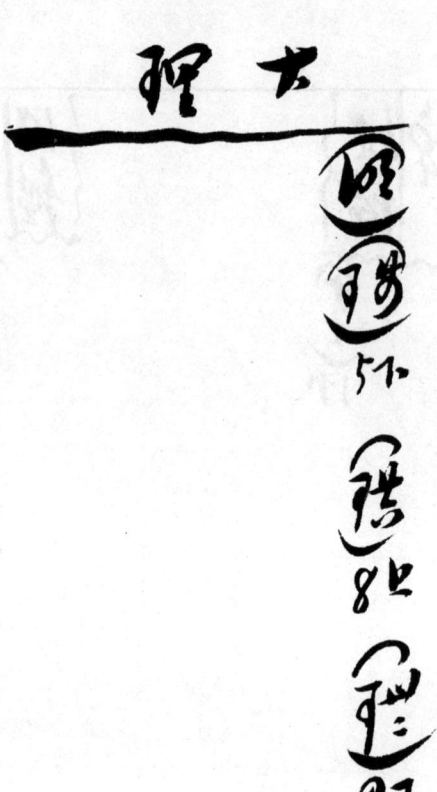

理 27下

土司

明 (列七) 1下 (列三) 1上 2上 4上 5上 5上 七一八 (列十五) 1上 7下 7下 一 9上 (列十五)

11下 12上 13下 14下 三下 (列十六) 1上 2上 一末 (地三) 3下 8下 9上 (地六) 9下

(天十) 5上 一 6上 (九二) 8下 沐英世家見 105 17

文廣

(明)

(148)
1上

(180)
10上

(254)
7上

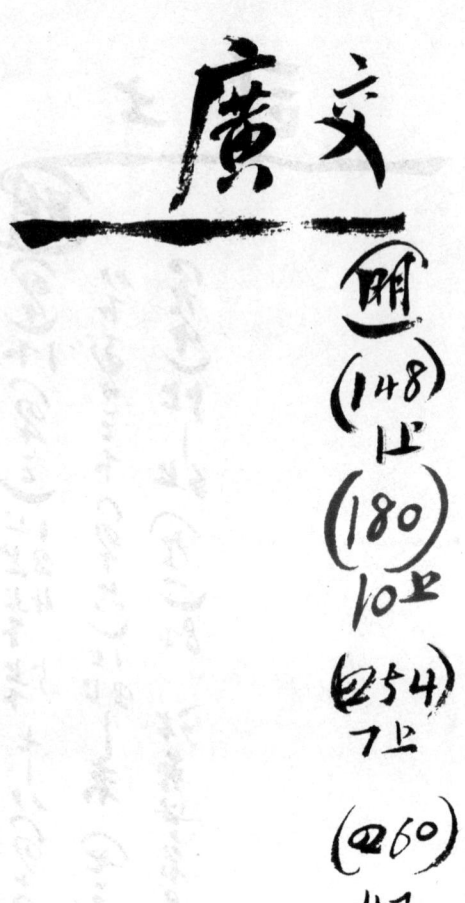

(260)
4下

度印

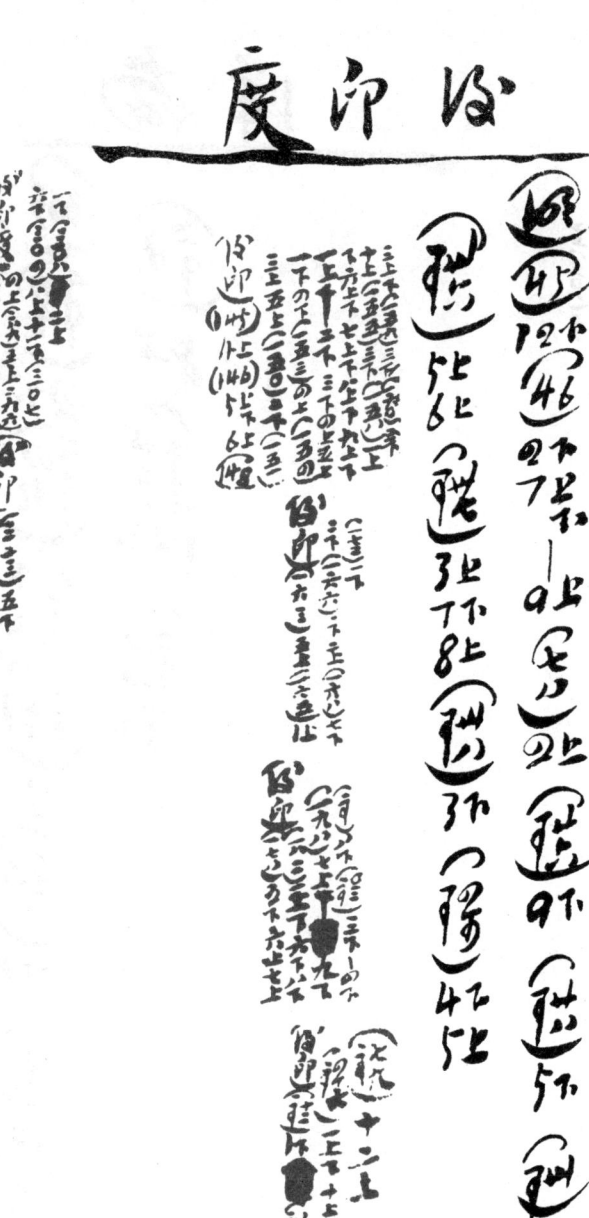

壽祥

（明）遼（穆）遼2下（現）遼9下 3下（興）遼3下（聖）遼7上（聖）遼10上（聖）遼8上

（世）遼8上（穆）遼12下（穆）遼3下

玉（二〇〇）末

（國）遼一二●下 八上（二百六）

（三八三）十上（三〇四）二下

西域

四（卷）1上（15）2上 [illegible] 2上 [illegible] 5上 [illegible] 1下 [illegible] 1上

[illegible] 4下（三四）2下

最尤（至）弘上（十六）15下（十七）18下（十八）26上（西域 [illegible]）

人及其之稿件 [illegible]

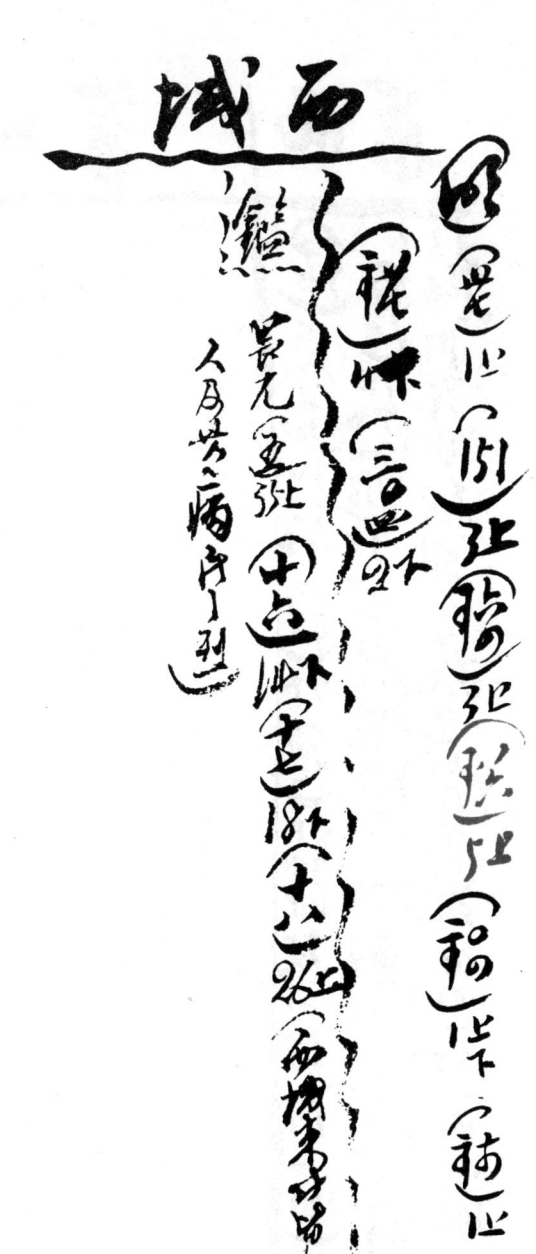

吐蕃

(遼四十二)11下 (年表)[illegible]下 (九十遼)9上 (147)4下

西蕃

(紀遼)1上 (紀遼)2上5上7下 (紀遼)7下 (紀遼)2上3下4上5下 (紀遼)4下 (151)5下

(紀遼)1上7下 (紀遼)2上5上 (紀遼)3下 (紀遼)7上 [illegible] (紀)3上

鎮附羅功德國(遼)3上 (卅遼)16下17下 (十八遼)29上 (四十四遼)8上 (四十六遼)19上

蒙古 色目

(明通)(三)2上 (五)1下 (廿七)1上 (四二)1下 (七七)3下 (九九)1下 2上

(一〇三)24下 (一〇五)25下 29下 30上 (百十)一下 (穆通)4下 (穆通)3下

(段通)8上 (瑞通)2下3上 (穆通)3上 (穆通)2下

蒙、色 五上(一七一)六下 (一六七)の上下 (一七〇)三上 四上 一下、八上(一六六)の下 (一六三)三上(一六〇)

(瑞通)5上

(穆通)2下 (穆)7下 (穆九)5上 6下 (七一)(穆通)3下

蒙色 一下 七下 (二八五)五下 (三〇一)三上 (三〇)七上 三上 五上(二八)

蒙色 五上下 (三九)六上 六上 八上 (三三二)三下 (三二〇)五上 三下 (三二の)六上

遼（五七）26上

（遼29）3上　（刑）6下

（190）9上　（199）4下

[illegible]

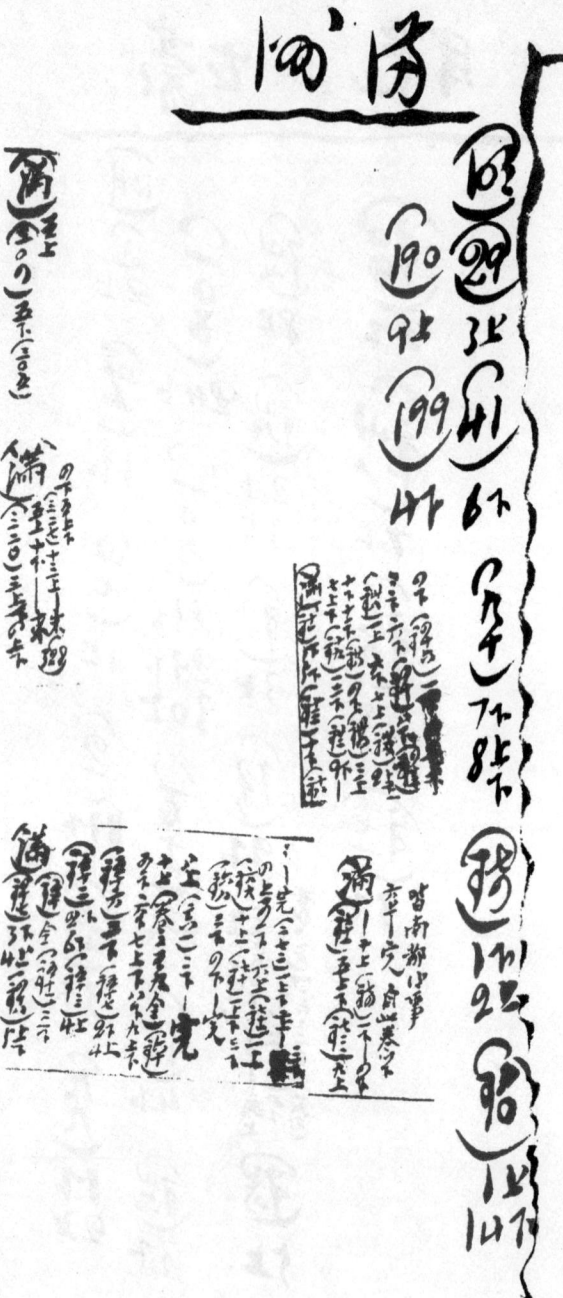

西洋

(明)(卅二)2上 (卅三)2下 (卅五)11上下 10下 12上下 (四二)11下 7上—末 (八二)6上

(八三)4上下 (九八)4上下 (九十)2下 (二〇五)2上

八上の上 (邦拜)三至 (卅九拜)六下 (邦拜)の下 (邦拜の)二上 (邦拜)二六下 七上 (邦拜十二)五上 (邦拜)9下 (邦拜十三)1上 西洋(大邦拜)1下 (十三)10下 (卅九)八上

鑑 (十の)48上 52下 (十五)3下 4上 5上 (十六)9下 11上 14上 15上

16上 (十七)17下 19上 21上 22下 27上 (卅)4上 (四七)28上 (四九)

5上 4上 44下 4

(七二)5上 (七四)18下 (七八)5上 (八二)21上

(西洋)(三一五)三下

(三一七)七下—九上

三上の下六上 六下—十一

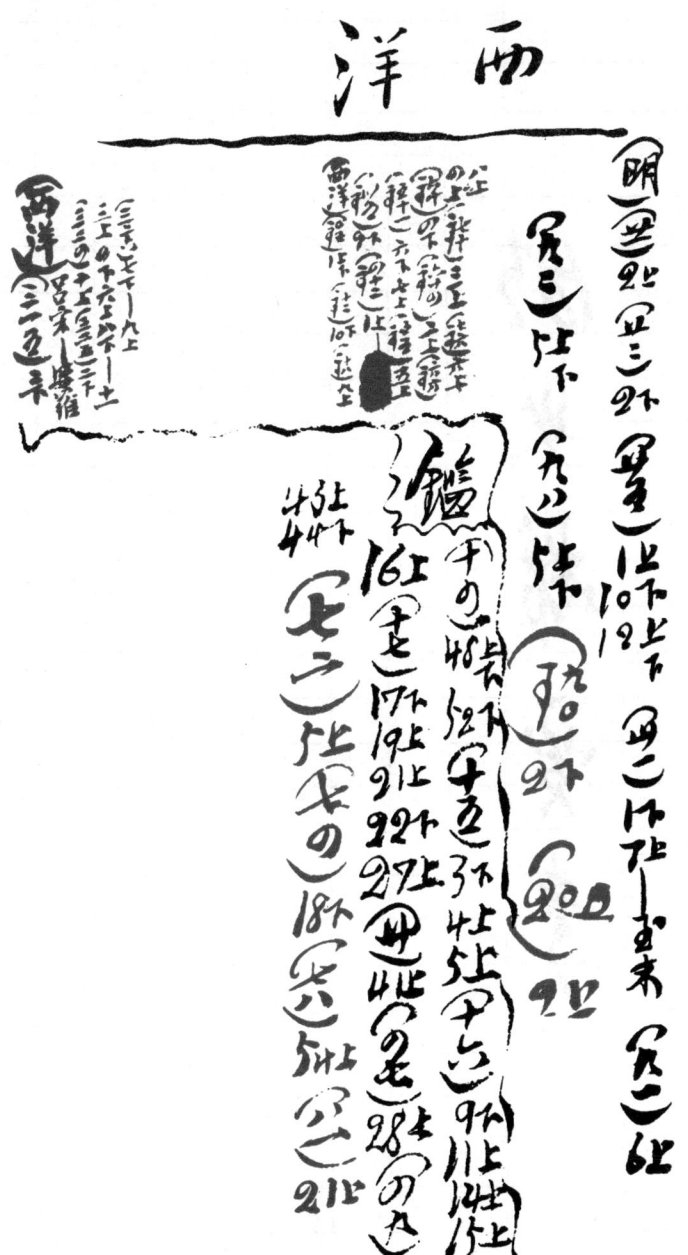

(三三〇)十上 (三三五)二下 呂宋—婆維

明史籍要考

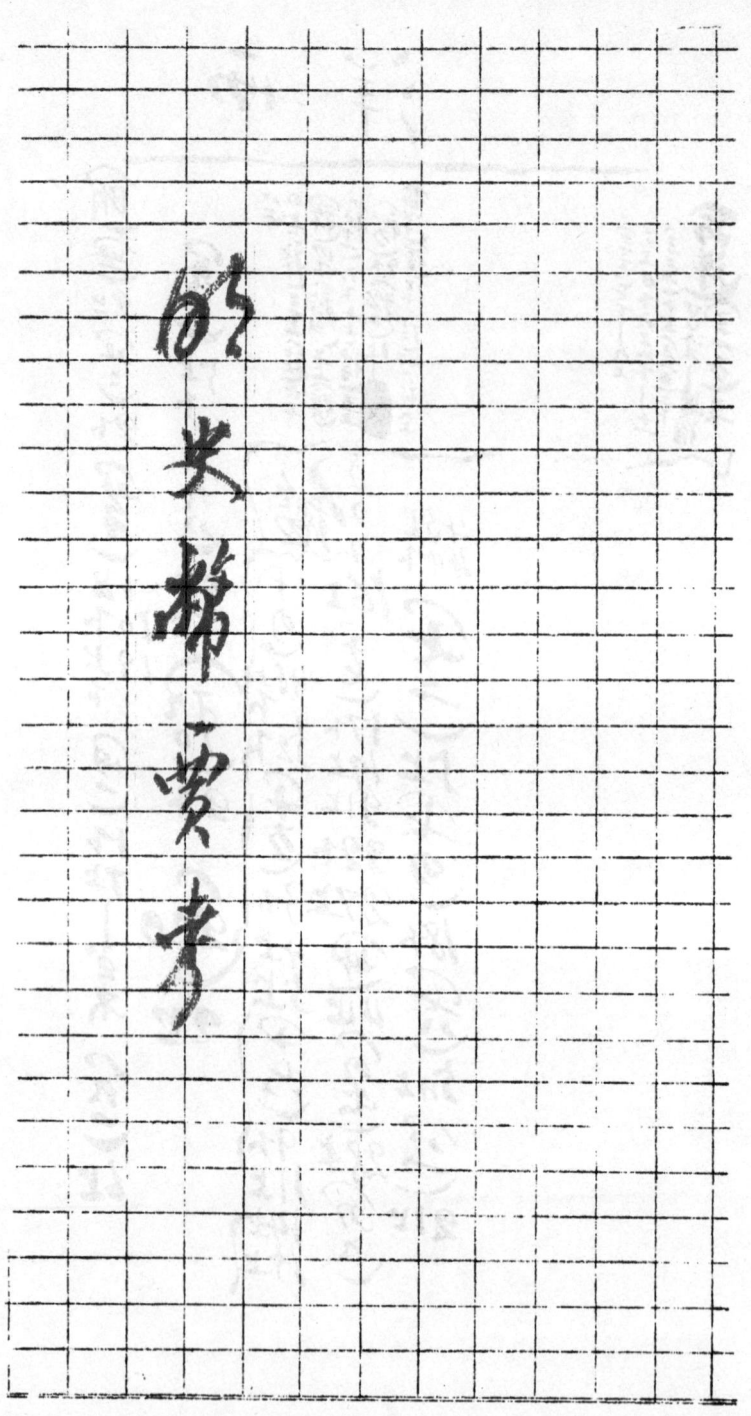

明史帝[illegible]考

(三)2下 6下 (三)2下 (十六)4上下 (卅)13下 (四九)8下 (五十)1上 (五一)7上 (五五)7下

(五六)4下 (五八)5下 (五三)4下 (六九)11下 6上 (七十)4上 (七二)2下 (七三)5下 (七七)2下 4上下

(七八)1下 2上 5下 6下 7上 (七九)2下 (八十)3下 4上 5下 6上 7上下 (八二)1下—4下 (八三)5下

(八六)5下 6下 (九二)7下 (九三)3下 4上下 8下 9上下 10上下 (九三)8上下 9下 10上 11上 (九四)5下

(一二三)3下 (一二五)1上 (一二六)5下 (一二七)1下 5下 (一三六)5上 4下 (一三九)4下 5上 7上下 (一四一)3上 (一五三)

3上 4上 (一三二)3下 5下 6上 (一三八)3下 (一四六)2下 5上 6上下 7上下 8下 (一五八)1下 (一六一)2下 (一六五)

2上 3下 4上 5上 6下 5上 4上下 (一四〇)1下 1下 7下 4上下 5下 6上—8上 9上下 (一四八)1上 2上下 3上下 7下 (一九二)

1下—5下 (一八三)9下 3上 6下 7下 8上 9上 (一八三)6下 (一八七)4下 (一九三)1上 3下—4下 (一九三)上

4上下 [illegible] 1下 6上 (一九一)1上 (一九三)5下 (一九三)5下 (一九七)2上 5下 6下 8上 (一九六)2上 5上 6上 (二〇二)

8下 (二〇三)4上 (二〇四)1上下 3下 (二〇六)1上下 2下 6上 (二〇七)3下

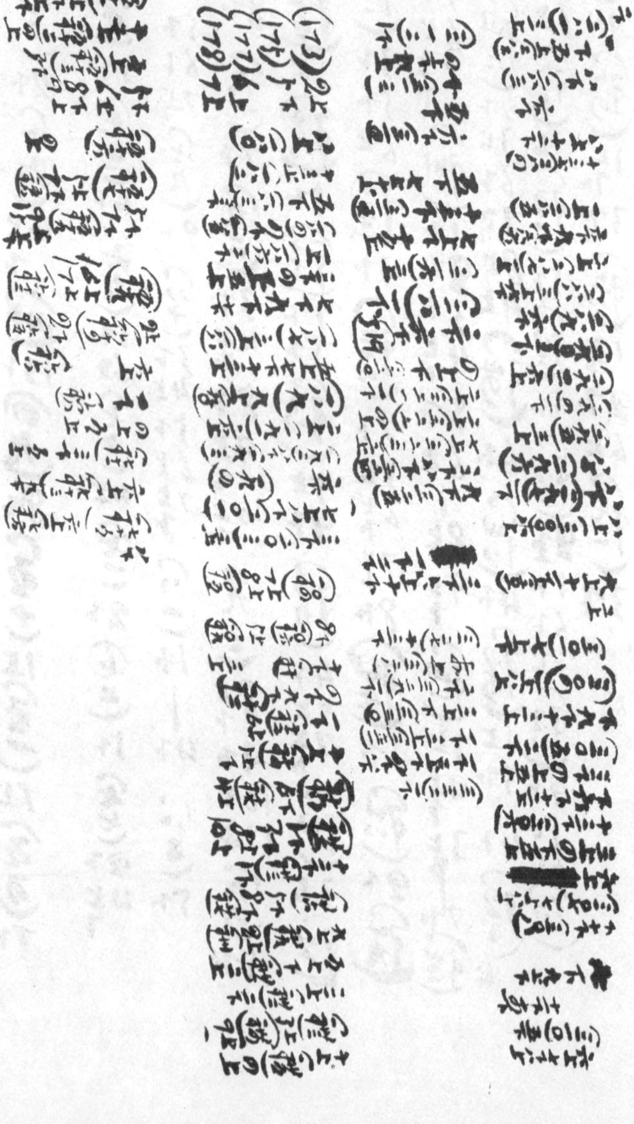

將儐

（五）36上（十二）27下（十四）49下（廿二）36上（卅二）35下、（卅三）42下

劉鎗

（卅七）21上（四六）17下（五九）72上（六二）14下 16上（六一）6上（六六）21上（八十）14下（八七）15下 19上